父の仇の娘を娶ったワラベ長老

ひょうきん者の記者シャリフと家族

ポテトとトマトの炒め煮は
パンに挟んでもよし

ソマリ料理の作り方を教えて
くれた娘さん、ニムオ

新聞社の裏庭で料理教室がはじまる

ポテトフライと
ポテトとヤギ肉の煮込みランチ

ソマリの"牛丼"的存在であ
「ラクダ肉のぶっかけ飯」

肉野菜煮込みライスとスープは
定食屋の定番メニュー

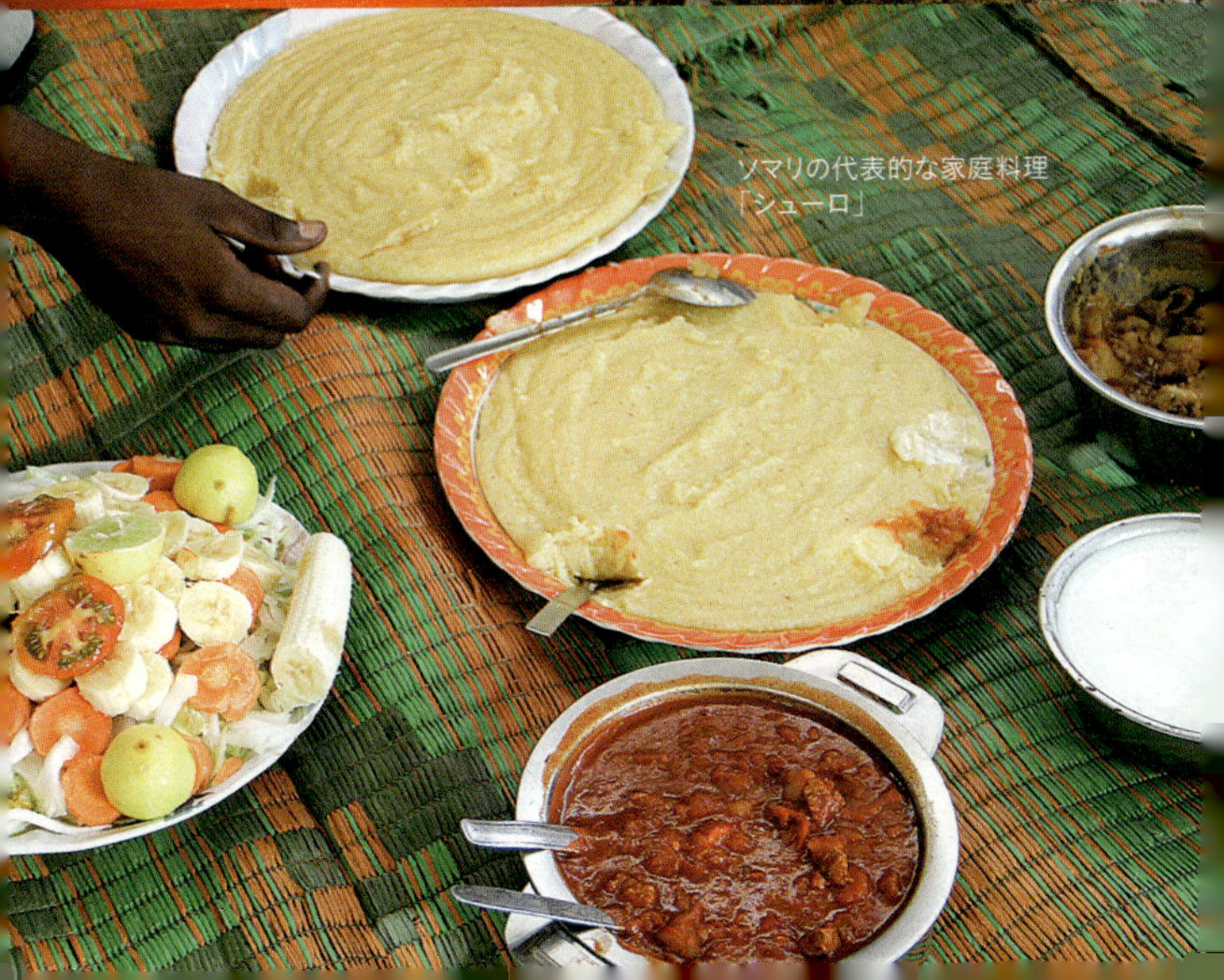

ソマリの代表的な家庭料理
「シューロ」

イスラム過激派アル・シャバーブと
アフリカ連合軍（アミソム）が対峙する前線

者はこの数時間後、アル・シャバーブの
ち伏せ攻撃に遭う

ソマリアの首都モガディショでは、
NGOや社会相互扶助の活動がけっこう盛ん

モガディショのリド・ビーチに新しくできたレストランでくつろぐホーン・ケーブルTVの
ハムディ（左）とアブディリサック。このレストランは三年後、テロにより爆破された

日まで戦闘が行われていた村を取材
るホーン・ケーブルTVのスタッフ

イスラム過激派にロケット弾を
撃ち込まれ、炎上する車両

著者一行の護衛をする政府軍兵士

写真：高野秀行

恋するソマリア

高野秀行

集英社文庫

恋するソマリア　目次

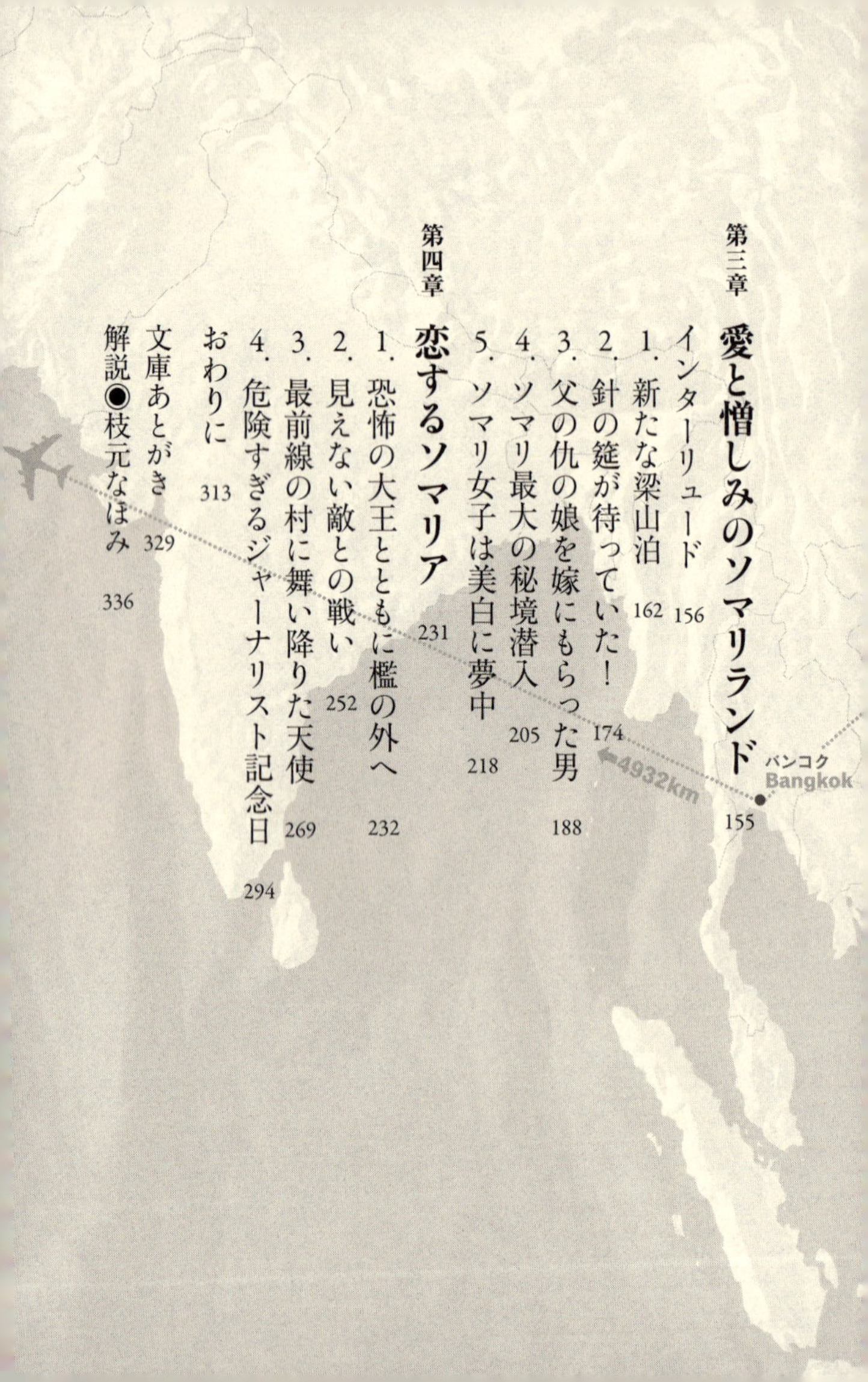
バンコク
Bangkok
4932km

ソマリ世界マップ

ソマリ人は「アフリカの角」と呼ばれる地域――国で言えば、かつての「ソマリア」、ジブチ、エチオピア、ケニアにまたがって住んでいる。現在、かつての「ソマリア」は氏族ごとに多数の武装勢力や自称国家、自称政府が群雄割拠しているが、大まかには「ソマリランド」、「プントランド」、「南部ソマリア」に分けることができる。

「Perry-Castañeda Library Map Collection, University of Texas at Austin」をもとに作成

本書は、二〇一五年一月、集英社より刊行されました。

初出
「小説すばる」二〇一四年六月号〜十月号

写真　高野秀行

恋するソマリア

はじめに

　イメージでいえばそれは女性だ。背はスラッと高く、腰はキュッとくびれ、波打つような体型である。目は燃えるよう、唇は赤くぽってりとしているが、その情熱が外にこぼれることはめったにない。そう、彼女はクール・ビューティなのだ。

　今まで幾多の男がこの美女に挑んだが、いずれもあえなく敗退した。世界的な富豪やプレイボーイも涙にくれた。彼女はあまりに誇り高く、あまりに強い。誰も彼女の素顔を見たものはいない。ましてや、ベッドでどんな表情をするかなんて……。

　って、一体何の話をしてるんですかと言われそうだが、その女性は、女性でもなんでもなくて、ソマリ人のことである。あるいはソマリ世界と言い換えてもいい。あくまで私のイメージであるが。

　ソマリ人はアフリカ東部、サイの角のように突き出た広大な土地、通称「アフリカの角」に住んでいる。国でいえば、ソマリア、ジブチ、そしてエチオピアとケニアの一部だ。

中心をなすのはソマリアである。人口の九十五パーセント以上がソマリ人、数にして一千万あまり。だが、そのソマリアが国の体《てい》をなしていたのは一九九一年までだ。独裁政権が倒れてからは無数の武装勢力や自称国家が跋扈《ばっこ》し、ソマリアは二十年以上無政府状態であった。一度アメリカが介入しようとしたが、完膚無きまでにたたきのめされて撤退した。あとはもうアンタッチャブルの土地と化した。

その中に独自に内戦を終結させ、あろうことか複数政党制による民主主義を達成した「謎の国」があるという。ただし、国際的には一切認められていない。信用すべき情報もいくらもない。名前は「ソマリランド」という。

そんな国がほんとうにあるのか。私が半信半疑で彼《か》の地に旅立ったのは二〇〇九年のことだ。

ソマリランドは実在した。アフリカやアジアの平均以上の平和と安定を享受していた。かつてのソマリアは現在、三国時代に突入している。北部のソマリランドのほか、海賊が猛威を振るう東北部の「プントランド」と、イスラム過激派のアル・シャバーブと暫定政府軍の戦闘が続く「南部ソマリア」だ。私は二回目の旅ではプントランドと南部ソマリアの首都モガディショにも出かけ、現地の実情を探った。

詳しい経緯は『謎の独立国家ソマリランド』に書いたとおりだが、私はこの二回の旅で、ソマリランド独立の謎を解き明かすと同時に、二十一世紀の今も、艶《あで》やかな鎧《よろい》のような独自の伝統を身にまとっているソマリ人に強く魅せられた。

ソマリ人と彼らの暮らす土地は、驚くほど世界的に知られていない。それは、一つには彼らの伝統社会がひじょうに複雑怪奇かつ排他的であること、彼らの言語ソマリ語が外国人にとっては習得がきわめて困難なこと、そして、何より二十年以上もソマリアが「危険地帯」と認識され、外部の者が立ち入ろうとしないことによる。例えば、日本政府の外務省もソマリア全土を「退避勧告」の赤で塗りつぶしている。日本にはソマリアの専門家はまだ一人もいない。世界的に見ても外国人のソマリ専門家は幾人もいない。

ソマリ世界は現代における数少ない「秘境」となっている。そして秘境の常として多くの誤解にさらされている。ソマリ人は私利私欲しかもたない野蛮で未開の連中だとか、逆に、飢餓や貧困に苦しみ、欧米の思惑に翻弄されている可哀想な人たちであるとか。どれもこれも、実に薄っぺらく、かつ偏った見方でしかない。一見、粗暴な彼らの振る舞いの陰には数学者も顔負けの論理的思考があり、生活苦だらけに見える彼らの土地を少し掘ってみれば豊かな文化と生活の知恵が泉のようにこんこんとわき出てくる。

そういう彼らの知られざる姿を見ると、たまらない喜びを感じる。そして、数々の誤解を解き、ソマリ世界の本当の魅力を広く世界に（少なくとも日本に）知らしめたい、などと大それた思いにかられる。普通は本一冊分の取材が終われば、その土地や民への関心も一段落するのだが、ソマリの場合だけは、むしろ強くなってしまったのだ。

だが、話はそう簡単ではなかった。

なぜなら、当のソマリ人がちっとも、自分たちのことを世界に知ってほしいと思っていないからだ。

　これは意外にもほどがあった。私は今まで、独立を目指すミャンマーの少数民族や西サハラ（サハラ・アラブ民主共和国）の人々を取材してきた。どこでも「あなたがたの状況について書きたい」と言うと、「それはいい」「是非やってくれ！」と歓迎されたものだ。誰でも、世界から忘れられたくないと思うからである。

　なのに、ソマリ世界では、私がソマリランドやソマリ人についての本を書くと言っても、喜ぶ人などいなかった。私が熱心に支持しているソマリランドの人でもそうなのだ。中には「そんな本、誰が読むんだ？」と訊《き》いてきた人もいたくらいだ。

　ソマリ人は誇り高い反面、冷徹なリアリストでもある。世界の先進国がそう簡単にアフリカの一国（もしくは一民族）に関心を持つなどとは考えていない。世の中を動かすのは所詮カネと武力であると正しく理解し、一冊や二冊の本が大勢に影響を及ぼすなどとゆめゆめ思わない。加えて、「あたしのことをそうやすやすとわかられてたまるか」という高慢な美人のように面倒なプライドも持ちあわせている。ましてや、私のような頼りない「小さい目《インダ・ヤル》」（東アジア人のことをソマリ人はそう呼ぶ）が自分たちに小銭以外の利益をもたらすなど想像もできないのだ。

　私は彼らについ言いたくなる。私はたしかに非力だが、あなたがたをこんなにわかっている外国人は他に何人もいないのだよ。本を書いて他人に伝えられる人も他にいないのだ。全く知られないよりずっとマシだろう。それがわかってるのか。というか、ソマリ人よ、みんな私の話を聞いてるのか？

気づくと、私は、世界にソマリ人を知らしめる以前に、ソマリ人に対して「自分のことをわかってくれ」と叫んでいた。今まで世界のいろいろな土地に行き、いろいろな人々と出会ったが、「認められたい」などと思ったのは初めてだ。

ソマリの素の姿を知りたい。ソマリに自分のことを認めてもらいたい——。

ほとんど強迫観念のようにそればかり考え、三度、四度とソマリの土地に舞い戻っていった。

いつの頃だろうか。ソマリ人が近づきがたい美女とダブって見えるようになってきたのは。すげなくされればされるほど、相手が素晴らしく見えてしまう。いや、そのくらい美化しないと、これほどまでに入れ込んでいる自分を正当化できないのかもしれない。彼女のことが魅力的だから好きなのか、好きだからなんでも魅力的に見えてしまうのか、それすらわからない。

この気持ち、まるで十代から二十代にかけてさんざん経験した片想いのようだ。

実際、知り合いには「高野さんの入れ込み方は恋愛みたいですね」と笑われたし、旅の日記を読み返すと、「ソマリランドではこの片想い感が辛《つら》い」とか「ソマリ人にいくら尽くしても何にもならない」など、演歌のようなセリフが散見され、痛いったらありゃしない。

そんな面倒な女ならさっさと手を引けばいいのだが、やはり彼女の魅力は抜群で、離れるに離れられない。秘密のベールをめくるたびに新たな美貌が見え、さらにその下に別のベールが隠されている。しかも他の男はみな敗退しているのだ。口説きがいがあるではないか。

絶世の美女は果たして振り向いてくれたのか？　それとも手厳しい仕打ちが待ち受けていたのか？

本書は前代未聞にして奇想天外なその愛憎劇の一部始終である。

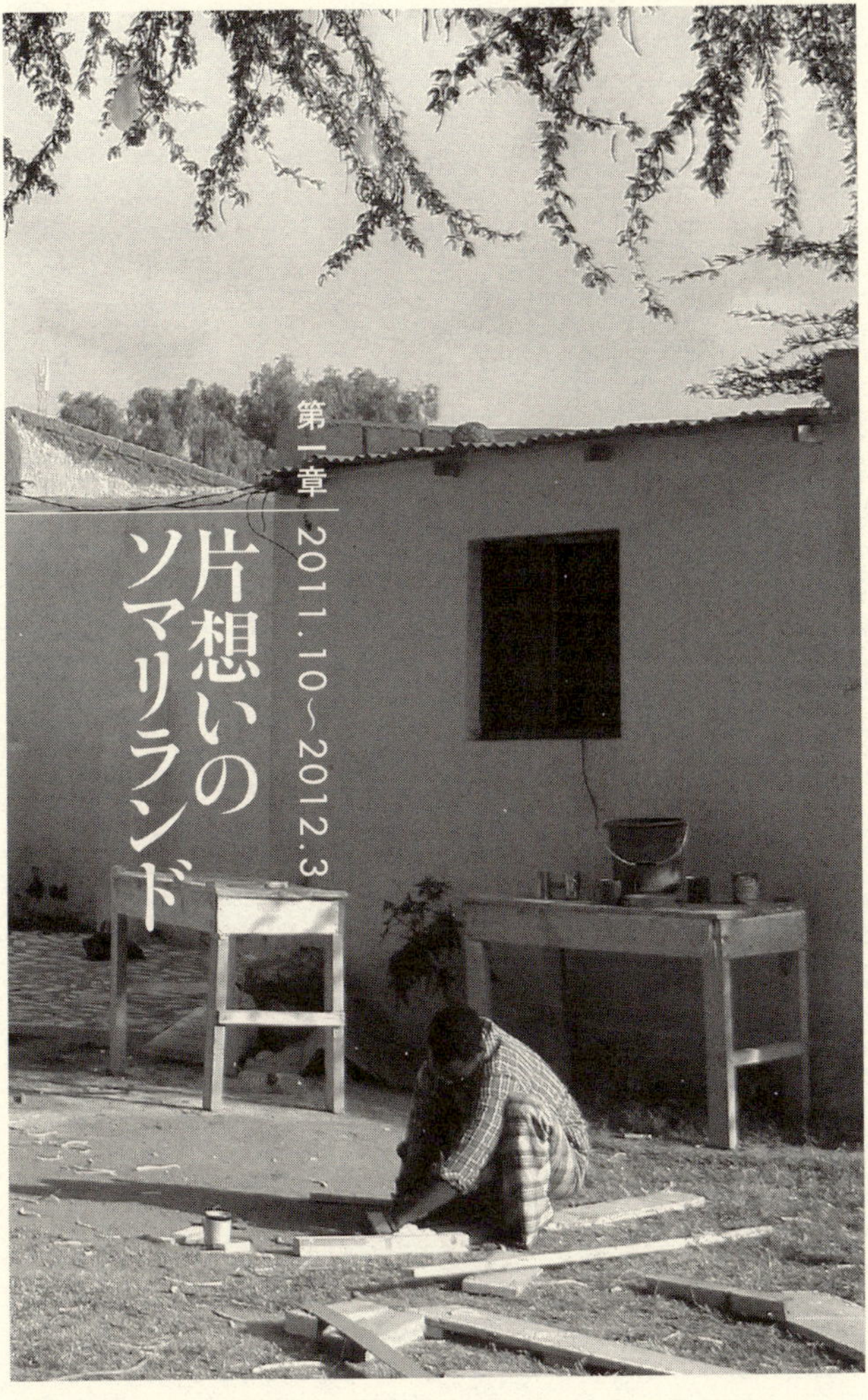

第一章　2011.10〜2012.3

片想いのソマリランド

1. 忘れられたくない、ゆえに我活動す

二〇一一年十月初め、長い残暑が去り、ようやく高い空に秋の気配が感じられるようになった頃である。

私はソマリ人の捕獲作戦を展開していた。捕獲作戦といってももちろん荒っぽいものではない。ソマリ語を教えてくれる人を探していただけだ。

民族の魂に触れる最良の道はその民族の言語を覚えることだと私は思っている。彼らの言葉を話しながら寝食をともにし、一緒に仕事をする。それに勝るものはない。

問題なのは、言語は民族の魂に触れる最良の道であっても最短の道ではないことだ。下手すると、迷路のような獣道にもなる。当時の私にとって、ソマリ語がまさにそうだった。

初めてソマリの地を踏んだのが二〇〇九年の六月。二回目が二〇一一年の七月から九月にかけて二カ月あまり。現地にいるときは当然のこと、日本でも英語で書かれたテキスト（これが世界唯一のソマリ語テキストだった）で独習し、二カ月だけだが、神奈川県相模大野《さがみおおの》に住み、日本に帰化したソマリの人にも習った。彼は日本語が達者で、世界唯一の「ソマリ系日本人」として貴重な人だったが、その後ロンドンに移住してしまった。

何度も挫折し、実質的にやったのは一年程度だろうが、それにしてもいまだに片言の域を出ない。あまりに難しいのだ。これまで十五以上の言語をかじってきたが、こんなに複雑で風変わりな言語は初めてだった。ソマリ語に比べると、フランス語やアラビア語ですら、文法構造は単純かつ素直に思える。

結局のところ、ネイティブにしっかりと習わないと話にならない。

日本にはソマリ人はごくわずかしか住んでいない。私が把握するかぎり、当時三、四名。いずれも仕事に忙しく、とてもソマリ語を教えてくれる余裕のある人はいない。

二回目のソマリ行きから帰国し、はや一カ月。私は焦ってきた。「一カ月」というのは、体から「現地感覚」が抜ける頃である。せっかく身にしみこんだ若干のソマリ語感覚が薄れていく。と同時に、現地のソマリ人に自分はもう忘れられたんじゃないかという不安にもとらえられていた。

前回のソマリ旅で、私はアフリカ東部のソマリ人居住域で放映されている衛星放送の国際ソマリ語テレビ局〈ホーン・ケーブルTV〉の東アジア支局代表に任命してもらっていた。「東アジア代表」ではあまりに任務が大きすぎるので、私は「東京支局長」を名乗ることにした。

このテレビ局はソマリランドの首都ハルゲイサに本局を置き、アフリカのみならず、欧米や南・東南アジアなど、ソマリ人コミュニティがある地域ではどこでもケーブルテレビなどで視聴することができるという。ソマリ社会においてひじょうに影響力の大きいテレビ局だ。ちょうど私の通訳にして「盟友」でもあるワイヤッブが制作報道局長に就任したので、ついでに私も交ぜてもらったのだ。

ソマリ世界の全てを知りたいと思っている私にとってテレビ局は最高の居場所のはずだが、いかんせんソマリ人は元来遊牧民で「超速」である。物事に素早く反応し、迅速に動き、終わったことは速やかに忘れる。今、目の前にあることにしか興味をもたないのだ。

同局のスタッフはすでに全員、私のことを忘れた可能性が高い。下手すると、盟友のワイヤッブまで忘れているかもしれない。そんなの、「盟友」なのかという疑問はあるだろう。まるでデートもしたことがないのに「彼女だ」と言い張っているような情けなさを自分でも感じるが、それがソマリ人と付き合ううえでの真実である。

想いを寄せている相手が自分を忘れていく過程が手に取るようにわかるというこの辛さ。このままでは民族の魂に触れるどころか、腰巻きの裾にもひっかからないという焦り。

いよいよ本腰を入れてソマリ人を見つけなければと思ったわけだ。まずは試しにネットで「在日ソマリ人」と入れて検索してみた。

驚いたことに一発でヒットした。なんとも幸運なことに、モガディショ出身の兄妹が一カ月前に来日したばかりだとヤフーのニュースで紹介されていたのだ。しかも私の母校である早稲田大学に入学していた。恋のキューピッドかやり手婆かわからないが、誰かがお膳立てしてくれているとしか思えない。

すかさず早大探検部の後輩（現役学生）に電話して探索を頼むと、一時間もせず、「発見しました！」と報告が来た。速い！　超速のソマリ人もびっくりだ。

こうして、瞬時に私に〝捕獲〟されたのがアブディラフマンとサミラの兄妹だ。電話をしてすぐ翌日に早大の本部キャンパスにある十一号館前のテラスで会うことになった。

アブディラフマンは百九十センチ近い長身で、柔らかい手でおっとりと握手した。サミラはエネルギーに満ち、はちきれんばかりに元気な女の子だった。

彼らのお父さんは南部ソマリア暫定政権のスポーツ大臣だったが、二〇〇九年十二月に起きたイスラム過激派による有名なテロ「シャモ・ホテル爆弾テロ事件」の犠牲者の一人となった。親を失った子供たちを支援する「あしなが育英会」の招聘《しょうへい》で、日本にやってきていた。

初めて会ったとき、彼らの驚いたことと言ったらなかった。「ソマリ語を話す日本人がいるなんて！」と比喩でなく目がまん丸になっていたものだ。

もっとも私のソマリ語などまだ片言に毛が生えた程度である。さっそく毎週土曜日に早大十一号館二階の学生ラウンジに行き、アブディラフマンに個人レッスンをしてもらうことにした。まさか卒業後二十年もして、また早稲田の校内で勉強するとは思わなかった。

アブディラフマンは私がこれまで会ったどんなソマリ人よりも温和で、日本人のよさを訊くと、「礼儀正しくて物静かなところ」と言う。一部で「リアル北斗の拳」とも呼ばれる戦国都市モガディショで生まれ育ち、どうしてそうなるのかと最初は驚いたものである。

彼の生い立ちを聞くにつれ次第にわかっていったのだが、お父さんが立派な人だったらしい。彼が小学生のうちから「できるだけ友だちを作ってはいけない」と諭されたそうだ。

なぜか？　アブディラフマン曰《いわ》く「クラスの友だちは早く銃を持ってぶっ放したいって連中ばっかりだったからね」。

加えて、街では常にどこかで戦闘が行われていた。「危ないから、学校に行く以外はほとんど家から出なかった」という。そして大臣である父の言いつけを守り、勉学に励んだ。つまり、文字通りの「箱入り息子」なのである。日本でも応仁の乱の頃、公家の息子はこんなふうだったかもしれない。

私たちは毎週顔を合わせてはソマリについて語り合い、相互に理解を深めていった。

南部ソマリアの人間がほとんどそうであるように、彼も当初はソマリランドを認めていなかった。「ソマリアは一つでなければいけない」とか「ソマリランドは古い氏族社会の国だ」などと言う。

だが、ソマリランドをめぐる議論では私の方が一日の長がある。私はソマリの地で、口うるさいオヤジたちと幾度となく激しい議論をしてきたからだ。

「もし、自分の家が火事なのに隣の家の人間に『そこも俺の土地だ』と言い張っている人がいたら、おかしいだろ？　今、家が燃えてるんだよ。議論はいいから、まず火を消すべきだろう。それと同じで、君たちはまず南部の戦争を終わらせてからソマリランドと話し合うべきだ」

そう言うと、アブディラフマンは「たしかに君の言うとおりだ」と納得した。

彼はこれまた多くの南部の人間同様、ソマリランドのことを現実には何も知らなかったから、ソマリ語レッスンの途中で、あるいは終わってから一緒に食事をしながら、いろいろ話して聞かせた。

あるときはソマリランドの和平プロセス。世界中どこでも、内戦後いちばん難しいのは民兵の武装解除だと言われているが、ソマリランドはそれを実に上手に行った。各氏族の合意を得たうえで、最も強力な武器である「テクニカル（武装車両）」を政府が一台ごとに買い上げ、兵士は国の軍隊か警察に編入した。民兵のリーダーたちも軍や警察でしかるべきポジションを与えられた。これで治安は一気に改善されたのだ。

あるときはソマリランドの政治体制。ソマリランドの立法府は「議会」と「グルティ（長老院）」からなる。議会は政党に所属する政治家で構成され、グルティは各氏族の長老から選ばれた代表がメンバーとなっている。政党は氏族ごとにまとまらないよう、選挙の際に細かくルールが定められている。だから議会は純粋に——つまり氏族に左右されず——政治家が法案を作成し、政府や国のあり方を論議する場となっている。いっぽう、政治家や政党（特に与党）は自分たちに都合のよい法律を作ったり、憲法を拡大解釈したりすることがある。例えば、大統領の権限を過剰に強化したり、議員の定員を増やしたりするなどだ。それが国民の合意を得ていない、あるいは憲法に違反すると判断すれば、グルティは反対する。

つまり、政治家と氏族は互いに監視し、補い合っている。ソマリの伝統と近代民主主義のハイブリッド。それがソマリランドが世界に誇る独自の統治システムだ。

そんな話をすると、「へえ、すごいね！」とアブディラフマンは素直に感心した。そればかりか、早稲田の「国際政治」の授業で私の受け売りをそのままレポートにしてAをもらったりしていた。

二カ月ほど経《た》つと、われわれの関係もかなり落ち着いてきた。

いよいよ懸案であるホーン・ケーブルTV東京支局の立ち上げを真剣に考え出した。

私はこれまで何度となくテレビの仕事をした経験があり、だいたい何をどうすればいいかはわかる。また、一回目のソマリランド旅に同行してくれた探検部後輩の宮澤という男が格安で協力してくれるという。彼の本職はテレビのカメラマンだ。

アブディラフマンにレポーターを頼むと、「有名になれる！」と喜んで引き受けてくれた。彼によれば、ソマリの若者はみんな、有名になりたがっている。だが、ふつう、有名になるためには家が金持ちか、強い氏族に所属する必要がある。政治家になるにしてもビジネスマンになるにしてもだ。

「だから、カネがなくて、氏族も強くない若者はミュージシャンかジャーナリストに憧れる」

要するに手っ取り早く有名になれる二大職業だというのだ。とくに南部ソマリアでは、ジャーナリストはひじょうに危険な仕事なだけに、その分リスペクトの度合いも大きいらしい。日本では危険に身をさらすことなくジャーナリストになれてお得だと彼は考えているようだった。

われわれは三者三様の理由でやる気を燃やした。ホーン・ケーブルTVのロゴ入りの名刺も作成した。

ここまでは順調だった。問題は番組作りだ。

日本で私が普通に取材し、番組を作れば、すべて日本語になってしまう。それをあとで全てソマリ語に吹き替えたり字幕をつけたりするのはものすごい手間だ。また、ソマリ人にとって何が面白く、何が面白くないのかは、日本人である私たちにはなかなかわからない。やはり、ソマリ人が主体的に動くにこしたことはない。

レポーター役のアブディラフマンが自分でテーマを選び、取材してくれればベストである。私はただ通訳すればいいのだから。だが、公家の御曹司は「僕には無理」と尻込みする。普通のソマリ人なら、メディア未経験でも関係なく「オレにやらせろ」と主張すると思うのだが。

苦心の末、やむを得ず日本のテレビ局の手法を取り入れることにした。まず構成作家兼ディレクターの私がテーマを決め、先に取材し、台本を書く。ロケのときは、レポーターのアブディラフマンに台本通りの質問をしてもらい、私が通訳する。あとはレポーターのアブディラフマンにわざと驚いたり感心してもらったりすればいい。日本のテレビ番組（特にバラエティー番組）はだいたいそのような手順で作られている。

次は取材テーマだ。最初は空手を取り上げるつもりだった。ソマリ人は異常なほどカラテが好きで、本局の人々からは「日本で番組を作るならカラテがいい」と言われていたからだ。万一、彼らが私の存在を覚えていたら今でもそう言うだろう。

惜しむらくは彼らの言うカラテが香港映画のカンフーであることだ。あんなアクロバティックな代物は現実には存在しない。特に日本の空手は地味である。また、私自身、格闘技に詳しいことから、何も知らないソマリ人がどういうふうに興味を持つのか想像するのがかえって難しい。想像できないと台本が書けない。

うーん、やっぱり空手は難しい……。途中から、むしろ私とソマリ人の両方が「知りたい」と熱望することを先にやったほうがいいのではないかと考えるようになった。というものの、ソマリ人は一般に日本の文化や社会についてまるで関心がない。

結局、唯一思いついたテーマは「日本の中古車輸出事情」。これしかなかった。

日本人には意外なことだが、ソマリランドやソマリア（プントランドと南部ソマリア）で走っている車の九十九パーセントは日本車だ。そしてソマリ人の大半はいかにして自分の車を手に入れるかを考えている。世界のどこでもそうだが、とりわけ遊牧民のソマリ人にとっては乾いた大地を縦横無尽に走る車はひじょうにわかりやすく実用的なステイタス・シンボルである。

ならば、日本車輸入（日本から見れば輸出）の番組を作れば、日本に興味のないソマリ人も見てくれるのではないか。

（読者が混乱しないように注釈をつけると、「ソマリ人」と言う場合、ソマリ語を話しソマリ文化をアイデンティティとする民族全体を指す。ケニアにもエチオピアにもソマリ人は住んでいる。アメリカやイギリスに生まれ育ったソマリ人もたくさんいる。いっぽう、「ソマリランド人」はソマリランド共和国の国民。ソマリランド共和国の定義では、「一九六〇年以前に両親がソマリランド領内に住んでいた人あるいはその子孫」とされている。そして「ソマリア人」と言えばソマリア連邦共和国（私の見解では、南部ソマリアおよびプントランド）の国民となる。だから盟友のワイヤッブは「ソマリ人」にして「ソマリランド人」であるし、早大生のアブディラフマンは「ソマリ人」であり「ソマリア人」でもある）

現在、治安の問題で日本からソマリアに直接、車を輸出するのは困難だろう。だが、ソマリランドならもしかするといけるんじゃないかと私は前から思っていた。

ホーン・ケーブルTVは、オーナーがソマリランド人であり、拠点もソマリランドの首都ハルゲイサにある。当然、視聴者の多くはソマリランド国内あるいは海外に住むソマリランド人だ。日本―ソマリランドの自動車販売ルートの話は大いに受けるにちがいない。また他のソマリ人も、ソマリランドを支持するかどうかは別として、ソマリランドで商売することは嫌だとは決して思っていないから、同じように興味をもつ可能性大である。

私の方でも、長らく日本の中古車について知りたいと思っていた。一体どういう経路で輸出されるのか？　直にソマリランドに輸出するためにはどうすればいいのか？　もしそれが実現したらどれくらい価格は変わるのか？……。

ソマリ側と私の関心が一致した――かどうか不明だが、そうだと思うことにして、私は東京都調布市にある中古自動車の輸出を主とした専門商社「ビィ・フォアード」を訪れた。社員五十名以上（当時）の、なかなか大規模な会社だ。社長と主な経営スタッフに話を聞くと想像以上に面白いことがわかった。

現在、ソマリランドの人々はもっぱらドバイ経由で日本の中古車を輸入している。日本からはパキスタン人の業者が輸出し、ドバイではソマリ人（おそらくはソマリランド人）が仲買人をやっているようだ。車種はマークⅡ（セダンもしくはライトバン）とランドクルーザーが多く、全体の六、七割を占める。年式はだいたい一九九〇年代半ばから後半、つまり十五年落ちくらいが普通だ。マークⅡはだいたい三千ドル（約三十万円）くらいすると聞いている。

ところが、ビィ・フォアードによれば、同じ車を日本から直輸入すれば二千ドルで済むという。三分の二の値段だ。ドバイを経由すれば当然余計な手間がかかるし、仲介業者が利益をとるから、その分高くつくわけだ。

直輸入の利点はそれだけではない。近頃は湾岸諸国で車が行き渡り、ドバイでは日本からの中古車がだぶついている。買い手がつくまで、それらの車は半年以上もヤード（自動車置き場）に留め置かれる。ヤードは海辺の巨大な駐車場みたいな場所らしく、湾岸の強烈な日差しや潮風や砂埃《すなぼこり》にさらされているので、半年も経てば車体が相当いたむ。直輸入車のほうが品質的にもはるかに勝るのだ。

販売（購入）方法もビィ・フォアードは単純明快である。Amazon.com や楽天同様、ネット通販なのだ。お客はホームページに掲載された商品（車）の中から好きなものを選び、搬送料と保険料込みの値段を確認する。購入する際はサイトを通して問い合わせをするとビィ・フォアードから請求書が届くので、お客がその金額や諸条件に納得すれば、ビィ・フォアード宛に全額を送金する。ちなみに、送金先は日本の中古車業者がいくつも参加している大手の仲介業者となっている。

入金が確認されたら商品を発送する。ビィ・フォアードが商品に責任を持つのは最寄りの港までで、あとは通関から登録手続きまで全てお客が自分で行う。例えば、コンゴ人のお客が買う場合、最寄りの港はケニアのモンバサ港になる。そこまで自分で引き取りに行き、あとは千キロか二千キロか運転して帰るわけだ。こうして大量の車両が日本からアフリカ大陸に日々流れているのだ。

この方法だとお客もビィ・フォアードもひじょうに楽である。お客はネットでＣＤや時計を買うような気楽さで自由に車を選び、購入できるし、ビィ・フォアードの方も、仕事はほとんど国内業務だけである。発送すればもうおしまいなのだ（取材当時。現在は顧客近くの都市まで車両を配送するサービスも行っている）。

ビィ・フォアードでは驚くべきことにこの時点で毎月五千台以上の車を出荷しており、取材を行ったこの当時は一ドル＝七十円台の超円高だったにもかかわらず、莫大《ばくだい》な利益をあげている様子だった。

ビィ・フォアードの顧客はアフリカだけでも十三カ国（当時）。ケニア、ウガンダ、ザンビア、ジンバブエ、タンザニア、マラウイ、ルワンダ、ブルンジ、コンゴ民主共和国、南スーダン、ボツワナ、レソト、スワジランドと、アフリカの中央部から東側に位置する諸国がずらりと並んでいる。ここにソマリランドが名を連ねないほうが不自然だ。

なぜソマリランド人がこの会社を利用しないのか。ずばり知らないからだろう。もし私がこの情報をソマリランドの人たちに教えたら、同国の経済発展に大きく寄与し、ついでに現在は無に等しい私の知名度もぐんと高まるにちがいない。

しかし、本当に驚いたのはそれではなかった。私がビィ・フォアードの人たちにソマリランドの説明を始めると、なんと社長以下全員がノートを開き、メモを取り始めた。真剣な面持ちで私の話に耳を傾け、疑問に思ったことはどんどん質問してくる。

ソマリランドの話をこんなに熱心に聞く日本人がいるとは！

それもそのはず、彼らは新しい魅力的な市場としてソマリランドをとらえているのだ。私のような観念的な愛情ではなく、明確なビジネスとして考えている。そしてしまいに社長はこう言った。

「お宅のテレビでうちのＣＭを出してくれないですか？」

なぜ取材に行ってＣＭを受注するのか。そんな話は聞いたことがない。でも私は反射的に「いいですよ！」と答えていた。

番組を作るよりＣＭを作った方がはるかにいいからだ。経費がかからず、逆にお金をもらえる。制作もＣＭの方が番組よりずっと簡単のように思えた。ソマリ・テレビのＣＭは番組以上に適当な作りだからだ。

それればかりか、社長はソマリランドの新聞にも広告を掲載したいという。テレビ局初仕事のはずが、いつの間にかソマリランドでおそらく史上初の広告代理店業務に突入していたのだった。

心中、小躍りしてしまった。テレビＣＭを作るなら、絶対に自分が出演したい。ソマリ語で「品質のよい車を、安く、早く、みなさんのお手元へ！」などと喋《しゃべ》るのだ。世界中のソマリ人が「え、この日本人、誰だ？」「すごい奴《やつ》がいるぞ！」と感心してくれる。これこそ私の願い求めていた状況だ。帰りの京王線で笑いが止まらなかった。

しかし、結果から言うと、この「テレビＣＭで一気に有名になる作戦」は失敗に終わった。私は映像方面の仕事をしている友人と綿密な打ち合わせを行い、ＣＭ台本と制作見積書まで作った。ホーン・ケーブルTV本局にも問い合わせ、見積もりを出してもらった。だが、日本でCMを制作すると、どんな簡単なものでも制作費がそれなりにかかってしまう。百歩譲って私がそれを負担しても（それもおかしな話だが）、ホーン・ケーブルTV本局が提示したCM放映料にビィ・フォアード側が難色を示したのだ。

ホーン・ケーブルTVのCMは日本のように十五秒スポットや三十秒スポットといった短いものがない。一分スポットと二分スポットの二種類。一分スポットは一回流すごとに二十五ドル、二分スポットは五十ドル。つまり、どちらにしても一分二十五ドルということである。

かたやビィ・フォアードは「一分三ドルか四ドルくらいにしてほしい」と主張した。ビィ・フォアードの要求額は安すぎるようにも見えるが、同社は本当にネットと口コミだけ、つまり広告宣伝費を極力かけないで売り上げを伸ばしてきたというし、ソマリランドの市場規模や広告効果が皆目見当つかないわけだから、無理もなかった。そして、こんなディスカウント要求をプライドの高いソマリ人が受け入れるわけもなく、呆気《あっけ》なく作戦は頓挫したのだった。

「そんなに甘くはなかったか……」

失望を隠せなかった私だが、新聞広告という代理店業務は残った。私たちの方で版下《はんした》（印刷用の原稿）を作り、ワイヤッブに現地の新聞社との交渉を任せることにした。もはやホーン・ケーブルTVは関係なく、私たちとワイヤッブのサイドビジネスという形である。

ソマリランドの人たちは実に熱心に新聞を読んでいる。道端の茶屋ではお喋りと新聞の回し読みが二大娯楽となっている。影響力は侮れない。それに何しろこの中古車情報は誰も知らないのだ。もしかしたら、ソマリランドにおける車の流通革命が起きるかもしれない。それだけでも十分やる価値はある。もちろん、大事なのは「ソマリランドにおける流通革命を起こした俺」である。それほど輝かしい人間なのだとソマリの人たちに思ってもらいたいのだ。

友人に頼んで広告のデザインやコピーを考えてもらっている間に、当のソマリランドから思いがけないニュースが舞い込んだ。

「ホーン・ケーブルTVが武装警官隊に襲撃され、数名が逮捕、局も閉鎖された」というのだ。どうも、ワイヤッブが執拗に繰り広げる批判に政府当局がついにぶち切れたらしい。

え、そんな……。流通革命の夢が破れるどころか、「ハイパー民主主義国家ソマリランド」が崩壊してしまう。

電話をかけると、回線はよくないうえ、ワイヤッブが興奮しているため、なんだかよくわからない。ただ、こう叫んでいたのは理解できた。

「もう大丈夫だ。政府は三日で諦めた。もう局の閉鎖は終わった。俺たちホーン・ケーブルTVは絶対に止まらない!!」

とりあえず最大の危機は回避されたようだが、本当に大丈夫なのだろうか。

新年を迎え、冷え込みが一段ときつくなってきていた。もう前回のソマリランド&ソマリア旅から四カ月あまりが過ぎようとしている。

そろそろソマリランドに戻る時期だと私は思った。

新聞掲載のときにその場に居合わせたい。広告がちゃんと掲載されるか不安があったし、この流通革命を起こしているのが私だということを現地の友人たちにしっかりアピールしたい。

ソマリ世界の全てを知るというライフワークもある。一つには土地だ。ソマリランド国内では「豊かで農産物がとれる」と言われる西部をまだ見ていない。

ソマリ語会話にも飢えていた。話し相手はほぼアブディラフマン、たまにサミラ、それだけだ。日本にたった数名しかいない在日ソマリ人はそれぞれ所属氏族が異なり、積極的に交流しようとせず、パーティや集まりの類は皆無である。ナチュラルなソマリ語の会話はほとんど聞く機会がない。

しかし、何と言っても最大の理由は「これ以上、ソマリの地から離れていると完全に忘れられてしまう」という不安感だ。ワイヤッブの要望に応じてすでに二回も仕送りしていたのも、彼が「盟友」である以上に、「忘れられたくない」という思いが強かったからだ。彼はホーン・ケーブルTVの要職にあるが、子供が八人もいることと彼を頼る家族・親族が多いことで、いつも懐が厳しい。ちなみに、私はいつも渋谷センター街にある金券ショップ大黒屋から送金していた。大黒屋は世界的な送金会社ウエスタンユニオンの代理店となっている。

この話をしたら、「タカノ、君はディアスポラみたいだな」とアブディラフマンに笑われた。ディアスポラとは海外在住のソマリ人のことをイスラエル・パレスチナの外で暮らすユダヤ人になぞらえた呼び方だ。ソマリ語で「クルバ・ジョーグ」とも言う。

彼らは異国に暮らし、自分たちの生活だけでも大変なのにせっせとカネを故郷の家族や親族、同じ氏族の仲間に送り続ける。それもこれも自分の存在価値を知らしめたいからだ。

ソマリ人にとっては、ニューヨークやロンドンで成功してもそれだけでは何の意味もない。あくまで「本場」はソマリの地であり、そこで認められなければ存在価値がないのだ。そのようなことをアブディラフマンからも聞いた。

「本当のソマリ人ですらそうなのか……」

自分だけではないという意味では少しホッとしたが、ソマリ人ですらそこまでやらないといけないなら、「ガイジン」の私はもっと頑張らねばいけないということになる。

やっぱり、一刻も早く戻らねば。

ソマリランドに行くとサミラにも告げたところ、「モガディショにも行くんでしょ？」。「あ、ああ……」曖昧に返事をした。戦国都市モガディショはもちろん安全とはいえない場所だし、セキュリティに半端でない額のカネがかかる。どうしようか思案していたのだ。南部の他の土地が見られるというならいいが、今の状況では難しいだろう。

しかし、サミラは私の都合など頓着しない。彼女は兄とちがい、主張の激しい典型的なソマリ人だ。飛び上がって喜んだ。

「よかった！　タカノ、私のアクセサリーを取り替えてきて！」

「アクセサリー？　取り替える？」

「そう」彼女は自分の手首につけた腕輪や指輪を見せて言う。

「もう半年も同じものをつけてるのよ。飽きちゃった。うちに行って、お母さんに他のアクセサリーと取り替えてもらって」

それは俗にいう「お遣い」じゃないか。〝世界で最も危険な町〟とも言われるモガディショにお遣いって……。

そんな私の戸惑いをよそに、次のレッスンのとき、サミラはいらなくなったアクセサリーの他、ビニール袋にどっさりとお土産を入れて持ってきた。量販店で買ってきたとおぼしきプラスチックのボトル入りの芳香剤、紙おむつ（「お姉さんに子供が生まれたから」とのこと）、スーパーのレジ袋に入ったポッキーや飴、ポテトチップスなどのスナック菓子。

おいおい、これじゃほんとに近所にお遣いに行くみたいだ。

いっぽう、兄のアブディラフマンはある事情により、私に何も託さなかった。ただ、「歯磨き用の木の枝を買ってきてくれ」と頼んできた。

予想外の状況になったが、それもまた運命。ソマリランド流通革命の熱情を胸に秘め、背にはサミラのジャンクなお土産がどっさり詰まったザックをかつぎ、私はまたしてもソマリランド&南部ソマリアの旅に出かけたのだった。

2. 世界最悪の夜行便

ソマリ世界の北端に位置するジブチ共和国の首都ジブチに到着したのは三月初めのことだった。

「ワリヤ!（おい!）」「ハルカン・カーレイ!（こっち来い!）」「イミカ、イミカ!（今すぐだ!）」「マ・シャカイナヨ!（これ、ダメだぞ!）」……。

そこら中でソマリ語の野太い声が聞こえる。荒っぽくて、せっかちで、明るいソマリ人の声が。

感無量だ。この半年あまり、ソマリ語会話への強烈な飢えにさいなまれていた。それが今、誰も彼もがソマリ語を話している。これを夢の世界と言わず何と言おうか。たとえ、その夢の人たちがこぞって私からカネをむしろうとしているように見えたにしてもだ。

空港ではポーターに荷物を運んでもらった――というより、隙を見せたら勝手にタクシーまで運ばれてしまった。現地通貨のジブチ・フランがないので後でタクシー・ドライバーを通じて渡してもらうことにしてとりあえず発進した。もう超速のソマリ世界に足を踏み入れていた。

最初は市内中心部のホテルに泊まるつもりだったが、すべて満室とのことで、郊外の宿に行くことになった。

ジブチはおもしろい場所だ。市内中心から半径一キロくらいは、立派なホテルやフランス料理店、航空会社のオフィスなどが建ち並んでいる。聞こえるのはもっぱらフランス語だ。白人の観光客が高級ワインを傾け、夜には海賊対策のためにこの地に駐留する各国の兵隊がナイトクラブやバーに繰り出す。自衛隊の隊員らしき人たちも見かけたことがある。

フランスの海外県と呼んでもいいくらいだが、一歩そのエリアを出れば、私の知る二十年前のコンゴさながらだ。庶民の足であるミニバスやタクシーはドアがはずれそうだったりエンジンのイグニッションが壊れていたりと、とにかくボロい。国際的に全然認められていないソマリランドや二十年内戦状態の南部ソマリアのほうが、車がずっと新しくてきれいとは、一体どういう皮肉だろう。

建物は古く、崩れかかったかのように見えるものが多く、道路は穴ぼこだらけ、自動車の修理工場からは強い油の臭気が、その隣の店からは肉を炒める匂いが漂い、それが土埃と入り混じって、車の窓から流れ込んでくる。聞こえてくる言語はソマリ語ばかりだが、白人の血が混じった顔も少なくない。その中、肩をはだけてサングラスをかけた白人女性が颯爽《さっそう》と乳母車を押していたりもして、雰囲気はずばり「植民地」である。

私はドライバーの推薦する「ホテル・ダルエスサラーム」に荷を下ろした。ソマリ人が経営するホテルで、スタッフも客も全員がソマリ人。

フロントの若者に「どこの出身？」と訊くと「ブルオ」との答え。

「じゃあ、ハバル・ユニスだろう？」とたたみかけると、周囲の人たちがドッと笑った。「よく知ってるな!!」若者は苦笑している。

ソマリ人は氏族社会を形成している。私たち日本人は同じ町とか同じ県といったように「地縁」で固まるが、もともと遊牧民であり土地に縛られない彼らは「血縁」で固まる。誰かが悪いことをすると、その人間がどこに逃げても氏族の細かい網にひっかかり捕まってしまう。逆に何か利益になることがあれば、氏族の網は酸素や栄養分を送る血液の役割を果たす。

ハバル・ユニスはソマリの五大氏族の一つ、イサック氏族の八つある分家の一つであり、最も大きな分家でもある（イサック氏族はソマリランドの人口の八割を占め、その最大分家ということはソマリランド最大勢力とも言える）。彼らは遊牧民として動き回ってはいるが、だいたいの活動エリアは決まっている。ハバル・ユニス分家の場合、ソマリランドのブルオという町が活動の中心地だから、この推測は六、七割の確率で当たる。

氏族の話でにわかに和気藹々《わきあいあい》としていたら、タクシー・ドライバーと空港のポーターが現れ、カネを要求してきた。それが両方とも相場の二倍だ。外国人だと思ってぼろうとしている。去年もジブチに来ている私はムカッときて、周囲の人に「これ、高いでしょ？」と同意を求めたが、つい今し方まで一緒に笑っていた人たちが急によそよそしい態度で「普通だ」と言う。

なんと！　と思ったが、そう言われたら仕方ない。しぶしぶ支払ったあとで気づいた。あのポーターは数あるタクシーの中からこのドライバーを選んだ。ドライバーもまた数あるホテルの中からこのホテルを選んだ。ということは、彼らもまたハバル・ユニス所属にちがいない。

言い争っている二組の人間がいた場合、ソマリ人は正しいほうではなく、同じ氏族の肩をもつ。それがソマリ的に「正しい振る舞い」なのである。そうしないと、後で同じ氏族の仲間から何を言われるかわからない。

だから同じ氏族の中にそうでない人間が紛れ込むと、一瞬にして〝全員が敵〟みたいな状況が生まれたりする。

そう、これもまた夢にまで見たソマリ世界の典型パターンなのであり、ため息まじりに受け入れるしかなかったのだ。その場にいなければ忘れられる。いれば、仲間はずれにされる。私は彼らの中に入っていきたいのに……。

何か事が起きなければ、ソマリ人は一般的に氏族や国籍などに頓着せず、親切である。

ホテルのスタッフはその後では良心的なタクシー・ドライバーを呼んでくれたし、ホテルの食堂でお茶や軽食をおごってくれた人もいた。

彼らと話しているうちに、ソマリ世界におけるジブチの独特な立ち位置がわかってきた。ソマリ人はアフリカ東部の、サイの角のようにアラビア海に突き出た地域に住んでいる。俗に「アフリカの角」と呼ばれ、「ソマリ人居住域」とされている。

ソマリ人居住域は五つの国からなる。あるいは五つに分断されている。

旧イギリス領ソマリランド、旧イタリア領ソマリア、旧フランス領ジブチ、そしてエチオピア東部とケニア北東部だ。十九世紀後半から二十世紀にかけて欧州列強が行った植民地分割の結果だ（ソマリランドは国際社会から承認されていないが、私は認められるべきだと思っているので、本書では「国」として扱う）。

そのうち、ソマリランドとソマリアでは住民の九十五パーセント以上がソマリ人で、ジブチでも六十パーセントがソマリ人。つまり、三つの国でマジョリティを形成している。アフリカでは一つの国に多数の民族が同居し、それが往々にして国内の最大問題となるのだが、ソマリの場合は逆で、一つの民族の中に国がいくつもある。ソマリみたいな民族は世界的に見ても稀《まれ》なはずだ。

一九六〇年代、各地のソマリ人は植民地の宗主国から独立し、最終的に一つのソマリ国家として結集しようとした。これを「大ソマリ主義」という。その第一歩が旧イギリス領ソマリランドと旧イタリア領ソマリアの合併だった。

ところがあとが続かない。ケニアとエチオピアは国土が奪われるのを決して認めなかった。それはまだ仕方ないにしても、痛かったのはジブチがその流れに乗らなかったことだ。ジブチは四割が非ソマリ系のアファルという民族であるうえ、ソマリアと合併してその一地方都市になるくらいなら、フランスとのつながりをキープして独自国家になったほうが得策と考えたのだ。

ジブチ共和国の成立で「大ソマリ主義」は完全に頓挫してしまった。

以後、ソマリアは軍事独裁政権から果てしない内戦という道をたどり、ジブチはその脇で、難を逃れてきた。そして、ソマリ世界内の「欧米とアラブ社会向け窓口」として美味《おい》しい役割を担ってきた。

二十年以上にわたって続く内戦の間、大きな和平会議が何度もジブチで行われたのも、国際社会が認め、平和でもある唯一のソマリ人国家がジブチであるためだし、海賊対策のために各国の軍隊がこの国に駐留しているのも同様の理由による。

また、ソマリランド人やソマリア人にとって、ジブチは海外への出入口となっている。私だって、本当はソマリランドに直接行きたいが、ソマリランドのビザが取れ、直行便が飛んでいるのはこの当時、ナイロビかジブチしかなかったから、今回ここに来たわけだ。

ホテルには、アメリカ・ミネソタ州のミネアポリス在住でこれからブルオに里帰りするという薬剤師の若者もいれば、ソマリランドの首都ハルゲイサ出身で、今はジブチのパスポート取得を待っているという三十代の男もいた。後者は名をモハメドといい、私が携帯電話のSIMカードを買うのに付き合ってくれたり、カート宴会に誘ってくれたりしたナイスガイだ。

「カート」とは中東からアフリカ東部にかけて栽培されている、和名アラビアチャノキという木の葉っぱである。見た目は椿《つばき》や山茶花《さざんか》に似ている。その若葉をヤギやラクダのように生のままバリバリ食べると、やがて極度にすがすがしく、周りの人すべてが自分の愛しい人という根拠のない確信が生じる。こう書くと酒の酔いみたいだが、酒とちがって意識や判断力が明晰《めいせき》になり、記憶もしっかりする。効果としてはむしろ覚醒剤やコカインの方に近い（もちろん、それほど強くはないが）。社会の潤滑油になっているという意味では日本の酒によく似ている。イスラム圏という男社会なので、通常カートやタバコを嗜《たしな》むのは成人男子のみ、女性や子供は手を出さない。第二次大戦以前の日本の飲酒事情にも通じる。

ソマリ世界ではどこでもそうだが、ここもカートを一人で食べたりしない。カートは一人でやっても楽しくないのだ。たいてい、誰かの家かたまり場みたいなところでやる。私たちのような旅行者にはそういう場がない。酒とちがって一人でやっても面白くないし、私はなによりソマリ語会話を楽しみたいのだ。カートは「人とお喋りしたい」という強い欲求をもたらすから、外国語学習者には最適である。

モハメドに「どこでカートを食えばいいんだ？」と訊くと、にやりとした。「大丈夫だ。俺がセッティングしてやる」

昼飯が終わる一時頃、ホテルの前にカートの屋台が現れた。ソマリランドやソマリア、ケニアでいろんなカートを見てきたが、ここのカートはまた種類がちがう。ただし、安物なのは見ればわかる。硬そうだし、色つやもよくない。魚や野菜と同様、カートも見た目が重要だ。

でも安いし、とにかくカートをやりたいので、さっさと買い、モハメドの後について、ホテルの屋上にあがった。そこにはソマリ語で「マフラーシュ」と呼ばれるカート宴会場があった。大きな部屋にカーペットが敷かれ、背もたれと肘掛け用クッションが十数人分おかれている。お茶やコーラはホテルのスタッフに頼むと、買ってきてくれる。至れり尽くせり、至福のひとときだ。

テレビではなつかしいホーン・ケーブルTVが映っている。映し出されているのはソマリランドの首都ハルゲイサ。私も知っているアフメドというレポーターが、自称百歳という長老に氏族の話を聞いている。私には聞き取れなかったが、モハメドの解説によれば、昔は氏族の分家が今とはちがっていたと話しているという。

なるほど。氏族は血縁集団という建前だが、実際には会社に近い部分がある。長い歴史の中では吸収合併や分離独立が繰り返され、大きなグループから離れて別のグループの子会社になったりもする。

氏族、カート、ジャーナリスト。これが私にとって、最も愛するソマリの要素だ。今や、そのうち二つは満喫中なので、あとはジャーナリストと合流するだけだ。

世界のどの国もソマリランドを承認していない。ジブチも同様なので、大使館は存在せず、代わりに「ソマリランド連絡事務所」がある。ここで私はジャーナリスト・ビザを取得した。所属はホーン・ケーブルTVなのでひじょうに簡単だ。

その日の夕方に出発。実は今回、ジブチから空路でなくわざわざ陸路で首都ハルゲイサに行くことにした。ジブチからハルゲイサまでの土地はソマリランドの「西部」に分類される。ハルゲイサの市場に並ぶ国内産の野菜は主に西部から来ていると聞いていたから、中央部や東部に比べかなり土地が豊かで降雨量も多いのではないかと想像していた。でも私自身は西部をほとんど見たことがなかった。自分の目で確かめたいと思ったのだ。

カートの酔いに任せて重いザックをアラヨッと背負い、モハメドの後についていくと年季の入ったランドクルーザーが道端に並んでいた。そのうちの一台を指さし「これだ」と言うのでびっくり。てっきりバスだと思っていたからだ。

しかし、ランクルの方が旅情があると勝手に納得し乗り込む。続々と客が集まってくる。車の屋根には荷物が、中には人が、それぞれ限界までぎゅうぎゅうに詰め込まれる。

夕方六時頃、車は発進。三十分もしないうちに国境に到着した。

車を降り、イミグレーションで出国のスタンプを押してもらう。一般に、陸路の国境には有象無象がいることが多いので警戒していたが、カート売りの屋台と両替の女性くらいしかいなかった。さらにカートの束を買い求め（国境のせいか、やけに高かった）、両替の女の子たちと国境をてくてくと歩く。彼女たちはソマリランド側に住んでおり、今日は店じまいなので家に帰るところだった。

月が照らす半砂漠を、「どこの氏族？」「ハバル・アワル。あなたは？」「ハバル・トーキョー」「何それ!?」などと笑いながら歩いたのはこの日最後の幸せな時間帯だった。

いよいよソマリランドに入国。世俗国家であるジブチとちがい、シャリーア（イスラム法）を国の基盤に据えるイスラム国家のソマリランドでは酒は所持も持ち込みも禁止だ。

私は成田からジブチに来る途中の免税店で買い込んだウィスキーを二瓶所持していたので、荷物検査を心配していたが、何事もなく通り抜けることができた。

ソマリランド側には車のガレージが大展開していた。至る所で修理工やドライバー自身がトラックやランクルのタイヤを交換したり、エンジンをいじっている。

陸路での国境越えは世界各地で数多く経験しているが、こんな光景は初めてなので首をひねった。それが地獄の前触れだったと気づいたのは、夕食をとって二時間後に旅が始まったときだった。

ハルゲイサへの道は驚くべきものだった。

曲がりなりにも首都と首都を結ぶ幹線道路だから、私は「舗装くらいされているだろう、でも道はよくないかも」と思っていた。ところがだ。道が悪いというレベルではない。

道路がないのだ。

低く硬い草やボソボソ生えた灌木《かんぼく》をよけながら、半砂漠の道なき道をてきとうに、しかも猛スピードで突っ走る。刻々と重力の方向が変わるかのように私たち乗客は激しく体を揺さぶられる。まるでパリ・ダカール・ラリーに参加してしまったかのようだ。

五分、十分とダッシュすると、突然ガクッと止まる。車輪が砂に埋もれて空回りしている。すると、荷物と一緒に屋根にへばりついていた「助手」がスコップを手に降りてきて、車輪付近の砂を掘る。タイヤが地面をかむのを確認し、また急発進。

こんな夜の半砂漠でドライバーにルートがわかるのが不思議だったが、実際にはときどきわからなくなっていた。いちおう、前に通った車の轍《わだち》を追っているが、轍は常に三本か四本、ひどいときには数え切れないほど存在し、間違った轍を追うと行き止まりになる。すると、またもと来た方に引き返す。

ときにはエンジンの調子がおかしくなったり、パンクした他の車がタイヤ交換するのを待つこともある。万一を考え、常に三、四台が連れ立って走るようにしているのだ。

十一時を回ると、私もカートの酔いが醒《さ》め、疲れも出てきた。隣のばあさんに何度も「よっかかるな！」と文句を言われる。そう言われてもこの状態では無理だ。

「どうすりゃいいんだ？」とソマリ語で言ったら、そのときだけ珍しく車内に笑いが起きた。「カートを食え!」と誰かが言ったが、あまりに揺れがひどくて、手にしたカートを口に入れることすらままならない。

夜が更けると冷え込みがきつくなってきた。砂漠の気候は妙で、何も変化がないように見えて、ときどきゾッとするほど冷たい空気の塊に包まれる。そして、数分後にはその塊から出る。

土埃が車内に充満し、喉も痛い。人も荷物もうっすらと黄色い膜に覆われているのが月明かりで見て取れる。それだけなら幻想的ですらある。

もう、そのあとは延々と続く苦境に耐えるばかりで記憶が定かでない。ともかく、私の今までの辺境旅の中でも、こんなにきつい車の移動は珍しい。定期便では間違いなく最悪と言える。

一睡もできないまま次第に夜が明けてきた。車はようやく半砂漠から抜け、ゴツゴツとした岩山のような場所を走っていた。車内は静まりかえっている。やがて、石造りにトタン屋根の家がいくつか寄り添うように建っている小さな村で止まった。ここで朝食をとるという。

地面に足を下ろしても、まだ体がぐらぐら揺れる。食堂と呼ぶにはあまりに素朴な店はテーブルもない。他の乗客や運転手と一緒にその辺にしゃがみこみ、「ルホ」と呼ばれる薄焼きのパンケーキというかチャパティみたいなものをトマトソースのたれにつけて食べる。美味《うま》いかどうかもわからない。味を感じる気力がないのだ。激しい振動と不眠からくる疲労で放心したまま、黙々とルホの切れ端を口に運ぶ。

驚いたのは、もうボラマを通り過ぎていたということだった。ボラマはソマリランド西部最大の町であり、一九九三年に内戦を終結させるための大会議が開かれた場所として知られる。またその周辺は農業がなかなか盛んだと聞いていた。しかし、私は何も気づかなかった。

農業は一体どこでやっているのか。一晩中走って、作物らしきものは一つも目にしていない。もちろん、私たちの通ったルートからはずれたところに農地はあるのだろう。単に農閑期で、暗がりでは荒れ地と区別がつかなかったのかもしれない。けれど、どう考えても、ソマリランド西部は「豊かな土地」ではない。

ソマリランドが自力で内戦を終結させ、和平と民主主義を達成できた理由は大きく四つある。

1. 植民地時代、旧イギリス領だったため、間接統治が行われ、氏族の長や長老たちの力や伝統の力が維持された。一九九一年以降の内戦時もソマリの掟《おきて》に従い、女性や子供などを殺したりレイプしたりすることはなかった。(南部ソマリアはイタリア人による直接統治を受けたため、氏族の伝統が破壊された。一九九一年以降の内戦でも女子供もかまわず犠牲となった)

2. 北部は土地が貧しく、遊牧民が多い。遊牧民は生活環境が過酷であるため、戦闘が絶えない。いっぽうで戦闘が頻繁なため、停戦の方法もよく知っている。（南部は戦闘が少ないので、いったん始まると止めどなく続く）

3. 北部はイサック氏族が八割を占め、かなり均一な氏族構成となっている。（南部は土地が豊かなため、多数の氏族が入り交じって暮らしている）

4. 北部は貧しいため、利権が何もない。富や土地を巡っての争いや政治家の腐敗も少ない。（南部は土地が豊かで、首都のモガディショや最大の港キスマヨも有する。それを巡っての権力闘争が激しい。腐敗も多く、諸外国もこぞって介入する）

要するに、ソマリランドが「奇跡の和平」を達成できた大きな理由の一つは、「土地が貧しいから」ということなのだ。これまで知らなかった西部を見たことで、それが事実――想像以上の事実だと確認してしまった。

あとは、南部ソマリアの土地が見たい。まだ私はモガディショ市内しか見ていないからだ。南部ソマリアの一般的な土地が見られれば、ソマリランドと比較ができるのだが、激しい戦闘が続く南部ソマリアで私が地方を旅できるような日が果たして来るのだろうか……。

再び土埃だらけの車に乗り込み、一路東を目指す。結局、畑を一つも見ることなく、いつの間にかハルゲイサの町に入っていた。

止まったのは、今まで足を踏み入れたことのない町外れの一角だった。同じような長距離ランクルやミニバスが所狭しと止まっているのでバス・ターミナルのような場所だと思うが、どこなのかさっぱりわからない。

一晩中、土埃にまみれてほとんどゴミ袋みたいになったザックを背負い、中心部へ向かうため、よろよろとタクシーを探して歩き出した。だが、それらしき車は見つからない。

雑貨屋の軒先で立ち話をしている男たちや通行人の若者などに「タクシー、タクシー」と連呼していたら、次第に人が集まってきた。三年前に初めてハルゲイサに来たとき、町の中心地ですら私が通りを歩いているとそこら中から「ハロー」とか「ジャッキー・チェン！」などと声がかかったものだ。ましてや、ここは外国人などまず来ない場所らしく、野次馬の量がすごい。

あっという間に三十人とも四十人ともつかない人たちに囲まれていた。みんな、口々に何かこちらに喚《わめ》いているのだが、うるさくてよくわからない。

私も必死で、比較的垢抜《あかぬ》けた感じがする若者のグループに「携帯を貸してくれ！」と怒鳴った。「どうして？」「ＳＩＭカードがないんだ」「どうして？」「今着いたところなんだ」「どこから来た？」「日本だ。とにかく携帯貸して！」「日本？　ワオ！」「だから携帯！」……。

そんなやりとりが続き、野次馬は増える。やっと若者は携帯を貸してくれ、私は友人のワイヤッブに電話した。私は「今、ハルゲイサに着いたけど、どこかわからないし、タクシーもバスもない。迎えに来てほしい」と訴えた。携帯の持ち主の若者がワイヤッブに現在地を説明してくれた。

「いいか、そこを動くなよ。今すぐ行くから」とワイヤッブは言い、電話を切った。

はあ、これでやっと助かった――。

そう思ったときである。人混みの中に車が突っ込んできた。車から青い制服を着た男たちが現れた。

「警察だ。こっちに来い」

彼らは両側から私の腕をがしっとつかみ、車のほうに連行しようとする。

「今、ここに友だちが来るんです」と再度必死になり大声で訴えるが、まるで耳を貸さない。私を後部座席に押し込み、車はスタートした。

「どこへ行くんです？」

「警察署だ」

目の前が真っ暗になった。私はビザも持っているし、入国スタンプもちゃんと押してもらっている。それだけなら何も問題ないのだが、痛恨なのはウィスキーのボトルを二本、隠し持っていることだった。荷物を調べられたら現行犯逮捕されてしまう。

逮捕されたら、ただで済むとは思えない。私は政府批判で当局に目をつけられている
ホーン・ケーブルTV所属なのだ。強制退去は免れないだろう。下手をすると、入国禁止措置を受けるかもしれない。実際、私は十年ほど前インドで（やむを得ない事情とはいえ）不法入国の罪で捕まり、以後インド入国を禁止されたままだ。

もしそんなことになれば、全てが終わりだ。ホーン・ケーブルTV東京支局も、ソマリの全てを知るという私のライフワークも……。

悪い想像だけがとめどもなく広がっていった。

「俺は一体どうなってしまうのだろう……」

これまた見知らぬ地区の警察署で車が止まった。「もうどうにでもなれ」と観念したが、二人の警察官は私を署内に連れて行こうとせず、中庭の木陰を指さし、「ここで待て」と言う。

やがて、二人は蓙《ござ》を持ってきて木陰に敷いた。

「ここに座って待て」と言う。

どういうことだろうか。早朝なので取り調べ室が開いてないのかと思ったが、ミネラルウォーターのボトルとお茶のポットが運ばれ、さらに非番とおぼしき私服の警察官がカートの束を持ってここにこしながら私の横に座ったのを見て、完璧に勘違いしていたことに気づいた。

「助けてくれたのか!!」

外国人旅行者が群集に取り囲まれているのを見て、「これはまずい」と判断したのだろう。そして、安全な警察の敷地でもてなそうとしてくれていたのだ。なのに、保護してもらった当の外国人は「逮捕された！」と恐慌をきたしていた……。

自分の限りなき間抜けさと安堵《あんど》で、莚の上に崩れ落ちそうになった。

非番の警察官はカートを分けてくれた。

疲れ切った精神と体に、熱いお茶とカートはよく効いた。ああ、やっぱりソマリの土地は素晴らしい。朝の爽やかな風に吹かれ、このうえなく幸せだった。

三十分くらいして、ワイヤッブがやってきた。身長百九十センチ、推定体重九十キロ、ソマリ人としても巨体の部類に入る体軀とラクダのように体を前後にゆっさゆっさとゆする歩き方で遠目からもすぐにわかった。私に近づくと、「タカノ、一体どうしたんだ！」と怒鳴った。目が血走っていたが、私がカートを食ってご機嫌なのを見て取ると、ふうっと大きく息をついた。

「警察が君を逮捕したと思ったんだ」彼も同じ想像をしていたのだ。

誰だってあの状況ではそう思う。特にワイヤッブは数カ月前にテレビ局が警察に閉鎖され、スタッフ数名が警察署に拘束《こうそく》されるという事件に遭っているから、余計にそう思ったにちがいない。

この国でジャーナリストを稼業とすることは、一般人以上にいつ何が自分の身に起こるかわからないということでもある。後日私もそれを嫌と言うほど味わうはめになるのだが……。

「まあ、よかった。行こう！」

彼の大きな手に促され、ようやく普通のタクシーで市内中心部に向かったのであった。

3.ソマリランドの梁山泊《りょうざんぱく》

ハルゲイサの町は東西に十キロほど続くメインストリート沿いに発達している。その大通りを車で西にずっと進むと、民家が途切れがちになり、石がごろごろした丘陵地帯に出る。舗装道路を離れ、丘の一つを石や砂利にタイヤをとられながら蝸牛《かたつむり》のようにずるずるとのぼっていく。丘の上には高い鉄塔と、コンクリートの塀に囲まれた小さな二階建ての建物がポツンと建っている。車を降りると、乾いた風が頬を打った。

これがホーン・ケーブルTV本局だ。

来る度に「砦《とりで》」という日本語が頭に浮かぶ。まるで山賊かゲリラの拠点みたいだからだ。

半年前、初めてここにやってきたときのことを思い出す。それはワイヤッブが制作報道局長に就任し、初めて出勤した日でもあった。カートの束を無造作に抱え、妙な東洋人を伴って登場した新しいボスを、若いスタッフ連中は目を白黒させて見つめていたものだ。もっともワイヤッブの裏表のない性格と燃えるようなジャーナリスト魂が彼らを魅了したらしく、たちまち馴染《なじ》んでいった。

彼が局長に就任したことで私の運命も大きく変わった。ホーン・ケーブルＴＶの各支局スタッフの案内で、プントランドと南部ソマリアを旅してまわることができたからだ。おかげで他の外国人が持ち得ない「内側からの視点」で現地を見ることができた。さらには、彼らソマリのジャーナリストたちのアナーキーにして体を張った仕事ぶりに共感してしまった。「基本」や「地道」をなおざりにし、「やったモン勝ち」を追求する彼らの姿は、まさに私が大学生のとき在籍した「探検部」を彷彿《ほうふつ》させた。だからこそ、まだ形式的とはいえ、東アジア支局代表の辞令をもらったりもしたのだ。

銃を携えた守衛に手を振って挨拶をし、二階建ての建物に入った。一階には放送用の機器が並んだ作業ルームが数室。ヘッドホンをあてたスタッフが忙しく機械のつまみやスイッチをいじっている様子は日本のテレビ局や制作会社と変わらない。いちばん奥にスタジオがあり、その脇の狭い階段を上ると、二階の編集室である。

ボロいベニヤ板の扉をギイと開けた。八畳間ほどの部屋に中国製のビニール莚や古びた絨毯《じゆうたん》が敷かれ、その上に若いスタッフの男たちがぺったりと腰を下ろしていた。彼らはほぼみんな、ランニングシャツ一枚になり、カートをせわしなく嚙《か》み、タバコをふかし、大声で喋りながら、パソコンやモニターに向かっている。撮ってきたばかりの映像を編集しているのだ。水やコーラのペットボトルが転がり、床はカートの葉っぱ屑《くず》とタバコの灰だらけだ。煙たくてうるさくて汚いのに、ここにやってくるとホッとした気分になる。これまた昔の早大探検部の部室に雰囲気がそっくりだからだ。

「オー、タカノ！　アッバヤーバ！」と笑いながら握手してきたのは、編集主任のアイダルースだ。筋肉の塊のような体に賢そうな目。もし「いかにも知的そうなマイク・タイソン」がこの世にいるとすれば、アイダルースのような風貌になるにちがいない。いっぽう、アッバヤーバとは、安くてやたら効き目が強い、日本でいえば安焼酎みたいな庶民用のカートのことで、前回滞在したときに手を出した。すると激しい興奮にとらえられ、夜中にホテルを出て、一人で町をぐるぐる歩き回ってしまったのだ。このエピソードがホーン・ケーブルTVのスタッフに大受けし、以来ことあるごとにタカノ、アッバヤーバと呼ばれている。

みんなにお土産を配った。日本の美人画をプリントした下敷きと、前回ここで撮影した写真を大きく引き伸ばしてプリントしたもの。写真は意外にも大喜びされた。「意外にも」というのは、ソマリ人は写真を撮られるのをひじょうに嫌がるからだ。町中で撮っていると必ず揉《も》め事《ごと》になるし、ホーン・ケーブルTVのスタッフのように知り合いであっても、いい顔はされない。前回、局内で撮影していたら、ワイヤッブに「もういいだろう」と露骨に嫌な顔で終了を命じられたこともある。

ところが、実際に写真をもらうのは大好きだったと判明した。中には「なぜ俺の写真がない？」と不満をもらす奴もいる。嫌だというから撮らなかったのに……。ワイヤッブも「家で額に入れて飾る」とご満悦だ。

いっぽう、下敷きは超がつくほど不評。「日本の昔の美人なんだ」と説明しても、みんな「ふーん」という鈍い反応だ。こういう浮世絵風の美人画は一般的に外国人には受けるものなのだが……。ソマリ人は日本に全く関心を持っていないことを今さらのように思い出した。ワイヤッブにいたっては、私の目の前で下敷きをパラリと床に落とし、どこかに行ってしまった。あまりにダイレクトかつ正直な反応だ。苦笑しながらカート屑の中に落ちた下敷きを拾い上げるしかなかった。

あらためて思うのだが、ソマリ人ほどジャーナリストに向いた民族はいない。反応と行動が異常に速く、交渉事が得意で、政府や他の権威が何と言おうが自分の意見を曲げず、フットワークはめちゃくちゃ軽くて現場がどこでもすっ飛んでいく。ジャーナリストというより、日本で一昔前に使われた「ブンヤ」という呼び名がしっくりくる。

その象徴がほかでもないワイヤッブだ。

本名アブディラヒ・アダン・オメルだが、あだ名は「ワイヤッブびっくり」。子供のときから、怒るとあまりに激しく相手を攻撃するのでお祖父さんに「おまえには毎回びっくりする」と嘆かれたからだという。

ワイヤッブはハルゲイサの生まれ。生まれたときはイギリスの保護領ソマリランドだったが、三歳のとき、イギリスから独立（一九六〇年六月二十六日）、その五日後に、イタリアから独立した南部ソマリアと合併し、ソマリア共和国となった（ソマリアは一九六九年に「ソマリア民主共和国」、二〇一二年に「ソマリア連邦共和国」と改称している。本書では以下、一九九一年に崩壊したかってのソマリアを「旧ソマリア」と記す）。

彼の世代のソマリ知識人は、日本の明治時代の知識人と重なる部分がある。

明治以前の日本にとって唯一最大の文明が海を隔てた中国文明だったように、植民地時代以前のソマリ人にとっては対岸のアラビア半島から中東に広がるイスラム世界こそが文明だった。教養人とはアラビア語が流暢《りゅうちょう》でイスラムの知識が豊富な者のことだった。

ワイヤッブはイスラムの法学者だった父親のもと、幼少のときからアラビア語の勉強とコーランの暗誦をさせられた。昔の日本でいえば、論語の素読をさせられたのと同じだ。今でも彼は読み書きも会話もアラビア語はいたって流暢だし、イスラムに関する造詣も深い。

いっぽう、ソマリランドはイギリスの植民地となって以来、ヨーロッパ文明が新しい価値となっている。彼も中学高校はシャリフというイギリス人が作った町でクリスチャンが経営する学校に通った。イギリス人が先生だったため、授業はみな英語。おかげで彼はネイティブ並みの英語を話す。

二つの「外来文化」に親しんできたわけで、漢籍と西洋文化の両方に通じていた夏目漱石や森鷗外など明治の知識人と似通っている。

高校を卒業すると、旧ソマリアの首都モガディショに出た。仙台の優秀な学生が東京に出るようなものである。

モガディショでは情報省に入り、学生向けの新聞を作り始める。同時に大学のジャーナリズム学科に入学、働きながら勉強をする。

やがて学生新聞の編集長になり、その後一九八三年に旧ソマリアで最初のテレビ局（国営テレビ）の立ち上げに参加。エジプトに三カ月行き、テレビ局のシステムや番組制作を習う。さらに五年後、国立劇場のプロデューサーに抜擢《ばってき》され、ソマリの主立った芸能人の知遇を得る。

三十歳そこそこで、新聞・テレビ・劇場という三大国営メディアを統括する仕事についたわけだ。こんな人は世界でも稀だろう。

一九九一年に独裁政権が倒れ、彼の運命も激変する。危険な首都を脱出し、数年ぶりにハルゲイサに戻ると、「ヒロシマのようだった」という（私も当時の映像を見たが、その言葉通りだった）。なにもかもが廃墟《はいきょ》。内戦も起きている。政府も何もない。ワイヤップもカネがまったくなかった。

そこからが彼のすごいところなのだが、ないない尽くしの地で急いで新聞を作った。名前は〈ホリヤダ（独立もしくは自由）〉。新聞といってもガリ版刷りだ。しかし、混沌《こんとん》の中に投げ出されていたのはワイヤップだけではない。誰もが「今、一体どこで何が起きているのか」を知りたがった。おかげで新聞は飛ぶように売れた。

ワイヤッブはソマリランド共和国建国後、最初にマスメディアを作った人なのだ。

その彼がソマリランド唯一の国際ソマリ語テレビ局のトップの座についたのだから、おさまるところにおさまったとは言える。

——でも政府は嫌がるよなあ……。

大声で喋ったり笑ったりしながら飢餓状態のヤギのようにカートをむさぼり、次の瞬間には突然、誰かを大きな指でさして何か叫んだりと、躁病《そうびょう》じゃないかという彼を見ていると、そう思ってしまう。

ワイヤッブのようなソマリの知識人は、漱石や鷗外とは異なり「近代的自我」などには全然悩んでいない。同じく旧英領のイスラム圏であるスーダンでも近代的自我に悩んだ知識人は少ないと、漱石を愛する在日スーダン人研究者の友人は言っていた。「イスラム教徒は自分がヨーロッパ人より上だと思っているところがあるからね」とのことだ。

イスラムの規範がしっかりしているので、個人がアイデンティティに苦しむ必要がなかったのだ。ましてや、伝統的な氏族社会に生きているソマリ人は「自分とは何者か?」などと問う余地はさらに少ないのだろう。

内部に葛藤を持たないソマリ知識人は、常に直球ど真ん中勝負である。政府もワイヤッブを持てあますわけだ。経験も頭脳も図抜けた首領が若くて元気な部下たちを動かし、テレビという強大な武器を手に、山の中の砦から、ソマリランドのみならず全世界のソマリ人に向かって政府批判を繰り広げているのだ。反政府ゲリラかアル・カイダみたいなテロ組織をも彷彿させるが、むしろワイヤッブの「国を正しい方向に導く」という信念の下で活動するホーン・ケーブルＴＶは「替天行道《たいてんぎょうどう》」（天に替わって正義をなす）を旗印に掲げた『水滸伝《すいこでん》』の〝梁山泊〟といったほうが近いか。

今回の事件の経緯はまだ詳しく聞いてはいないが、「形式的にも容疑が何もなかった」という。どうやらワイヤッブたちがあまりに辛辣《しんらつ》に批判するので、つい手が出てしまったというところらしい。口では勝てない夫が妻に暴力をふるうようなもので、政府の行状は決して許せないが、気持ちはわからないでもない。

腰を落ち着けてカートを食べながら話を始めた。主に局長であるワイヤッブと編集主任のアイダルースに、日本で私がどんな番組を作ったらいいか相談しようとしたのだが、そこでも私たちの話はかみ合わない。いつもと同様、彼らは「カラテがいい」くらいしか言わないからだ。

「中古車の話は？」と訊いてみた。ＣＭ制作や新聞広告でもビィ・フォアードの話はしているから、初めての話よりは興味は持ちそうなものだが、ワイヤッブは「いいんじゃないか」と口では言いつつ、気乗りした様子がない。車がテーマなのはいいが、番組としてイメージが湧かないらしい。じゃあ、と突っ込んだ話をしようとすると、二人とも口を揃《そろ》えて「まず、番組を作って見せろ」。

どういうふうに番組を作るかを相談したいのに、まず作れと言われても……。

　これでは打ち合わせの意味がないじゃないか。

「アニメはどう？」と振ってみた。アニメは日本が世界に誇る文化だ。実際に世界中の国で日本のアニメをテレビ放送している。番組としてのイメージもつかみやすいはずだ。

だが、ワイヤッブは「ノー」とあっさり言い放った。

「どうして？」

「ソマリ人は『トムとジェリー』しか見ない」

　そんなバカな。というか、その決めつけはなんだ？

　よく訊くと、これまでに日本製か中国製かわからないが、どこかアジアの国のアニメをいくつか放送したが、まったくの不人気だったという。他局でも結果は同じだそうだ。ただ、「トムとジェリー」だけは視聴者から評判がいいというのは、どうやら単に大昔から見慣れているからのようである。

　ちなみに、ここでは外国のテレビ局で放送された番組を勝手に録画し、ソマリ語に吹き替えて流している。ソマリランドは国際的な著作権協定に参加していない。国自体が認められていないから参加しようにもできないのだろう。だから、その辺はまったく自由というか適当なのである。

　私もソマリランドで過去に放映されたアニメが何かわからないので、全て憶測で考えるしかないのだが、きっとそれは日本のアニメではなかったのではないか。もし日本のアニメだったとしても面白くないやつじゃなかったのか。

「日本のアニメでもすごく面白くて、世界中で大人気のものがある。例えば、サッカーのアニメでアラビア語に訳されてアラブ世界で放映された『キャプテン・マジッド』（『キャプテン翼』のこと）とかネコのロボットが活躍するアニメ（『ドラえもん』）とか……」

一生懸命喋るのだが、私も要領が悪すぎる。手元には何も映像の見本を用意していなかった。彼らのテンションは下がるどころか、もう他の話題に移ってしまった。

私としては、これから自分がどのように参加協力できるのか、みんなで話し合うだけでも楽しいと思っていたのに、われらが梁山泊の好漢たちは全てにおいてダイレクトで超速。そんな仮定の話にはいっこうに興味を示さないのだ。

どうにもこうにも取りつく島がなく、なぜ私はこの人たちに深入りしているのだろうと思いかけるが、こんなのは別に初めてではない。

幸い、ホーン・ケーブルＴＶは存続の危機を逃れることができたのだ。ワイヤッブも健在である。私たちの関係は長く続くだろう。日本人らしく粘り強くコツコツ頑張ろうと自分に言い聞かせたのだった。

4. 新米営業マンの奮闘

「準備はどう？」私が訊《たず》ねると、ワイヤッブはにやりと笑った。「大丈夫だ。昨日ちゃんとデータを各新聞社に送ってある。今日の新聞に出ているはずだ」

よし、と私はうなずいた。いよいよ私の仕事が初めてソマリランド国民に知られるのだ。

手元にあるビィ・フォアードの広告データを私は確認した。そこには英語でこう書かれている。ソマリ語でなく英語でコピーを書いたのは、ソマリ語に翻訳すると広告主であるビィ・フォアードの人たちに読めないし（ニュアンスまできちんと翻訳されているか確認したいとのこと）、ソマリの人たちも日本から車を買うくらいの人なら英語がわかるにちがいない、いやむしろ箔づけに英語のほうがいいんじゃないかという判断による。

日本語に訳すと、以下のようになる。

ビィ・フォアード　日本車輸出会社

日本から直接車を買いたい？

それならビィ・フォアードがお手伝いします！

◇信頼の購入

お手頃価格／日本から直接発送／在庫約三千台
◇車種いろいろ
バス、トラック、一般車など、いろいろ取りそろえております！
◇品質保証
プロの整備士によるチェック／自前の在庫管理
◇抜群のサービス
２００４年に設立以来、代金支払いに関する苦情は一件もありません。

www.beforward.jp　top@beforward.jp　＋81-42-440-3440

にんまりしてしまった。この広告ならソマリ人が惹《ひ》かれるにちがいない。

いよいよ私がソマリランドに流通革命を起こす日がやってきた。

ワイヤッブによれば、ソマリランドに新聞は十二紙くらいあるという。「くらい」と曖昧なのは、創刊と廃刊がひっきりなしであるため、誰も今現在の新聞状況を完全に把握していないのだ。

そして、新聞といえども完全デイリーというわけではなく、週三〜六日発行とまちまちである。多くの新聞は国の休日である金曜日を休刊日としている（ソマリランドはイスラム国家なので、イスラムの聖なる日である金曜日が休日）。ただし、一紙だけは金曜日に発行している。

ワイヤッブはそのうち、メジャー六紙をセレクトしていた。名称とその意味は以下のとおり。

〈ヨール〉（サッカーなどの「ゴール」の意味）

〈ジャムフーリヤ〉（「共和国民」。英語の「レパブリカン」の訳）

〈オガール〉（「認識」もしくは「気づき」）

〈ワーヘーン〉（「記事」）

〈サファーヒ〉（「純粋」）

〈ゲースカ・アフリカ〉（「アフリカの角」）

各紙は実売数ざっと三万五千〜五万部。「でもソマリランドでは一つの新聞を四人が回し読みするから、その四倍だ」とワイヤッブは胸を張る。だから実売五千部なら公称二万部であると私は広告主であるビィ・フォアードに報告した。後から考えると、かなり恥ずかしい「公称」だったが。

広告掲載日はハルゲイサと東京で何度もメールをやりとりした結果、火曜日出稿にした。ソマリランドから問い合わせがあるとしたら、出稿翌日から三日間くらいだろうが、いずれも平日であり、素早く顧客に対応できるという判断だ。

私たちはホテルを出て朝の空気がまだ爽やかな道を歩き出した。

日本なら新聞に広告を出した場合、新聞社が掲載紙を広告主に当然送るだろうが、こちらにはそんなサービスはないらしい。かといって、各新聞社のオフィスに行くのも面倒。町中で買うのがいちばん手っ取り早い。

　ソマリランドでは、新聞売りという人がおり、人々が集まっているところを歩き回って、数種の新聞を売っている。歩くキヨスクといってもいい。私たちは彼らがいそうな場所をまわった。

　まずは私の宿から歩いて二分の距離にある送金会社「ダハブシル」。ソマリランドもソマリアもまだ銀行が普及していない。その代わりに送金会社がある。最大手がこのダハブシルであり、出入口はいつも人だかりがしている。

　新聞売りの若者から出稿している新聞を選んで買い、宝くじの発表でもあるかのように、勢いこんで広告ページを探した。

「なんだ、こりゃ!?」

　そこにはとんでもない紙面が広がっていた。二分の一ページの広告のはずなのに、てんで小さい。せいぜい三分の一の大きさだ。

　もう一紙は小さい文字がぼやけて読めない。

「ワイヤップ、これ一体何だよ!?」

「わからない。話がちがう!!」ワイヤップは烈火のごとく怒り、その場で携帯で電話をかけ、怒鳴りだした。

　ワイヤップの大声を不吉なＢＧＭとして聞きながら、埃っぽい道を歩き、今度はダハブシルと肩を並べるソマリランドの二大企業の一つ、携帯会社の「テレソム」に赴いた。そこでも一紙購入し、さらに、いつも行き付けにしている茶屋。一般にソマリ人はインド人のようにミルクティーを好むが、中にはエチオピア人経営のコーヒー店を贔屓《ひいき》にする者もいる。ワイヤップもその一人で、「サミラ」というコーヒー店を行き付けとしている。ここで残りの三紙を買った。

結果は惨憺《さんたん》たるものだった。

こちらの希望通りに広告を載せたのは、〈ヨール〉と〈ゲースカ・アフリカ〉の二紙のみ。〈ヨール〉のオーナー兼編集長は、かつてワイヤップにジャーナリズムの手ほどきを受けた教え子だから当然であろう。

他の四紙は二分の一ではなく、三分の一か四分の一程度の大きさだった。なぜ「二分の一ページ」というこれ以上ないほど簡単な約束が守れないのか。

印刷もよくない。細かい字はぼやけているものが多く、〈ワーヘーン〉に至っては最も大きいコピーでさえ判読できない。これでは広告の意味がない。

なぜ、こんなことが起きるのだろうか。私たちはデータを渡しているのだ。それがまるで画素数がひじょうに少ないかのようにぼやけているから不思議だ。

茶店では、ワイヤップは額に玉の汗を浮かべ、次から次へと電話をかけては、虚空を激しく指差しながら、電波の向こう側にいる相手を怒鳴りつけている。私は呆《あき》れて言葉もなく、ただ濃いコーヒーをすすった。

結局、四紙のうち三紙はワイヤッブの要求に応じ、翌日の水曜日に約束通り、二分の一ページ広告を出し直すことを了承した。

四分の一ページ程度の大きさでしかも印刷最悪の〈ワーヘーン〉だけは編集長と連絡がとれないという。私たちはタクシーを捕まえ、町中にあるワーヘーンの編集部に行ってみたが、そこにも編集長はいない。彼は携帯にも出ようとしない。編集部の人間に心当たりの場所をいくつか訊き、片っ端から訪ねていくと、最近できたというジブチの銀行の支店でようやく彼を発見した。

ワイヤッブは四十歳くらいの恰幅《かっぷく》のいい編集長の腕を摑《つか》み、無理やり私たちのタクシーの中に引きずり込んだ。ソマリランドだけでなく、ソマリ世界ではどこもプライバシーの確保がひじょうに難しい。いっぽうで、ソマリ人はビジネスやカネの話を人前でするのを日本人以上に嫌がる。友だちや家族の前でもしたがらない。カネはソマリ人の基本原理であり、揉め事の大半はカネがらみだ。そのため、特にカネに関係する緊急かつ重要な話は車の中で行われることが多い。

後部座席にぎゅうぎゅう詰めになった私たちは、「どうして広告がこんなに小さいんだ?」と編集長を糾弾した。すると、呆れたことに彼は「は?　それ、二分の一だろう」と主張する。温厚な私もさすがにカッとなり、新聞を二つに折りたたんだ。二つにたたんでも広告はその半分しかない。

「よく見ろ!　二分の一ページとはこれ（たたんだ部分）が全部広告でなきゃいけない

んだ！」

新聞をバンバン叩《たた》いて怒鳴ると、往生際の悪い編集長もしぶしぶ頷《うなず》いた。だが、印刷があまりにひどくて広告の文字が読めないという二番目の欠陥については「しかたないだろう」と開き直り、再び私たちを激怒させた。

「カネ、返せ！」

「そんなの無理だ！」

車の中で押しくらまんじゅうをするような、大変な言い争いが巻き起こった。太陽の熱と人いきれとソマリ男性のつける強い香水で車内はむせかえり、スピーカーを三台向かい合わせに並べたような大音量で怒声が響く。

悪夢のようなやりとりの中で次第に状況が明らかになってきた。この国では新聞社といっても名ばかりで、実態はどこもミニコミ紙発行所に近い。大した資本があるわけでもない彼らが週に三〜六回も十六ページや二十ページもある新聞を発行すること自体が大変なのだ。取材して記事を書き、コラムの執筆を誰かに頼み、広告を集め、デザインを組んで印刷所に送る。できた新聞はハルゲイサほかソマリランド全土の町（五〜十カ所）に配送される。

ふつう、日本では編集長といえば、編集だけやっていればいいが、ここでは役割分担が曖昧かつ広範囲だ。だからこそ、ワーヘーンでは編集長が広告主からの苦情を受け付けるはめになり、「しかたない」とは広告がめちゃくちゃなことを指しているのではなく、彼の仕事が多すぎて目も手も行き届かないことを意味しているのだった。そこまで聞くと私の怒りは萎《しぼ》んでしまった。互いに立場はある。それを理解しあわなければいけない。

「あんたの話はわかった。でも俺だって、この広告を中古車輸出の会社に見せなきゃいけないんだ。これを見て会社の社長が納得すると思うか？　俺の立場も考えてくれよ」

そう話すとさすがの編集長も「わかった。明日もう一度やり直す」と言ってくれた。

「明日はちゃんと出してくれよ」と念を押すと、「インシャッラー（神の思し召しのままに）」と彼は答えた。

いきなり自分の責務を神の意志に預けてしまった。これを聞くと、ため息が出るのだが、念を押すと、ソマリ人はほぼ必ずそう答えるので、これまたしかたないことだった。

一通り交渉が終わると、もう昼だった。ぐったり疲れていた私を励ますようにワイヤッブが声をかけた。

「タカノ、今日の午後、マフラーシュに行ってみるか？」

「いいね！」

疲れ切った心臓に新鮮な酸素が入ってきたような気がした。

マフラーシュとはカート宴会場である。ジブチのホテルがそうだったように、ホテルの屋上に設けられていることが多いが、ハルゲイサではそれとは別に一軒家のマフラーシュがあると聞いていた。面白そうなので、以前よりワイヤッブに連れて行ってくれと頼んでいたのだ。

「じゃあ、ちょっと友だちに訊いてみるよ。席があるかどうかもわからないからね」というので驚いてしまった。予約しなければいけないのか？　ソマリランドで最も高級なホテルのレストランだって予約制なんかではない。ましてや、座敷みたいな場所にてきとうに座るカート宴会でだ。

私たちが訪れたマフラーシュは通称「ゲリン・ホレ（朝）」と言う。午後どこよりも早くオープンするという意味らしい。てっきり店っぽい場所かと想像していたら、住宅街にある、大きな屋敷だった。ソマリの家がだいたいそうであるように、コンクリート塀と鉄扉《てっぴ》でがっちり固められているだけで、看板も何もない。

石造りのいかめしい家の中に入ると、家具もろくにないがらんとした広い部屋に、茣蓙と枕という「座席」がたくさん用意されていた。すでに席についている人たちがカートの葉っぱをせっせと口に押し込みながら、「なんだ、こいつ？」という顔で私の方を見る。

ワイヤッブはいつものように屈託のない笑みを浮かべ、大きな手を団扇《うちわ》のようにぶんぶん振って愛想よく挨拶していく。ふつうはこれで人々の警戒心はとけるのだが、ここでは勝手がちがった。空気がほぐれないどころか、私たちが奥まった部屋の角に腰を下ろすと、「そこはあんたらの席じゃない」と長老らしき人に厳しく言われた。常連の指定席と、自由席の二種類があるらしい。

この家は一般人向けの店ではなく、有志がお金を出しあって借りているという。だからそのメンバーの許可なく勝手に入ることはできないし、そのメンバーの席に座ることも許されないのだ。

集まって来た人たちは、元副大臣の精神科医、氏族の長老たち、ユニセフの職員、元国軍大佐、眼科医、その他、政府の役人やビジネスマンが多数いた。要するに高級会員制クラブなのだ。場所の名前「朝」は、「どこよりも早くオープンする」だけでなく、「誰よりも早く富を得る」というなかなか嫌らしい意味も表していると後で知った。

自由人であるワイヤップはそもそもこういう「アッパーでございい」的な場は性に合わず、滅多に来ないらしいが、それだけでなく居心地が悪そうなのは、このクラブが基本的に現在の与党「クルミエ（統一党）」の支持者を中心としているからだった。

ワイヤップはホーン・ケーブルTVの制作報道局長として厳しく現政府と与党を批判し、彼らから睨《にら》まれているばかりか国中で物議をかもしていた。ここでは招かれざる客なのだ。

なのに、どうしてこんな場所に私を連れてきたか。それは彼と仲のよい友だちがここのメンバーだったのと、常連の中にこの国きっての有力者にしてワイヤップの所属するサアド・ムセ分分家（分家の分家）のスルタン（氏族の長）がいたからだ。

スルタンは若い頃、三菱商事のロンドン支店に勤めていたとかで、「コニチワ。ヨウコソ、イラシャイマシタ」と片言ながら日本語を話してお辞儀をした。それでようやく、周囲の人たちも私たちの存在を認めたようだった。

ワイヤッブがこの日、私をマフラーシュに連れてきたのは、単に私が前からリクエストしていたからだけでなく、もう一つ理由があった。マフラーシュは有志の集まる場である。政治的な志を同じくする人たちや、同じ氏族の人たちが席をともにする。そして有力者の集まる場でもある。

そこで選挙の前になると、候補者は毎日このようなマフラーシュを回って、演説をしたり、議論を交わしたりするという。一般にソマリ人はひじょうに飽きっぽくて、人の話など五分と聞いていられないが、カート宴会だけは三時間も続くのでわりと落ち着いて話ができる。選挙活動にうってつけなのだ。

そして選挙活動にうってつけなら、それは営業にもってこいの場でもあろう。例えば中古車販売の営業であるとか。

ワイヤッブの意図に気づいた私は、この日集めた新聞を広げ、周囲の人々に見せて説明した。なぜ今、ドバイ経由でなく日本から直輸入がいいのかとか、ネット注文の利点などにも触れた。新聞は手渡しで、どんどん遠くの席の人にまで渡されていった。

一時間もすると、人は四十人か五十人にも膨れあがり、大変な熱気となっていた。こんなに大勢の人がカートを食べているのを初めて見た。雰囲気はまさに日本の居酒屋である。そこかしこで議論が沸騰、床は葉っぱの屑で埋まっていった。屑はここの家を管理している初老の男性が集めて回る。お客は彼にカートの枝葉を何本か分けてあげるのがマナーらしい。管理人には現金での給料はなく、あくまでこういう「カート・チップ」が収入源となっているというのがカート大国のソマリランドらしい。

さて、肝心の営業であるが、効果は微妙なところだった。

日本から直輸入すると従来の六、七割の値段で車が買えるというところまではみなさん、「ほう」と感心するのだが、ソマリランドのベルベラ港には到着せず、ジブチ港で受け取らねばならないと言うと、「なんだ」とトーンダウンしてしまう。

——くぅ、やっぱり、ここで引っかかるか……。

予想していたことだが、こちらも失望を隠せない。

ビィ・フォアードが輸出する車は主に「ロール・オン／ロール・オフシップ」という方式で荷揚げ・荷下ろしが行われている。フェリーのような大型の船で車を一台ずつ港に揚げ下ろしするやり方だ。実は私が取材に行ったとき、調布の本社で社長とスタッフがインターネットを開き、「グーグルアース」でベルベラ港をチェックしたのだ。すると、港の規模が小さすぎて、「ロール・オン～」式の船は接岸できそうにないというのだ。

では、どこに車を下ろすかというと、結局いちばん近いジブチ港になる。つまり、せっかく車を入手しても、ハルゲイサまであんな道なき道を十二時間も走らせなければいけないのだ。

あの世界最悪の夜行便で私が最もショックを受けたのは、実は疲れたとか眠れないとかではなく、「これじゃ車の輸送が困難だ！」ということだった。

しかし、アフリカの人たちは日本人とちがって、その手の困難に強い。現に他の国でも港で車を受け取ってから何百、千何百キロという道を、しかも悪路を自分で運転して帰る人がいるのだ。ソマリ人だってできないことはないだろう。

また、ビィ・フォアードによれば、コンテナならベルベラ港でも荷下ろしができるという。コンテナはカローラクラスの車なら四台くらい、ランドクルーザーなら三台くらい入る。逆に言えば、お客はそれだけ一度に購入しないと割に合わない。こうなると個人の買い物の域を超えてビジネスに近づいてしまうが、もちろんお金を持っている人には十分興味を惹く話だろう。その辺もちゃんと強調しておいた。

実際、何人かはビィ・フォアードの社名やURLをメモしていたし、「トラックを輸入したい」と言う人もいた。トラックならあの悪路も問題なかろう。

私たちはこの高級クラブのアウェー感に耐え、四時間ほど営業活動を展開した。

だが、結果から言えば、それは無駄な努力に終わった。その場にいたお客で、ビィ・フォアードに注文した人は一人もいなかった。それどころか、帰国してからビィ・フォアードに訊いてみたら、ソマリランドからの注文はもとより、問い合わせの電話やメールは、ただの一件もなかったという。

問い合わせすらなかったとは。

ジブチルートの困難さだけでなく、もっと問題なのは人間関係なのだと私は改めて思い知った。ソマリ人は同じ氏族の人間しか信用しないのだ。ましてや見も知らぬ非ソマリ人など誰も信用するわけがない。

日本企業初の新聞広告営業は、こうして徒労に終わった。流通革命は夢のまた夢である。が、私は決してめげなかった。ただ、こう思ったのである。

次はまず自分で仲介して、誰かソマリ人に車を買ってもらうようにしよう。そうすれば、それが実績になり、同じ氏族の人が買うだろう。一つの氏族から始めるのだ。

そして、こうも思った。

まだまだ自分はソマリ人への理解が足りない。もっと広く深く、彼らのことを知らなければいけない、と。

5. 人気ミュージシャンの不思議な商売

ある一つのグループの人々——民族であれ国民であれ県民であれ——を理解しようとするとき、何をもって「理解した」あるいは「理解に近づいた」と言えるのか。

大変難しい問題だが、三十年近く世界の各地を歩いてきた経験から、人間集団を形作る内面的な三大要素は「言語」「料理」「音楽（踊りを含む）」ではないかと思うようになってきた。私自身、外国で出会っていちばん懐かしくなるのは、日本語と日本食と日本の（特に二十歳以前に聴いていた）音楽だ。音楽に関して言えば、タイで偶然、「ウルトラセブン」のテーマ曲を耳にして、落涙しそうになったことがある。

これはほぼ、どの民族にもあてはまる気がする。ソマリ人もそうだろう。

だからこそ最近、私はその三要素を理解しようと努めている。取材にさして役立たないのにソマリ語を勉強し、いずれはソマリ料理も覚えたいと思っているのはそれ故である。当然彼らの音楽にも関心がある。

ソマリ人は驚くことに、若者を含めて誰も西洋の音楽を聴かない。ソマリランドや南部ソマリアでかかっている音楽は九十九パーセント、ソマリ人がソマリ語で歌うソマリ・ミュージックだ。

ネットを使う若者たちは、よく動画サイトの「ユーチューブ」で音楽動画を探して見ているが、それもほとんどは、欧米在住のソマリ人シンガーの映像である。彼らソマリの若者は欧米在住の同胞スターを通して欧米のファッションや文化を学んでいる。

なんと言うべきか、ソマリ人はものすごく「内向き」な人たちなのだ。行動は超・外向きで、思考・感覚が超・内向きとも言える。

もともと遊牧民だから、移動に抵抗がない。いとも気軽に外国に行ってしまう。その一方、行く先々どこでもソマリのコミュニティを作り、その中で暮らす。アフリカの角以外の世界中にソマリ人は三百万人もいるとされているが、外国人と結婚する人は一パーセントもいないという。外国に生まれ育った二世でもそうだというから恐れ入る。

ジブチで会った人曰く「外国人の嫁をもらって、その後どうやってソマリのコミュニティで暮らせるんだ？」。

極端な話、北極や南極にいても彼らは心の中ではソマリ社会に住んでいる。早大生のアブディラフマンとその妹サミラも、驚くほど日本に無関心だ。彼ら二人は暇さえあれば携帯やスカイプなどのネット電話で世界中のソマリの友だちと喋り、フェイスブックでソマリの友だちとチャットをしている。

ソマリ人がソマリ音楽しか聴かないというのもそういう文脈から理解できる。

もう一つ、びっくりすることがある。ソマリ音楽には一部ラップやロック調のものもあるが、八割方はソマリ歌謡曲なのである。

ソマリ歌謡曲には、アラブのギター「ウード」や同じくアラブの太鼓「ダフ」を使った伝統的なものから、バンド形式のポップスっぽいものまでいろいろあるが、総じて、荒っぽくてせっかちなソマリ人には不釣り合いなほど、叙情的というかのほほんとしている。妙に日本の伝統的な大衆音楽によく似ており、中には演歌や津軽民謡そっくりの曲もある。

このソマリ歌謡ははっきりとした様式を持っている。日本の演歌や歌謡曲と同様、二番か三番くらいの構成だが、一番の中がいくつかのパートに分かれている。

例えば、ユーチューブに何バージョンもアップされている、有名な「バッダ・アス

（紅海）」という歌はこうだ。

1
水が通り抜ける道　雨水の流れ込む池
彼女は素敵な土地に生まれた
雨の多い良き場所　知っているだろう

2
彼女に会いたい　狂おしいほどに彼女の顔を見たい
彼女は東の土地に生まれた　飛ぶ鳥はそう私に語る

3
彼女の幻影に添い寝する　彼女の心映えが愛おしい
彼女を一カ月のうちに見つけられるなら　百日の断食を誓おう
私は必ず誓いを守るよ

4
山よ……山よ……　高き山よ　その麓よ

彼女はバラドウェインに住んでいる

5

百　出でよ　地上を照らす十五の月よ
どれだけ待っていることか　夜明けを
私をひとりぼっちにしないでくれ
（訳詞：高野）

これが「一番」である。1から5までのパートに分かれており、各パートを二回ずつ繰り返す。この曲は二番もある。

ソマリの歌謡曲はすべてこのような構成だから、大衆の口ずさむ流行歌としてはずいぶん長い。五、六分かかる曲がざらだ。

メロディーは単調であまりメリハリがなく、サビもはっきりしない。

「ちょっと弾き語りに似てるな」と思った。そして、ハタと気づいたのだ。

ソマリ歌謡は詩の伝統から来ているのではないか、と。

ソマリの伝統世界は日本に似た部分がある。伝統的に日本人にとって教養とは「漢籍」つまり中国の古典に通じることであり、ソマリ人にとってはコーランをはじめとするアラビア語で記された書物を学ぶことだった。でも日本には漢籍とは別次元で、

「歌《うた》」というオリジナルな文化があった。ソマリ人もまったく同じだ。彼らの本当の伝統文化は「詩《うた》」なのである。それも愛の詩だ。

二、三十年前まで、遊牧生活をするソマリの男は詩の一つでも吟じないと好きな女子の心を掴むことができなかったという。お目当ての娘がヤギの放牧や薪《たきぎ》とりに出かけたときを見計らい、少し離れたところから声をかける。自分がいかにその娘を想っているか、いかにその娘が魅力的かを朗々とうたう。

それが「詩」なのである。

女子は誰でもなるべくたくさん「綺麗《きれい》だ」とか「好きだ」と言われたい。男としても詩をうたいつづけるかぎり、女子を引き留めておくことができる。

結果として、詩は長いものになりがちだ。

だが、当然のことながら、誰もがそんな詩を作れるわけではない。ソマリの詩も韻を踏んだり同じ言葉の繰り返しを避けたりと、修辞的な技術がひじょうに発達している。語彙も豊富でなければいけない。

そこで「詩人」というプロが重宝される。一般人は有名な詩人の詩を覚え、それでもってお目当ての女子に愛を語るわけだ。

要するに、ソマリ歌謡というのは「詩」の現代版なのではないか——？

ソマリの友人たちに訊くと、彼らは「その通りだ」とうなずいた。

私の推測はずばり的中したのだが、彼らはさらに面白いことを教えてくれた。ソマリの伝統的な詩には、女子が男子に歌い返すということもあるという。日本の「歌垣《うたがき》」と同じだ。そして今のソマリ歌謡でも男女が交互に歌う形で踏襲されているという。

そうか！　ソマリ歌謡は妙にデュエットが多いと思っていたが、あれは「歌垣」の現代バージョンだったのか。

ソマリ歌謡の深さに感銘を受けた私は、現代の詩人に会いたくなった。つまり、ミュージシャンである。彼らはソマリ世界の文化的な頂点に君臨しているはずだからだ。

ワイヤッブに相談したら、「アブディナシル・マアーリンというミュージシャンがいる。ソマリランドだけでなく、ソマリ人なら知らない人がいない」とのこと。

実はさきほど挙げた「紅海」はアブディナシルの代表作（作詞・作曲）である。

ワイヤッブはいつもの「超速」ぶりを発揮し、翌日にもうインタビューをセッティングしてくれた。

現代の詩人、アブディナシルは、私が今までに会ったソマリ人とは趣を異にしていた。痩せていて生気に乏しく、恐ろしく無口だった。コンサートが開かれることもあるという、「スタジアム」（といってもサッカーでなくバスケットのコート）の客席に腰掛け、彼にインタビューした。ワイヤッブが通訳してくれたのだが、彼の大声に比べ、詩人の声はか細くて、なんだかワイヤッブが弱い人を苛《いじ》めているように見えたほどだ。

詩人が訥々《とつとつ》と語ったところによれば、私と同じ一九六六年、ソマリランドの対岸にあるイエメンのアデン（フランスの詩人ランボーが住んでいたので有名な場所）に生まれた。父親はハルゲイサ生まれのソマリ人だが、ビジネスのためアデンに暮らしていた。

幼いときから音楽好きだった彼だが、当時は周囲の環境に沿ってアラブ音楽を聴いていた。十七歳のとき、一家がハルゲイサに戻り、彼は初めてソマリ音楽に出会う。

アラブとソマリは音楽も全然ちがう。アラブは七音音階だが、ソマリは五音音階。アフリカ大陸にはさまざまな種類の音楽があるが、五音音階が多いという。ただ、ソマリ音楽で使う楽器はアフリカのではなく、アラブと同じ楽器。

「だから、ソマリ音楽はちょうどアラブとアフリカの中間にあるんだ」と彼は説明する。

ちなみに、ソマリの音階は日本の和音階とまったく同じらしい。だから、ソマリの曲は妙な懐かしさを感じさせるのかもしれない。

ハルゲイサ移住と同時にウードの演奏を始めた。誰も教えてくれる人がおらず、楽譜も読めないから、音をじっと聴き、それを自分で再現するということを繰り返した。

二年くらいして、彼が車の修理工としてカタールに出稼ぎに行っていたとき、モハメド・スレイマンという旧ソマリアを代表する大歌手がやってきた。コンサートをやる予定だったが、たまたまウード奏者が足りず、彼が呼ばれて共演することになった。

モハメドはアブディナシルの才能に惚《ほ》れ込み、「ハルゲイサに戻ってプロのミュージシャンにならないか」と誘った。だが、厳格な父は大反対をした。

ほんの二十年くらい前までソマリでは、プロのミュージシャンや俳優、コメディアンなどの芸能人は、酒を飲んだり異性関係が乱れたりする人が多く、「カタギの仕事ではない」とされていた。

ソマリの芸能界に精通しているワイヤップの注釈によれば、当時芸能人の多くは被差別氏族出身者だったという（ソマリの被差別氏族とは、皮革業者や鍛冶屋、床屋、狩猟を生業《なりわい》とする人、物乞い、割礼を専門に行う人々である）。それも一般の人たちが芸能界を忌避する理由の一つだった。この辺も昔の日本と似通っている。

それでもアブディナシルはどうしてもミュージシャンになりたいと思い、実家を出た。別に家を借りて、音楽家としてのキャリアをスタートさせた。

自分はギターを弾き、他にベース、ドラム、キーボードのメンバーを集めて、ポップス・バンドを結成、モハメド・スレイマンの協力を得て旧ソマリア全土でツアーを行った。トントン拍子に人気ミュージシャンの仲間入りを果たした彼だったが、二年後の一九八八年に内戦が勃発。何もかもが変わってしまった。

旧ソマリア政府軍による市民への無差別攻撃の中、彼も街中で胸を撃たれた。仲間の手で、近郊のナサ・ハブロ山のふもとに運ばれた。重傷者だらけで病院も薬も医者も何もなし。「もう死ぬのか、音楽は二度とできないのか」と絶望した。

奇跡的にも、二、三カ月すると、なんとか動けるくらいに回復し、銃弾は胸に残ったままで、エチオピア領の難民キャンプに逃げた。キャンプではギターを手にし、「独裁

ハルゲイサ中心部の町並み

ソマリ世界を代表する音楽家、
アブディナシル

政権を倒せ！」「故郷に帰ろう！」と歌って訴えた。

一九九一年、モガディショの独裁政権が倒れたのを聞くとハルゲイサに戻った。

「戦いに勝って、廃墟の中から新しい一歩を踏み出したんだ。嬉しかったよ」

「音楽は自分の一部」と公言する彼はすぐに音楽活動を再開した。戦争の前と後では、音楽に何か変化がありましたかと訊くと、「基本的には変わらない。ただ、電気がないから、全部アコースティックになったくらいかな」と、この日、初めて彼は白い歯を見せて笑った。

その後はソマリランドの復興とともに彼も着実に名をあげ、今ではソマリランドのみならず、ソマリ世界全体で大人気のミュージシャンとなった。

最後に「将来の夢」を訊いてみたら、「ソマリランドが繁栄し、世界に認めてもらうこと。そして自分も世界に認められる音楽家になること」と答えた。ソマリランド人の模範解答である。

興味深くはあったが、ちょっと公式発言にすぎる。もう少し建前をはずした本音が聞きたいと思った。ワイヤッブにそう囁《ささや》くと、「わかってるよ」とウィンクした。歴戦の強者ジャーナリストは最初から取材相手をカート宴会に誘うつもりだった。

ホーン・ケーブルTVの編集室の隣にある小部屋を借り、彼と並んで腰を下ろした。カートが効いてくると、彼と私は一時的に言語能力が高まり、英語とソマリ語をまぜこぜにして、通訳抜きで話をした。意外だったのは、彼が私や日本に関心を示したことだ。

「何か楽器をやってるか?」と言うので、「日本のウード、『シャミセン』をやったことがある」とパソコンで映像を見せると、「三弦で音楽になるんだな」とか「五音音階か。ソマリの音楽と同じだ」と興味津々。他の日本の伝統弦楽器、琴の画像も見せた。「両方とも中東から伝わったんだと思う」と言ったら「ほんとか」と嬉しそうに頷いた。

他に、「君の奥さんは何をしてるのか」とか「どんな本を書いてるのか」と訊くので、妻も同業者だと答え、ネットで自分と妻の本を見せたりした。他の国ではごく普通のやりとりだが、ソマリ人相手では初めてのことだった(ついでに言えば、このあとも今に至るまで、誰ともこんな会話はしていない)。

「へえ、そうなのか」とまた彼は頷きながら非常に興味をもった様子。

また、プロのミュージシャンになることをずっと反対してきたお父さんも、デビューして十年経ったとき、彼が飲酒をしていないことを知ると、納得してくれたという。

「今では応援してくれてるよ」

「僕もそうだ。昔は作家になるなんて親が反対したけど、今は喜んでいる」

ここでも意気投合。

やはり、ジャンルはちがえども、同じ「芸人」なのだなとこちらも嬉しくなった。やっぱり、どことなく感性が似ている気がする。

同じ芸人として、創作の方法を知りたくなった。

彼はギターやウードを自分でも演奏するが、むしろ作詞家・作曲家として知られている。ラブソングが多く、ときには女性の歌も作るという。

「女性の立場の歌ってどうやって作るの？」と訊いた。ムスリムであるソマリ人男性は女性の側の立ち入った気持ちを知る機会がないだろうと思ったからだ。

アブディナシルの返事は意外だった。

「本人に詳しく訊く」

「本人？」

最初どういうことかわからず、何度も訊き直した結果、まったく想定外の返事がかえってきた。なんと、オーダーメイドでラブソングを作る仕事をしているというのだ。

彼はネット上に自分のメールアドレスと携帯の電話番号を公開している。それを見て世界中のソマリ人が「自分のために歌を作ってほしい」と依頼してくる。多くの場合、それは先進国や湾岸諸国に住むソマリ人だ。お金には比較的恵まれていてもソマリの文化が周囲に不足している彼らは、自分の愛する人にアブディナシルの歌をプレゼントするのだという。

手順はこうだ。まず、お客は電話で、自分の境遇だとか、好きな相手がどんな感じの人なのか、それから自分と彼女（あるいは彼氏）の関係について、アブディナシルに詳しく説明する。それに沿って、アブディナシルは歌を作る。だいたい、作詞に二日、作曲に一日かかる。そして、自分でそれをギターかウードを弾きながら歌い、オリンパスのICレコーダーで録音する。録音された音源をパソコンに取り込み、データとしてメールに添付してお客に送る。

お客はそれをそのまま相手に送ることもあれば、地元のプロに頼み、コンピュータでアレンジしてもらったりすることもある。ロック調とかディスコ調とか自分の好きなようにアレンジをする。

依頼者は喜ぶのかと訊いたら、このときばかりは、彼は「当たり前だろ！」とソマリ人らしい誇らしげな顔をした。

「このアブディナシルが特別に作ったんだ。誰だって喜ぶに決まってる」

この仕事はすごく難しいんだと彼は強調した。まず技術が相当高くないとできない。彼は多いとき、月に二十件も依頼を受ける。でも、同じ曲は絶対に作らない。完成したら、必ずきちんとチェックして、前に作った曲に似すぎていないか確認する。

もちろん、有名でないとできない。「あの××が作った……」と人に思ってもらえなければ、プレゼントの効果がないからだ。

ソマリのミュージシャンは星の数ほどいる。長い内戦のため、海外在住者も多い。でも、全ソマリミュージシャンの中で、この仕事をやっているのはたった五人しかいないという。彼の曲はすべてカップルのためのものだ。そして、前述したようにソマリ人はどの国に住んでいても九十九パーセントがソマリ人同士で付き合い、結婚するのだ。

「僕は何百組ものカップルに尽くしてきたと思うよ。この歌で結ばれたカップルだってたくさんいるんだ」

なんて面白いんだろう。ソマリ人は本質的に昔と同じことをやっているのだ。詩人が作った詩を相手に送ることで、恋愛を深めている。いっぽうで手段はいたって現代的。ソマリ人の大好きな最新テクノロジーをフルに活用している。

アブディナシルは来年はドイツに移住するという。それなら日本に来るのも難しくないだろう。

「ぜひ日本に来てほしい。僕が呼ぶよ」と言うと、目を輝かせて「ほんとか？　嬉しいな」と答え、ぐっと握手をした。

彼は最後の最後までカネを要求しなかったし（ひじょうに稀だ）、私は「心の友ができた」と感動した。彼は「明日、君のホテルに行くよ。昔のバンドの写真をもっていく」と約束し、またウードを背負って帰って行った。

翌日。いくら待っても、彼は現れない。電話をしても出ない。それっきり姿を消してしまった。

困惑する一方で、私はホテルやカフェの従業員や、タクシーの運転手や、とにかく出会う人に片っ端から、「俺、この前、あのアブディナシルにインタビューして友だちになったんだ」と自慢した。

反応は主に二通りだった。一つは「え、ほんと？　俺も大好きなんだよ！」というもの。ではもう一つはというと……。

ホテルのスタッフで私とよく話をするハルゲイサ大学の学生、アフメドはこう言った。

「芸能人っていうのは、とにかくスキャンダルが多いんだよ。中でもアブディナシルは人妻と噂が流れたり、私生活はメチャクチャで有名だ。音楽はすごいんだけどね……」

あの朴訥《ぼくとつ》な人が……と信じられない思いだったが、そう話すのはアフメドだけではなかった。

アブディナシルはやっぱり私とは別人種だった。女たらしの（そして私も見事に術中にはまってしまった人たらしの）、でも天才詩人なのだった。

6.家に呼ばれたい

「あー、家に呼ばれたい……」

土埃のたまった道をとぼとぼ歩きながら、私は念仏のように繰り返し愚痴めいた文句を唱えていた。

ハルゲイサで合流して一週間。頑強なワイヤッブが珍しく病気で倒れてしまった。突然激しい下痢と嘔吐《おうと》に見舞われたとかで、どうやら食あたりのようだ。新聞広告にまつわる心労もあったのかもしれない。大事にはいたっておらず、心配はいらなかったが、回復まで数日、私はすることがなかった。

毎日、前の日の日記を書き終わると、一人で街をぶらついた。ホテルを出て大通りを西に行くと、軍用機が飾られたモニュメントがある。内戦時代にハルゲイサを襲った旧ソマリア政府軍の飛行機を反政府ゲリラが撃ち落としたもので、「戦勝記念塔」となっている。

木陰の茶屋やタクシーのたまり場を抜けて、ネットカフェに寄り、メールやニュースをチェックする。その後、さらに西に行くと、市場に出る。生鮮食料品から衣服、工業機械、車の部品、石けんや化粧品、缶詰、かばんなど、ありとあらゆるものが売られている。物資は豊かだ。衣服や食器などは中国製があふれているし、食料はエチオピアや南部ソマリアから流れてくる。特に興味深いのは米、小麦、トウモロコシ、雑穀（アワ・ヒエ）、コーリャンなどの穀物と豆類だ。全て国連や大手ＮＧＯの緊急援助用の袋に入れて売られている。袋に使っているだけかと思いきや、まだ封が切られていない袋も積まれている。中には「国連世界食糧計画　日本国民の支援による」と記された袋もある。南部ソマリアに送られた「援助物資」が横流しされ、その一部はソマリランドにも届いているのだ。日本国民もソマリランド国民の生活に——心ならずとも——寄与しているわけだ。こんな風景は旧ソマリアが内戦に陥って以来、二十年以上ずっと続いてきたことかもしれない。

特に買うものはない。ただ、早大生のアブディラフマンから「木ブラシを買ってきて」と頼まれていた。

ソマリ人は都会の人でも伝統的な方法で——木の枝を使って——歯を磨く。細めのマジックペンくらいの大きさのこの歯磨き枝はソマリランドで「ルーマイ」、南部ソマリアで「アーデイ」と呼ばれ、殺菌作用があるらしい。私は勝手に「木ブラシ」という和名をつけた。昔インドの村で似たものを村の人が使っているのを見たことがある。アブディラフマンは日本の生活に少しずつ慣れていっているが、まだ歯磨き粉と歯ブラシは好きになれないらしい。「あれじゃないと歯を磨いた気がしないんだ」という。

ところがこの木ブラシ、なぜか市場に売っていない。人に訊きながら歩いて行くと、市場を出て少し行ったところにある送金会社ダハブシルの近くで発見した。木ブラシを積み重ねてオブジェのようにして売っている屋台が何軒もあった。毎日大量に消費されるので、専用の売り場が設けられているようだ。

一本二百ソマリランド・シリング、日本円にして約四円。まとめて二十本購入した。これで早大生アブディラフマンからのリクエストはクリアできた。

他には特にすることもない。気ままに歩き続ける。

小腹が減ると、サモサを買う。サモサは小麦粉で作った三角形の皮の中に肉や野菜を詰めて揚げたもので、インドから中東・アフリカにかけて広く食されているが、ソマリランドでも手頃なスナックとして人気がある。具も、ヤギ肉がメインだったり、ジャガイモが多かったり、ピリ辛だったり、薄味だったりと店によって味が異なるので、気分によって買う店を変える。サモサを齧《かじ》りながら、またてくてく歩く。渋滞がひどい大通りを迂回し、住宅街の中に入っていく。こんなところでも面白いものに事欠かない。一度、ロバ車の給水所を発見したことがある。

ロバ車はハルゲイサだけでなく南部ソマリアのモガディショでもよく見かける。水の入ったドラム缶をロバが引っ張り、売り歩くというものだ。まだ水道が届いていない家や屋台に水を供給する。

その水の補給場所があった。湧き水のように水がこんこんと湧き出ていて、その周りにロバがたまって順番を待っている。

ハルゲイサは遊牧民の生活がそのまま持ち込まれたような遊牧都市なので、ロバ以外にも動物はたくさんいる。ヤギはそこら中を走り回っているし、静かな場所にはラクダもいて、もぐもぐ草を食っている。このラクダはラクダ市で売るために連れてこられている。

ラクダの乳を売る場所もある。木の枝をドーム型に組み、日本でいうなら建築用のブルーシート（こちらはオレンジ色だが）をかぶせた遊牧民式のテントが並んでいる。ハルゲイサ近郊の村から来た女性たちらしい。ハルゲイサ市民は黄色いポリタンクを手に乳を買いに来る。

ラクダの乳売り場から大統領府まで歩いてすぐだ。警備の兵士が数名いるだけで、緊張感はない。建物も平屋で、特に威厳のあるものではない。それに道路をはさんだ大統領府の向かいにはいつも牛が十頭ほど寝そべっていて、ここの雰囲気を弛緩させるのに一役も二役も買っている。

このように書いてみれば、ハルゲイサの町見学も決して楽しくないことはないのだが、一体この町に通算何日いるのかわからない私にとってはお馴染みすぎる光景だ。
そして、もっと切実な欲求が私にはあった。
それが「家に呼ばれたい」というものなのだ。

私はイスラム圏をかなり広く旅しているが、一般的にどこも客好きな人が多い。パキスタンは茶屋の前を通るだけで、お客や店主に招かれたし、アフガニスタンでは取材は断られても「お茶を飲んでいけ」と言われ、結果的にはそれが取材になることが普通だった。その他、トルコ、イラン、チュニジア、スーダン、イエメンの人たちも見知らぬ日本人の私に声をかけて、お茶を御馳走してくれた。家に招かれ、ご飯をいただいたことも何度もある。

ところが、ソマリ世界ではそういうことが極端に少ない。そこら中から大声で呼びかけてくるものの、お茶や食事に招いてくれる人はほとんどいない。特にソマリランドでは、北朝鮮に留学経験のある中国医学の医師が郊外のカフェ・レストランに連れて行ってくれ、帰りに家を見せてくれたことが一度あったきりだ。

道端の茶屋でたむろする人たちも一度たりとも「お茶を飲んでいけ」と言わないし、私が自分で茶屋に入り、近くの席に座っていたとしても、お喋りはするがお茶をおごってくれたりはしない。

家にご飯に呼ばれたことは、ソマリランドを含め、旧ソマリアでは一度もない。莫大な数の人と会っているのにだ。御馳走《ごちそう》する・されるがないと、話が弾まないし、人間関係も深まらない。なんとも淋《さび》しい気分だ。何年たっても、ソマリ人という氷の表面をカリカリとひっかいているようだ。

ソマリ人はドライ――という思いを強くしてしまう。あるいは行動的に超・外向きだが、気持ち的には超・内向きという事実。

関係から考えて、最も自然なのはワイヤッブに招いてもらうことだが、彼はそんな気配も示さない。理由は容易に察せられる。

彼は仕事中毒である。毎日、朝から夜中まで外を飛び回ってネタを追いかけ、番組作りを行っている。休みは一日もない。本当に昔の日本のブンヤみたいなのだ。家庭をひじょうに大切にするソマリ社会では異常と言ってもよく、奥さんがワイヤッブのことをどう思っているか想像にかたくない。外国人の客など連れて行けるわけがなかろう。

「やっぱり、アイダルースに訊いてみようか……」私は思った。

マイク・タイソン似で、ホーン・ケーブルTVの編集主任であるアイダルースは二カ月前に結婚したばかりである。私が日本にいたとき、彼はメールで「ハルゲイサに来たら、ぜひ君をうちに招待したい」と書いていたのだ。すっかり嬉しくなった私は日本のご祝儀袋と米ドルのピン札を用意していた。ところが、こちらで会っても彼は自宅への招待についておくびにも出さない。

この頃、ソマリ人は必ずしもストレートなわけでなく、日本人同様、いろいろとニュアンスや空気を読んだりすることが私にもわかってきた。

アイダルースはとくに大学卒のインテリであり、かなりシャイな人でもある。俺を家に呼んでくれるんじゃなかったの？　などと訊くのはそれこそ彼の自尊心を傷つける行為であるし、そう言われたら彼も私を呼ぶしかなくなるだろう。大迷惑である。人に迷惑をかけることは私の自尊心を傷つけることにもなる。

ソマリの格言に「尊厳は何にも勝る」とある。尊厳とは自尊心のことでもある。しかし、「家に呼ばれたい」という渇望に自尊心は勝つことができなかった。意を決して、ワイヤップを介して遠回しに訊いてもらった。答えは「わかった。でも、俺は忙しくてあまり時間がないから、明日の昼にちょこっと来てくれ」というものだった。多すぎるような気もしたが、三百ドルをご祝儀袋に入れて、ワイヤップとともに国営ラジオ局裏にある彼の新居を訪れた。

ソマリ人は結婚したら親元を離れ、一軒家を構えるのがふつうだという。アイダルースの家も、四十平方メートルの敷地をもつ、こぢんまりした一軒家だった。

靴を脱いであがると、絨毯も戸棚もソファセットもみんな、ピカピカの新品である。「すごいな！」と感嘆すると、アイダルースは「ドバイからの輸入品だ」と照れながら答えた。

ご祝儀を渡すと、アイダルースは派手なご祝儀袋こそ珍しそうに眺めたが、お金をもらうことについてはいたって自然な態度で礼を述べた。日本的なご祝儀は、なんでも現金で誠意を表すソマリ人の習慣に沿うものだったらしい。

さて、奥さんはどこだろうと思ったが、その前に食事の場に案内された。居間の絨毯の上に並べられた料理を見て、呆然《ぼうぜん》としてしまった。ソマリ世界では見たこともない御馳走が並んでいたからだ。

チキン、ヤギ肉と野菜のオーブン焼き、魚のフライ、パスタと干しブドウ入りのライス、焼いたパンのようなもの、トマトソースの煮込み、デザートの果物、水差しにたっぷり入ったオレンジジュース……。

いったいどのくらい時間をかけて作ったのか。いったいいくらお金がかかったのか。自分の「渇望」がこの御馳走を用意させてしまったのだ。

「すごいな……」と呟《つぶや》きつつ、ぺったり絨毯の上に腰を下ろした。たらいの水で手をすすぐと、何も言わず、ワイヤッブとアイダルース、それにアイダルースの弟はガツガツと食べ始めた。私もあわててそれにつづく。

奥さんの姿は見えない。イスラム圏では男性が食事をするとき、女性は通常、奥に控えている。ソマリ人もそうなのだろう。

「すごい御馳走だね！　これ、全部奥さんが作ったの？」と訊くと、「妻の妹が二人、昨日から手伝ってくれた」という答えがかえってきた。

ワイヤッブが口をはさむ。

「ソマリ人が客を家に招くときはこれがふつうだ」

「これがふつう!?」

「そうだよ。だから俺たちはめったにお客を家に呼ばない」

そういうことだったのか。ソマリ人はやはり「敷居の高い」人たちなのだ。もし客を呼ぶなら徹底的にもてなさなければいけないという使命感にかられるらしい。

料理はもちろん、とてもおいしかった。ソマリ料理は不思議なほど、日本人の口に合う。スパイスは控えめで、塩加減はほどよく、さほど油っこくもない。ナポリタンとかカツレツとかビーフシチューといった昔ながらの洋食の味によく似ている。ここで出された料理もそうだった。ただ、あまり家庭の味がしなかった。高級なレストランで食べる料理と同じ味だった。そういうふうに作っているのかもしれない。

ものの十五分くらいで食べ終わると、「もう局に戻らなきゃ」とアイダルースは済まなさそうに言った。彼もまた仕事中毒のブンヤである。

「タカノ、ちょっとこっちに来てくれ」と手招きされた。

目がくりくりっとした可愛《かわい》らしい女性が立っていた。奥さんである。

そうか、と思った。隣国のイエメンで家に招かれたときには奥さんを見せてもくれなかった。ソマリのほうがオープンのようだ。

それればかりではない。「こっちで写真撮って」と彼らは私をなんと寝室に招き入れた。白い大きなダブルベッドがある、いかにも新婚カップルの部屋だった。アイダルースは奥さんの肩を抱き、奥さんもひしっと夫に体を寄せる。

シャッターを切りストロボが焚《た》かれると、彼らの白い歯がくっきりとファインダーに浮かび上がった。

これこそ私が求めていたソマリの「素の姿」であった。彼らには無理をさせて申し訳なかったが、私はほんの少し、ソマリの家の中に歩を進めたように思ったのだった。

7.愛するが故に嫌われる

ワイヤッブの様子が変だと気づいたのは、ハルゲイサに到着して一週間をすぎた頃だった。ホーン・ケーブルTVに行こうとしない。私が到着した日に行ったきりで、あとは教え子が経営する新聞社〈ヨール〉のオフィスに私を連れて行く。

「あの事件以来、番組制作から少し距離をとってるんだ」とワイヤッブは言っていた。

〝あの事件〟とは、二カ月前(二〇一二年一月)に発生したホーン・ケーブルTV弾圧事件のことだ。詳しい経緯はこうである。

発端はその前年の八月に、大統領の側近でもある大臣が政府とオーストラリアの企業との契約書にサインを行ったと、前駐アイルランド大使が証言したことによる。政府と外国企業の契約は大統領が行うと憲法に記されているのに、大臣が勝手に署名を行えばそれは憲法違反だとワイヤッブたちは息巻いた。

ちょうどそのとき、私は銃声の絶えない戦国都市モガディショからハルゲイサに戻ってきたばかりだったので、誰が書類にサインするとか憲法違反だとかいう話があまりに牧歌的に聞こえ、腰が抜けそうになったものだ。

だが、ソマリランドは南部ソマリアでもなくプントランドでもない。普通の民主国家を標榜《ひょうぼう》している。特に大統領の側近が政治を壟断《ろうだん》しているという評判が立っていたところだったので、大問題に発展した。ワイヤッブは全力でこの疑惑を追及した。野党の指導者のインタビューを行い、厳しい政府批判を引き出したりしていた。

政府側は当然腹を立てた。最初のうちは口頭でホーン・ケーブルTVとワイヤッブを非難していたらしいが、いっこうに効き目がない。ついに実力行使に出た。

武装した警官隊が突然テレビ局を襲い、「全員直ちに仕事をやめて外に出ろ」と命じた。スタッフが外に出ると入口を釘で打ち付け、閉鎖してしまった。

しかし、インターネット時代の遊牧民であるソマリのジャーナリストたちは負けない。閉め出されたスタッフは大統領府の前でデモ行進を行った。彼らに同調する人たちも参加し、相当な規模になった。

その光景は当のホーン・ケーブルTVを通して全世界に放映された。ホーン・ケーブルTVはハルゲイサの本局の他、ナイロビ、ロンドン、ジブチ、モガディショと四つの大きな支局を持っている。そこにはスタジオがあり、独自に番組を制作編集する能力がある。そして、制作された番組はロンドンのサーバーにアップされ、衛星放送で流される。ソマリランド政府が止めようにも止められない。

他の支局はここぞとばかりに、ソマリランド政府の横暴を訴えた。中東やアフリカの大方の国なら、たぶんかなりの確率で本格的な弾圧を加えただろう。しかしソマリランドの悲願は「国際社会に認められること」。具体的には国連加盟である。そのためにはどんなことでも我慢するというのが、ソマリランド全国民の一致した思いだ。政府としても国際社会から「反民主的」というレッテルを貼られることだけは避けたい。

政府は三日後、本局の閉鎖を解除し、ホーン・ケーブルTV弾圧は終わった。

ソマリランドが今まで高度な民主化を遂げてきたのは、国際社会に認められたいがために暴力をなんとか最後の最後で回避してきた賜物だと私は解釈していたが、はからずもそれが再度証明されたような事件だった。

しかし、そのあとワイヤッブとホーン・ケーブルTV経営陣の間には何か溝ができているようなのだ。一体何があるのだろうか。

他にも訊きたいことがたくさんあったので、私はワイヤッブを郊外の高級ホテルに誘った。〈ヨール〉のオフィスや茶屋では周りに人が多すぎて、デリケートな話ができない。その点、ホテルには広い敷地に東屋《あずまや》が点在し、プライバシーが保たれる。私たちはその一つに腰を落ち着け、用意したカートをつまみながら話を始めた。

私がまず訊きたかったのはホーン・ケーブルTVというテレビ局そのものについてだ。局設立の経緯は私もおおよそ知っている。

ソマリ語テレビの歴史は一九九〇年代後半に遡《さかのぼ》る。最初にできたのは〈ユニバーサル

TV〉という局だ。モガディショに昔から住むレール・ハマルという独立系の氏族が設立した。暫《しばら》くおいて、このユニバーサルTVから分離独立して〈ロイヤルTV〉が生まれた。

しかし、これら二つのテレビ局に、ソマリランド人は不満だった。一つには、ユニバーサルTVもロイヤルTVも南部ソマリアのニュースばかり報道していたからだ。まあ、無理もない。南部ソマリアでは毎日戦闘で何人、何十人と人が死んでいる。飢饉《ききん》も起きるし、難民も出る。一方、ソマリランドは戦争もなく、治安もいい。政府と野党の対決や議会での論争など平和すぎてソマリ世界全体ではニュースバリューがない。

もっと問題なのは、二つのテレビ局がソマリランドを国家として認めていないことだ。ソマリア暫定政権の大統領のことは「ソマリア共和国大統領」と呼ぶのに、ソマリランドの大統領のことは「ソマリランド政府大統領」と呼ぶ。政府とは「地方政府」程度の意味合いだ。怒った海外在住のソマリランド人グループがテレビ局を相手取って裁判を起こしたとも聞いた。どこでどうやって裁判ができるのか不明だが、それくらい不満が溜《た》まっていたのだ。

二〇〇三年にホーン・ケーブルTVが開局したのはそのような状況下だった。オーナーはイサック氏族出身で、当然ソマリランド支持者だ。アメリカでガソリンスタンドのチェーン店を経営して財を築いたという、映画の悪役になれそうなほど人相の悪い四十代の人物だ。繰り返しになるが、多くのソマリ人はソマリ世界で名をなしたいと思っている。いくら欧米や世界で名をなしても財をなしてもそれだけではダメなのだ。そういう思いもあり、テレビ局を立ち上げたと私は推測する。

いずれにしても、ソマリランド人によるソマリランド中心のソマリ語テレビがついに誕生したわけだ。もちろん、ちゃんと「ソマリランド共和国」と呼ぶ。ホーン・ケーブルTVは、ソマリランドを国家として認めているばかりでなく、ソマリランド「国内」のニュースが多いため、南部ソマリアやプントランドの人間には人気がない（ただし、ドラマやスポーツ番組は見る）。そのかわり、ソマリランドはもちろん、海外に住むソマリランド出身者はみんなホーン・ケーブルTVを見る。

その程度は私も聞いていたのだが、知りたかったのは「ホーン・ケーブルTVは一体何で収入を得ているのか」ということである。

私は本質的にクリエイターであり、「制作」には興味があるが、経営には興味がない。だから、ホーン・ケーブルTVの経営方法など考えもしなかったが、中古車CMを作るという話が持ち上がったとき、初めて疑問に思った。というのは、ホーン・ケーブルTVではCMなんてろくに入っていないからだ。

たまに流されるCMはナイロビのホテルとかロンドンのクリニック、ドバイの雑貨店などのものである。もちろんソマリ人経営だ。企業CMはせいぜい航空会社くらいではないだろうか。とてもこれでテレビ局が運営できるとは思えない。

CMが貧弱なのはホーン・ケーブルTVだけでなく、他のテレビ局も同様だ。では一体何で稼いでいるのか？

ワイヤッブに訊いたら、あっさり「政治家のインタビューだ」と答えた。「みんな、テレビに出たがっているから、有料でインタビューに応じているんだ」

インタビューが有料？　それはまるで新聞や雑誌の「記事広告」のようだ。でも日本の記事広告には必ず「広告」と小さい文字で記されている。ホーン・ケーブルTVのインタビューにはそんなものはない。

私が眉をひそめたのをワイヤッブはすぐに察したようで、「いや、バランスをとるようにやっている」と言った。

「特定の政党や人物のインタビューばかりやっていたら偏ってしまい、よくない。だからいろいろな政党、いろいろなグループのインタビューをバランスよくやるのさ。それも制作上の技術だ」と最後はやや得意顔である。

何事も「有料」のソマリ人らしい対応とも言える。

しかし、政治家のインタビューだけではまだ経費をまかなえない。もう一つ、大口のスポンサーがあるという。

「宗教だ」とワイヤッブは言った。

イスラムの団体を取り上げたり、イスラムのイマーム（指導者）がお説教をする番組が相当多いが、あれもまた「記事広告」なのだ。

「だけどな」とワイヤッブは続ける。「いちばん大きな収入源はイギリスのモスク建設だ」

イギリス？　モスク？　あまりに意外な話で脳内が無重力状態になりかけたが、詳しく訊けばこういうことだった。

ソマリ人は世界中に住んでいるが、特にソマリランド出身者は伝統的にロンドンをはじめ、イギリスに住む人が多い。ソマリランドが旧英領だからだ。

イスラム教徒は誰しも自分たちが住む場所にモスクを建てようとする。なるべくなら自分たちの手で建てたいと願う。とくに内向きなソマリ人はソマリのモスクがほしい。ただ、当然のことながら、モスク建設には莫大な費用がかかる。

そこで有志がカネを出しあい、テレビ広告を打つ。広告にはロンドン在住のイマームが出演し、どうしてロンドンのその地区にモスクが必要なのか、滔々《とうとう》と語る。そして寄付を募る。世界中の敬虔《けいけん》なソマリ人信徒がそれを見てお金を寄付するというわけである。

すでにその手法でモスクが二軒建設され、今は三軒目のモスク建設のＣＭが放映されているところだという。この「モスク寄付広告」が現在、ホーン・ケーブルＴＶにとって最大の収入源となっているのだ。

「それでもホーン・ケーブルＴＶはカネが足りないんだ」とワイヤップは遠くを見る目で話す。手はひっきりなしにカートの葉をひきちぎり、口に運んでいる。

ここで話は現在の問題に移っていく。

最近、ホーン・ケーブルＴＶをはじめ、ソマリランドのマスコミが追及しているのは、セメント利権疑惑だという。

ベルベラ近郊にある大規模な石灰採掘場の権利を政府が勝手に送金会社ダハブシルに渡してしまった。ダハブシルはそこにセメント工場を建設するという。

ダハブシルは前述したように、ソマリランド最大の企業だが、現職のシランヨ大統領のスポンサーとしても知られる。ダハブシルのオーナーはシランヨと同じハバル・ジャロ分家なのだ。シランヨが前回の大統領選で当選したとき、ダハブシルは莫大な選挙資金を提供したと伝えられている。だからシランヨは見返りにセメント利権をダハブシルに与えたのだ、とワイヤップたちは批判しているのだ。

とりわけホーン・ケーブルTV——というより正確にはワイヤップ——は激しくこの疑惑を追及した。するとシランヨ政権とダハブシルは奥の手を繰り出してきた。ホーン・ケーブルTVのオーナーを呼び出し、「セメント工場の株を分けるから一緒にビジネスをやらないか」と誘ったのだ。裏を返せば、「もしこの提案を拒否して批判を続けるなら覚悟しろよ」という脅しでもある。

経営に青息吐息のオーナーは、もともとジャーナリズムにうるさい人でもないので、政府とダハブシルの提案を呑《の》んだ。そして、ワイヤップにセメント利権疑惑報道の停止を命じたのだった。

それだけではない。

先ほどから頻繁にワイヤップに電話がかかってきていた。その度に彼は「モガディショ（支局）のハムディだ」とか「ボサソ（支局）のアフメド・シャムだ」とか「ガロウェ（支局）のアリ・コーべだ」と私に告げた。

いずれも、前回私が南部ソマリアやプントランドで世話になったホーン・ケーブルTV各支局のスタッフだ。彼らはみんな「どうして自分の作った番組が流されないのか」と文句を言っているという。

「もう勝手に番組を作るなと言われたんだ」とワイヤッブは淡々と話す。オーナーのすぐ下にいるマネージャーとその側近たちが番組計画を作り、それ以外の番組は流せなくなったという。

各支局は半分くらい独立採算制だ。支局の家賃や電話・ネット代、車両やテレビカメラなど設備費といった必要経費は出すが、社員の給料は出していないか、低く設定されている。番組を一本流していくらという歩合制の報酬システムなのだ。

彼らは番組が放映されないと収入がないのだから、怒るに決まっている。

うーん、そんな事態になっていたのか。私が番組を作りたいといくら言っても彼らが乗ってこないのは一つにはこんな事情もあったのだろう。しかし、最大の衝撃はこの後にやってきた。

ワイヤッブがこう言ったのである。

「俺はホーン・ケーブルTVを辞めようと思うんだ。あまり大げさに言わないで、そっと身を引くつもりだ」

なんと！　辞める？　私は言葉を失ってしまった。

ワイヤッブがいなくなったら、私の立場など吹き飛んでしまうじゃないか。

何と言っていいかわからないまま、私は緑の葉っぱを口にむちゃくちゃに押し込んだ。そして考え込んだ。

「なんて皮肉なんだろう」と。

そもそもホーン・ケーブルTVはソマリランドのために設立されたのだ。そしてソマリランドのニュースを流し、政府の活動ぶりを国民にせっせと報告した。よかれと思ってやったことなのに、逆にソマリランド政府に疎まれることになった。まるでソマリランドのためのテレビ局なんてないほうがよかったと言わんばかりに。

もっと気の毒なのはワイヤッブだ。彼は根っからの愛国者だ。私が今まで会った中で、彼ほどソマリランドをよく知り、また彼ほどソマリランドの正統性を熱く語った人はいない。

「ソマリランドが敵から攻められたら俺は武器を持って戦う！」とこの五十五歳は断言する。愛するがゆえに彼は政府が間違ったことをするのを許さない。愛する国のためにならないと思うのだ。

ところが政府と政府を支持する人たちにはそれが「国家に反する活動」と映る。

私はときどき〈ソマリランド・ニュース〉という英語のニュースサイトをのぞく。いちばん読みごたえがあるのは各ニュース記事に付随する読者のコメント欄だ。日本の読者と同様、ソマリの読者も無責任で言いたい放題である。だが、賛同できないにしても、そこに彼らの本音が垣間《かいま》見え、たいへん興味深い。

そこでは――これまた日本のネット状況と似ているのだが――マスコミ批判のコメントが殊《こと》の外《ほか》多い。「金儲けのために国を危うくする輩《やから》」「国を愛さない売国奴」「ゴミのような情報を垂れ流している」といった書き込みもよく見られる。まるで日本のネットスラングである「マスゴミ」みたいな表現だ。

ワイヤップもそういう人たちから「売国奴」呼ばわりされていると容易に想像がついた。

さらに皮肉なのは、プントランドや南部ソマリアの「反ソマリランド」の人たちがワイヤップたちの行う批判に同調してしまうことだ。彼らは「そら見ろ、ソマリランドはこんなにデタラメだ」と喜ぶ。ホーン・ケーブルTVが弾圧され、ワイヤップたちが怒ると「ほら、言論の自由だって本当はないんだ」とこれまた喜ぶ。

反ソマリランド派をいちいち喜ばせるので、ワイヤップはますますソマリランド支持者から嫌われる。

国を愛すれば愛するほど、政府と国民（の一部）から嫌われる。

ここにも片想いがある。私のよりはるかに深刻な片想いが。

ホーン・ケーブルTV東京支局長としての立場を失いつつある私は、二重に慄然としたのだった。

第二章　2012.3

里帰りのソマリア

1.命がけのジャーナリストたち

ソマリ人は「口の民族」だが、同時に「手の民族」でもある。体とは不釣り合いなほどに長く大きな手で、いろいろな感情を表す。

ここモガディショの空港到着ロビーも、無数の手が乱舞していた。何かを要求して怒鳴る人たちの天に突き出すような手。入口付近に殺到し、前の人を無理やり押しのけようとする手。うさんくさい「関係者」が不慣れな旅客に怪しげな金を求めて差し出す手。疲れ果てた年配の女性がうずくまり、自分の頭をおさえる手。

私の手も、あるときは携帯を握りしめ、あるときは「いらない」とうろんな連中を追い払い、またあるときは「こっちだ!」と自分の位置を知らせるために大きく振られ、同じように忙しい。ハルゲイサからの直行便で到着したものの、空港内の混乱がひどいため、なかなか外に出られないのだ。

そんな私にようやく温かい友の手が差しのべられた。〈ホーン・ケーブルTV〉モガディショ支局の人々だ。まず、テクニシャン(技術担当)のザクリヤが細長い腕を回して私を抱擁する。今回初めて顔を合わせるシャリフというでっぷり太った記者《レポーター》が肉厚な手で私の手をぎゅっと握ってくる。

そして、私の右手は最後の人物の手首をそっと握る。ソマリ女性の多くは男性との握手に応じない。代わりに右手首をつかませるのだ。その手は華奢《きゃしゃ》だが、手の持ち主ハムディの精神は華奢から程遠い。二十二歳という若さで、この戦国都市の支局を仕切り、スタッフ十数人の面倒をみる剛腕女子支局長だ。

「タカノ、マ・フィアンタイ？（元気？）」彼女はにこりともせず、挨拶の言葉を口にした。

彫りの深いナチュラルな美貌は以前より人を瞠目《どうもく》させるに十分だったが、今回はお洒落《しゃれ》にも磨きがかかっていた。頭に布をターバン風にきりりと巻き、濃紺のアイシャドウとワインレッドのリップスティックでキレのあるメイクを施しつつ、足下は真新しく爽やかな木のサンダル、さらに凝ったイヤリングと指輪と腕輪を煌《きら》めかせて、ゴージャスなことこのうえない。約半年ぶりに会うその姿に、思わず、ぽーっと見とれてしまった。

彼女の脇では影が薄いが、ザクリヤもハルゲイサでは見られない、垢抜けたシャツにジーンズを身につけている。ハムディ同様、都会人の風格がある。隈取《くまど》りしたかのようなギョロ目でやせぎすのザクリヤは、姫支局長ハムディの付き人のように、いつも彼女の側を離れない。

「ナケーン！（行くよ！）」彼女の号令で私たちは空港の外に向かった。

空港出口のセキュリティは以前と同じように厳しい。半年前にイスラム過激派アル・

シャバーブが撤退し、市内での戦闘は収まっている。だが、アル・シャバーブとの戦いは各地で続き、国際社会が後押しする〝仮の政府〟ソマリア暫定政権はモガディショ市内をなんとか維持するので精一杯だ。

市内でも爆弾テロや暗殺が後を絶たない。暫定政権を支援するアミソム（アフリカ連合軍）のウガンダ人兵士がX線と金属探知機で荷物と体を入念にチェックし、ハムディが用意した車には護衛の兵士が二名、私とハムディをはさむように乗り込むのも当然なのだ。外国人は特に拉致や暗殺の標的として危険度が増しているとも聞く。ハムディと体をぴったりつけると、彼女がつける甘くスパイシーな香水が強く匂った。

市内は、アミソムの装甲車や暫定政府軍か民兵のものかわからない武装車両が走り回り、戦時の雰囲気を色濃く残している。

それでも前より治安は格段によくなっているようだ。以前は十分ごとの時報ではないかと思うくらい頻繁だった銃声も聞こえず、銃を持った民間人の姿も激減している。なにより私たちは市内の高級レストランに向かっていた。

「うおっ、外飯か！」つい興奮してしまった。

前回は「外国人が外で食べるなんて危険すぎる」と言われ、一日三食すべて、刑務所並みの厳戒態勢を誇るホテル内でとらざるをえなかった。

ハルゲイサでは「家に呼ばれない」とか「素の姿が見られない」とぼやいていたが、モガディショはそんな生やさしいレベルではない。何をするのも危険なのだ。単に外で食事をするだけでも私には大きな一歩だった。

「ザ・ヴィレッジ」という英語名のレストランは、モガディショのホテルや官公庁がおしなべてそうであるように、看板も何も出ていない。巨大な鉄の門の前に、小銃や機関銃を携えた兵士たちが二十人以上もしゃがんだり、足を投げ出して座り込んだりしている。

一瞬何かと思ったら、彼らは要人警護の兵隊だった。こんな高級レストランに護衛なしで来る客はいないのだ。

私たちは護衛の兵士も一緒に招き入れた。その方が安心だというハムディの判断らしい。

いったん中に入ってしまえば、外の喧噪《けんそう》が嘘のようである。店名が示すとおり、家屋は田舎風の草葺《くさぶ》き屋根で覆われ、風通しがよく、落ち着きがある。

ソマリ人らしく店のスタッフはてきぱきと働いている。客の品もいい。ソマリランドのように客がウェイターに「ワリヤ！（おい！）」と怒鳴るなどということはなく、日本と同様、ウェイターが近くに来ると手招きしたり、「サーヒーブ（友よ）」と柔らかく声をかけたりする。

料理は驚くほどに美味だった。特に、骨付きヤギ肉のオーブン焼きは、ソマリランドとは比較にならないほど洗練されていた。パプリカやキュウリなど付け合わせの野菜の種類が豊富であるうえ、焼き加減やスパイスの使い方も絶妙だ。

しかしながら、私が最も癒されたのは卓を囲んだ仲間たちである。ホーン・ケーブルTVだけでなく、〈ユニバーサルTV〉や〈ソマリランドTV〉（ソマリランドを拠点とするローカルテレビ局）など、他のメディアのスタッフも同席し、和気藹々とした雰囲気に包まれた。

彼らは口々に「日本の人口はどのくらい？」とか「日本の歌をうたってよ」とか「ソマリの娘と結婚しろ」とか「日本に行きたいけど、どうしたらいいか」などと話を振ってくれる。人なつっこいというほどではないが、他のアジア・アフリカ諸国程度には気遣いがある。

ハルゲイサでは会食で私に気をつかってくれる人はまずいなかった。おかげで私はたいてい五分くらいで話題から脱落し、常に疎外感をおぼえていた。だからこれだけでも感激してしまう。ソマリ人に対する「片想い」の屈折した心情が薄れ、息が肺の奥深くまで入るような気持ちだ。

ここには英語を話せる人が皆無であるのもよかった。すべてソマリ語でやりとりするほかない。ソマリランドでは英語を話す人がどこにでもいるし、また前回モガディショに来たときは通訳に同行してもらっていた。だからこんな状況は私にとって初めてだったが、意外にも最低限の話はちゃんと通じる。やはり外国語は必要に迫られてこそ話せるようになるのだ。

「アル・シャバーブはどんどん勢力を弱めているから、あと半年もすれば、ソマリアは

モガディショで初めての「外飯」

シャベル・メディアのラジオ番組に出演

完全に平和になるだろう」などと彼らが楽観的な見通しを語るのを聞いていると、「住むとしたらハルゲイサよりこっちがいいな」と思ってしまう。

ハルゲイサは町が小さく、氏族もイサックばかりで、人間関係が固定されがちだ。彼らは陽気な人たちである反面、自尊心が強く、冗談を言うにしても「日本人の二十パーセントは頭がおかしいってホントか？」といった具合に、人をからかうことを好む。だが、逆に私が彼らをからかおうとすると、真顔で反論する人が多い。からかわれるのは「なめられる」ことにつながり、体面を損なうと考える節があるのだ。「東夷《あずまえびす》」あるいは「坂東《ばんどう》武者《むしゃ》」というイメージの彼らは、とにかく相手を言い負かそうと頑張る。関西的に言えば、ツッコミばかりでボケがいない。

モガディショはもっといろいろな種類の人が雑多に同居しているし、ひょうきんな人が多い。武士ではなく町人の気安さがある。ホーン・ケーブルＴＶ以下、こちらのジャーナリスト連中がまさにそうだった。

ラハウェインという農民主体の氏族に属するモガディショ支局のアリという小柄な若者は、何かというと「タカノ、俺はラハウェインだ、貧乏だ、何か恵んでくれ」と手を差し出す。ラハウェインはすぐモノをねだると他の氏族から偏見を持たれているのを重々承知で、自虐ネタを繰り出すのだ。こんなタイプの人間はソマリランドには皆無である。

タヌキの置物に田中邦衛の顔をのっけたようなレポーターのシャリフは、絵に描いたようなひょうきん者だった。英語は一言も話さないが、ソマリ語とたくみなボディランゲージを駆使して始終私を笑わせた。例えば、空港やレストランの入口でハムディが小さな個室に呼ばれるたびに、身振りで「女性用の身体検査だよ」と伝えるのはいいが、最後に必ず股間に手をもっていき、「わっはっは」と高らかに笑う。毎回同じパターンのギャグなのに、その間合いが妙におかしい。喜劇役者のようなのだ。

シャリフは常にギャグを発するタイミングをうかがっている。

食事が終わってくつろいでいるとき、私がハムディのサンダルを褒めると、彼女は「奥さんにも買っていってあげたら」と言った。

「うーん、でも足のサイズがわからないからね」私の返事を聞くなり、シャリフはすかさず言った。

「足のサイズはわからなくてもアソコのサイズはわかるだろ？」

一同が爆笑する中、ハムディはそのサンダルを脱いで手に持ち、「あんた、頭がおかしいよ！」とシャリフの尻をひっぱたいた。「おお！」と大げさに尻を押さえて悶絶《もんぜつ》するシャリフ。

私も一緒に笑い転げながら、「女性がいる前でこんなハードな下ネタもオーケーなのか」と驚いた。武士的世界のソマリランドでは、男しかいないカート宴会の場でも下ネタはめったに出ない。

都人《みやこびと》は洒落がわかる。本当にここで暮らしたくなる。

唯一閉口するのは、彼らがソマリランドを毛嫌いしていることだ。「ハルゲイサとモガディショはどっちがいい？」「どっちが友だちが多い？」とハムディやギョロ目のザクリヤに何度も訊かれる。ハルゲイサの人々はモガディショを「恐ろしい戦場」としか思っていないからそんな質問自体しない。反面、モガディショの人たちはハルゲイサに対抗心があるようだ。

都人はソマリランドの独立も頑として認めない。

「ソマリアが強いと困るから、エチオピアや他の国がソマリアを分断しようとしてるだけ」と周辺国の陰謀の結果だと主張する。「もし南部が平和になったら、北部（ソマリランド）の人たちも目が覚めるはずだ」

私は人間的にはモガディショの方が好きであるにしても、ソマリランドの独立は絶対に支持しているという困った立場にある。なるべくにこやかに、筋道立てて反論するが、やはり多勢に無勢、旗色はよくない。

ひょうきん者のシャリフもこのときばかりは「ソマリランドの一体どこがいいんだ？」と詰め寄る。ソマリランドの方が南部ソマリアより悪いところなど、思いつくのも難しい。

とりあえず「ソマリランドでは銃を持った人間なんかいない」と言ったら、彼は目を丸くした。その仕草が芝居がかっていたのでてっきりまたふざけていると思いきや、「ほんとか？」と再度真剣に訊く。こっちが驚いてしまった。

そんなことも知らないのか。彼らはジャーナリストだ。ソマリランドのニュースも毎日見聞きしているというのに。

だが、よく考えればそれも無理からぬことかもしれない。およそニュースは悪いことしか伝えないからだ。だから日本人にはアフリカのことをこの世の地獄か災厄のデパートみたいに思っている人が少なくない。しかし、地獄の中心地とされるモガディショのソマリ人ですらその手の偏見にとらわれているのだ。マスメディア（あるいはジャーナリズム）には根本的な欠陥があると言うしかない。

メディアの問題は置いておくにしても、都人のソマリランドへの問答無用的な反感には辟易《へきえき》させられる。もしモガディショに暮らしたら、毎日ソマリランドを弁護し、その都度顰蹙《ひんしゅく》を買わねばならない。想像するだけで気が重くなる。

もう一つ、モガディショには致命的な問題があった。

食事が一段落し、みんなはまだ楽しげに談笑していたが、私はハムディと、今回のモガディショ取材に関する実務的な話を始めた。驚いたのは、かかるカネが前回よりさらに跳ね上がっていたことだ。車一台雇うのに一日百ドルとか兵士の昼飯代が五ドルなど、信じられない額だ。訊けば、半年前は一ドル＝三万三千ソマリア・シリングだったのが、今は一ドル＝一万九千ソマリア・シリングと二倍近くに高騰している。昨年の「大飢饉キャンペーン」で世界中から莫大な援助物資と義援金が流れ込み、ドルが暴落したのだという。

おかげで、私が支払うカネは一日五百ドルをゆうに超えることになった。四日滞在したら二千ドル、日本円にして二十万円——。

いくら人がよくても、環境が受け付けてくれない。

私の顔色が変わったのを見て、ハムディが小声で言った。

「もしお金が足りなかったら、私に言いなさいね」

驚いて彼女の顔を見つめてしまった。そしてふと思った。

この娘は一体何者なんだろう？

レストランを後にして、ホーン・ケーブルTVモガディショ支局を訪ねた。石造りの壁にトタン屋根がのった、何の変哲もない民家の二階と三階が支局のオフィスになっている。特別なセキュリティを施すより、さり気なくしていた方がよいということらしい。ハルゲイサ本局は男子がばりばりカートを食いながらエネルギッシュに仕事をしている男子校の雰囲気だが、こちらは女子の記者が多く、共学の生徒会室のようなのんびりしたムードである。

驚くことに女子の多くは週何回か大学に通っていて、四時過ぎでないと仕事が始められないという。数日前ハルゲイサにいたとき、ワイヤッブは「モガディショ支局はニュース送信が遅すぎる」とこぼし、「もしかするとハムディがちゃんとカネを払ってないんじゃないか」と疑っていたが、実はモガディショ支局の仕事は〝放課後の生徒会活動〟だったのだ。この事実を知れば、ワイヤッブはさらに嘆くかもしれないが。

ハルゲイサと同様、私はここでもお土産の写真を配った。嬉しそうにそれを見ていたハムディたちだが、ある写真を見ると、表情が曇った。

「あ、ヒースだ……」

ヒースという男性記者が取材現場である難民キャンプ予定地でハムディと立ち話をしている写真だ。

彼は三カ月くらい前、何者かに殺害された。

そのニュースはソマリのネットニュースを通じて私も知ることになった。数日後、「タカノ、ヒースが死んだ！　殺されたんだ！」と興奮して喋るザクリヤから電話を受けた。「うん、知っている」と答えたがそれ以上言葉が続かず、ザクリヤは失望した声で「そうか、ならいい」と電話を切ってしまった。

その後、ハムディがメールで「バナーディル州（実質、モガディショ市のこと）の州知事であるタルサンの仕業だ」と書いていたが、ジャーナリストのくせに文章を書くのを苦手とする彼女は詳細については何も教えてくれなかった。

私は前回の旅で、ヒースの車に乗せてもらい、いくつかの場所に一緒に出かけた。ハムディとザクリヤが私にぴったりついており、ヒースと話をする機会はいくらもなかった。スーツが似合う堂々とした恰幅の三十がらみの男性で、私が「どうしてハムディが支局長なの？」と訊いたとき、「当時は女子が彼女一人だけだったし、いちばんしっかりしているから」という答えを返したことを覚えている。

今ならもう少し詳しい事情を聞かせてもらえるだろうと思い、ヒースの事件について訊ねたのだが、なかなか言葉が通じないうえ、ハムディは電話やら番組制作の指示やらで忙しく、結局詳細は不明なままだった。

ただ彼女は「今日ちょうどヒースのお母さんがここに来る予定だから、この写真を渡しておく」と言っていた。

モガディショで暗殺されたジャーナリストはヒースだけではない。今や、首都のマスメディアの世界ではこれが最も大きな問題となっている。それくらい私でも知っていたが、具体的な人数を聞いたのは翌日、ハムディたちに連れて行かれた集会においてだった。

「ジャーナリストはなぜ殺されなければならないのか?」と題したその集会によれば、ここ五年で殺されたジャーナリストは十一人。うち三人は二〇〇九年のシャモ・ホテルの爆弾テロに巻き込まれたので除外し、純粋にジャーナリストを狙った暗殺で犠牲になったのは八人、うち七人がモガディショのジャーナリストである。

そのうち、去年のアル・シャバーブ撤退後、半年足らずで三人が殺されている。命はとりとめたものの撃たれて重傷を負った人たちはその倍以上いるらしい。

「なぜ?」という問いに答えることは難しくない。

モガディショで戦争が行われているうちは政府側もアル・シャバーブ側も敵を倒すのに忙しく、ジャーナリストに構っている余裕はない。だが、戦争が終わると、政府側の政治家たちは世間での自分の評判を気にし始める。評判はマスメディア次第でよくも悪くもなる。それだけに自分の批判を許さない政治家連中も少なからず存在する。

いっぽう、アル・シャバーブも、劣勢を強いられるゆえ、政府の支配する首都モガディショで治安悪化を内外に印象づける事件を起こしたがる。政治家を殺すのが最上の策だが、セキュリティが固くて難しい。それに比して、丸腰で街を歩くジャーナリストなら簡単に暗殺できるし、ある程度は話題にもなる。とくにアル・シャバーブに批判的なジャーナリストは標的になりやすい。

もちろん、ここで話し合うのは「なぜ殺される？」ではない。「私たちの身を守れ！」と政府に訴えるのが趣旨である。

ホテルの会議室に集まったジャーナリストは五十人を優に超えていた。多くはラジオ局やニュースサイトの記者だ。モガディショには紙の新聞がない反面、ラジオとネットは活発なようである。表向きはソマリランドより南部ソマリアの方が表現の自由がある。取り締まれるような政府が存在していないだけだが。

私にとって最も意外だったのは、ジャーナリストの半分近くが若い女子であることだ。

理由をハムディに訊くと、こんな答えがかえってきた。

「ここで女性ができることは少ない。政治もビジネスも男の世界。ＮＧＯはそれよりマシだけど、やっぱり女性には仕事がなかなか回ってこない。ジャーナリストは女性がいちばんなりやすい職業なのよ」

ギョロ目のザクリヤも言う。「ソマリアでは何をするのも氏族単位だけど、ジャーナリストはちがう」

早大生のアブディラフマンも同じことを言っていたが、ザクリヤは自身がモガディショでは弱小であるダロッド氏族オガデン分家所属のジャーナリストなだけに説得力がある。

会合は穏やかな年配の男性の司会で進められた。訊けば、CID（内務省犯罪捜査局）の長官だという。少しばかり驚いた。日本でいえば、警察庁の刑事局長レベルの人物だ。旧ソマリア時代、CID長官といえば、泣く子も黙る恐ろしい権力者だったと聞くが、それがこんな集会で司会を務めているとは。暫定政権が民主的である証拠にも見えるいっぽう、その軟弱さを象徴しているようにも見えた。

幾人かのジャーナリストが演説する中、最も際立っていたのはわれらがハムディだった。

オレンジを基調としたスカーフとドレスで着飾ったハムディは女性ジャーナリストの中でも圧倒的に美しく、演説も堂々として力強い。司会役のCID長官に何か強く詰め寄り、返答に詰まった長官がしきりに額の汗をぬぐう場面が何度かあった。

あとで訊くと、「ヒースの事件の犯人をなぜ釈放したのかと訊いたのよ。ごちゃごちや言ってごまかしていたけど」とのことだった。それでもこの長官はヒース事件の直後、ハムディの身を案じて一週間ほど護衛を付けてくれた「いい人」だという。いい人はなかなか強い人にならない。そして強い人はなかなかいい人になってくれない。それは万国共通なのかもしれない。

モガディショのジャーナリストたちの現状をもっと知りたいと思い、ハムディたちとワーベリ地区にある〈シャベル・メディア〉を訪問した。二〇〇二年、ロンドン在住のハウィエ氏族ハバル・ギディル分家のビジネスマンが設立したこのメディアは、ローカルテレビ、ラジオ、そしてネットのニュースサイトの三部門から成り、どんなに戦闘が激しい時期も報道を続けていた。

ソマリのニュースサイトの中では最も更新が早く、英語ニュースも多いため（各サイトは、一部の記事を英語に訳して掲載している）、私はここ半年ほど、ほぼ毎日このサイトをチェックし、情報を仕入れていた。

シャベル・メディアの本拠地は、一般民家に扮《ふん》したホーン・ケーブルＴＶのオフィスとは対照的に、まるで要塞のようだった。高いコンクリートの塀に囲まれ、銃を構えた護衛の兵士が物見の塔から見張っている。

下働きまで入れると六十三名の大所帯だというが、この三年ほど、毎年ジャーナリストが暗殺されている。

シャベルにはいろいろ評判がある。報道姿勢が偏っているとか、政治的に利用されているとも言われる。私にもわかるのは、彼らがバナーディル州の州知事であるタルサンを目の敵《かたき》にしていることだ。バナーディル州とはイコール首都モガディショのことである。州知事というより、「都知事」と言ったほうがわかりやすい。

「数年前、タルサンがアル・シャバーブの人間と一緒にケニアの難民キャンプでソマリア国旗を燃やしたのを見た人がいる」なんて記事を読んだこともある。目撃者の身元も不明で、正直、これでは誹謗《ひぼう》中傷と言われても仕方ない。しかもシャベルが使うタルサンの顔写真はいつも白目を剝《む》いたものだ。映画の悪役じゃあるまいし、これもひどいやり口である。

でも、「ヒースはタルサンに殺された」と確信するハムディは「シャベルの言うことは正しい」と主張している。ここはメディアも政治家も公正ではないし、手段を選ばない世界だ。

鉄扉の潜り戸から中に入ると、スタッフの人たちに挨拶し、忙しい彼らの手をしばし止めて、軽く談笑した。ニュースサイト部門のトップ記者に今後のソマリアを予想してもらったところ、「アル・シャバーブは力を失い、平和になっていくだろう」とハムディたちと同様、楽観的だった。

ラジオのスタジオでスタッフに挨拶したところ、そのままニュース番組の収録に引っ張りこまれ、日本からやってきたジャーナリストとしてソマリ語で簡単なインタビューを受けることになった。この自由さと超速ぶりがソマリ世界とはわかっていたが、まさかアナウンサーの代わりにニュースを一つ読み上げるはめになるとは思わなかった。

「大統領が何かの会議で何とか言って……」くらいしか内容はわからなかったが、読むことはできるのである。変な東洋人がソマリ語でニュースを読み上げる様子は相当異様だったみたいで、まるでサーカスの熊が自転車を乗りこなしているときのように、「おおっ！」というどよめきとギャハハハという笑いが同時に沸き起こった。

表敬訪問を終えて、局をあとにする。私には兵士がついているが、ここのスタッフは丸腰で家路につくはずだ。いくら局を要塞化しても、そこから一歩外に出たところを銃で狙われたらどうにもならない。危険なんてもんじゃない。

「シャベルの人たちはよく仕事を続けているよね」とハムディに訊いた。「どうして辞めないいんだろう？」

「辞めたからって安全になるとはかぎらないのよ。辞めた瞬間に殺された人もいる」

彼女によれば、どこかに所属していれば所属先のメディアが犯人探しをしたり、政治家を動かしたりして騒ぐが、辞めてしまえば誰も守ってくれないからかえって狙われるケースもあるという。

ハムディやザクリヤも立場はシャベル・メディアと変わらない。今日の集会を見るかぎり、彼女はモガディショにおけるマスコミ界のリーダー的存在となっている。狙われても仕方ない立場なのだ。彼女が平然としているのはやはり不思議というしかない。

実際、ザクリヤは「もうここでジャーナリストをやるのは危険すぎる。もうイヤだ。五月にはヨーロッパに行く」と言っていた。国際NGOがトルコで主催するジャーナリスト向けのセミナーがあるので、それに参加し、そのまま欧州の他の国に行き、難民になるつもりらしい。

性別や氏族、年齢に関係なく、自分の才覚だけで活躍できる反面、生命の危険に常時さらされているモガディショのジャーナリストたち。

「ソマリランドの一体何がいいのか？」というシャリフの問いにもう一つ答えることができる。

彼の地では誰かを批判したからといって、不当な圧力を受けることはあっても、命をとられることはない。

あまりに気の毒で決して彼らには言えないけれども。

2.代理里帰り

今回私がモガディショにやってきた主な目的は「お遣い」だ。早大生のサミラの実家に紙おむつやスナック菓子を届けねばならない。

ここで注釈が必要なのだが、兄のアブディラフマンからは木ブラシの他は何も頼まれていない。そもそも彼の実家はモガディショにない。

「え、兄妹じゃなかったの？」と思うだろう。実はソマリ独特の理由がある。彼らは異母兄妹なのだ。

亡くなった彼らの父親はレール・シャベルという氏族に所属する。弱小の氏族なのだが、彼は旧ソマリア独裁政権時代、バスケットボールのスター選手だった。その後、貧困者支援のNGO主宰やビジネスマンなどを経て、政治家に転身、暫定政権ではスポーツ大臣にも上りつめた。

ソマリ世界の有名人にして成功者だったのだ。彼には妻が二人いた。

まずハウィエ氏族の中でも武闘派で知られるハバル・ギディル分家のアイル分分家（分家の分家）の女性を娶《めと》った。アイル分分家は武闘派中の武闘派である。

その妻との間に子を六人なした。長男がアブディラフマンである。

いっぽう、成功したソマリ男子の常として、彼は第二夫人を娶った。相手はレール・ハマルという氏族。こちらはポルトガル人との混血の子孫とも言われ、肌が褐色で（ソマリ語では「白い」という）、美男美女の氏族として名高い。

こちらの妻との間には娘のサミラが生まれた。

おわかりだろうか。彼はソマリ最強氏族から第一夫人を、ソマリ最美人氏族から第二夫人をそれぞれ娶ったのだ。

「アッラーは四人まで妻を持つことを許しているが、ソマリの女は他の妻を絶対に許さない」とソマリ男子が嘆くとおり、アブディラフマンの母とサミラの母は犬猿の仲であったという。家は当然別々で、アブディラフマンとサミラはモガディショに暮らしていた頃、数えるほどしか顔を合わせたことがない。結局、二人の母の不和も原因で、彼らの父とサミラの母は数年で離婚してしまった。

育った環境もまったくちがう。お父さんが留守がちなので、アブディラフマンは母方の氏族つまり超武闘派アイル分分家のコミュニティで育った。その方が安全だったのだ。いっぽう、サミラはやはり母方のレール・ハマル氏族のコミュニティで育った。レール・ハマルは独立系であり、結束がひじょうに強いことで知られる。肌の色が薄く、美形なのが自慢であり、他の血と混ざりたくないのだ。サミラも常々「私は絶対レール・ハマルのイトコと結婚する」と公言している。ちなみに、ソマリ語テレビ業界の三大大手のうちの二つ、ユニバーサルTVとロイヤルTVはレール・ハマル所有だ。レール・ハマルはモガディショで最も古い氏族として、独特の地位を築いているように見える。サミラのお母さんは離婚後、やはりレール・ハマルの男性と再婚した。ちなみに、これはサミラのお母さんにとって三回目の結婚であるという。

彼らのお父さんは、二〇〇九年の「シャモ・ホテル爆弾テロ事件」により、亡くなった。

バナーディル大学薬学部の卒業式に女装したアル・シャバーブのテロリストが侵入、自爆テロを行った。犠牲者二十五人という大惨事である。この事件でジャーナリスト三人と大臣四人が死亡した。そして彼らの父サレバン・オラドもその一人だった。

ハムディは事件直後、爆破されたホテルに急行した。私にもそのとき撮影した映像を見せてくれたが、現場は文字通り血の海。首のちぎれた遺体が転がっているという凄惨《せいさん》なものだった。

父親を亡くし、二人の運命は大幅に変わった。第一夫人つまりアブディラフマンの母親は同じアイル分分家の男性と再婚し、子供を連れて危険なモガディショ市内からケニアの難民キャンプに移り住んだ。サミラの母親は今でもモガディショ市内に住んでいる。

父サレバン・オラドが亡くなったあと、かわりに議員となった叔父の尽力により、親を失った子供たちの学業を支援するあしなが育英会の招きで、二人は極東の日本にはるばるやってきたのだった。

お遣いというより、もはやここまで来れば「代理里帰り」という気分だが、私がサミラの実家にだけ行くのはそういうわけだ。

だが、意外にもその前に別の家に招かれることになった。

ハムディ宅だ。

私がソマリ人のふつうの生活が見たいと言ったら、黙って連れて行ってくれたのだ。

ソマリランドでの苦戦ぶりとは正反対の展開だ。

ハムディの家はバカラ市場の中もしくは周辺にあった。曖昧な言い方をするのは、バカラはかつてアフリカ最大の市場と呼ばれたほどで、直径数キロに及ぶ巨大な「地域」。しかも今は半ば廃墟と化しているので、どこからどこまでが市場なのか判然としないのだ。ハムディは「うちはバカラにある」と表現している。

前回私がモガディショに来たときは、ほんの数日前までバカラ市場がアル・シャバーブ支配下におかれ、ちょうどハムディ宅がある一角が政府軍との最前線となっていた。私も前を通りかかったが、土嚢《どのう》が積み重ねられ、まだ機関銃をかまえた兵隊たちがいた。

ハムディは当時、郊外の家に住んでいた。そこもアル・シャバーブ支配下であり、ハムディは朝、ベールをつけて顔を隠して乗り合いバスに乗り、政府軍との前線を越えて支局に出勤していた。一日、ジャーナリストとして活動すると（顔出しでテレビのレポーターも務めていた）、夜にはまたベールをつけてバスに乗ってアル・シャバーブの地域に帰る。

アル・シャバーブは女性の社会進出を認めていない。もしハムディがテレビによく出ている女子レポーターだとわかったら、相当危険なはずだが、ハムディは平然としていた。

つい二週間前、五年ぶりに一家はこの家に戻ってきた。まだ片付いていないというが、中庭にソファが置かれ、ゆったりとして快適な屋敷だった。

私は他のジャーナリスト三人と、私が雇った護衛の兵士二人とともに客室に通された。ハムディの口ぶりは「軽くうちでお昼を食べていって」というようなものだったが、床を御馳走が埋め尽くしていた。その光景はハルゲイサの編集主任アイダルース宅で見たものと実によく似ていた。

バカラ市場にあるハムディ宅。
セキュリティは厳重

御馳走にはしゃぐホーン・ケーブルTVスタッフ
と護衛の兵士たち

ヤギの骨付き肉、牛肉、魚、スパゲッティとショートパスタ、干しブドウ入りのライス、スガール（肉と野菜の炒め煮）、チャパティとナーンの中間みたいなサバヨというパン、ラクダの乳、氷を浮かべたフルーツジュース（マンゴー、レモン、スイカの三種類）、そしてフルーツの盛り合わせ……。

こちらは客の人数が多い分、アイダルース宅の昼食の三倍くらいのボリュームがある。個々のメニューは異なれど、全体のバランスや盛りつけ、ラクダ以外の全ての肉と魚を出すというスタイルはそっくりだ。ソマリの文化の共通性に驚かされた。ハルゲイサとモガディショは気候も環境も相当ちがう。距離にして八百キロ以上も離れ、日本でいえば仙台と京都くらいの感覚だ。でも、会食のスタイルはほぼ同じ。「ソマリはソマリ」という決まり文句をかみしめてしまう。

ハムディの家族は誰一人、この食事会に参加しなかった。ハムディ宅にはお母さんとおばさん、きょうだいが十人、さらにその子供たちが住んでいるというが、成人男子が一人も家にいなかったのだ。女性と子供は客の食事には加わらない。これはソマリだけでなく、イスラム全般の習慣である。

帰りにハムディのお母さんやおばさん、姉妹の写真を撮らせてもらった。中には美人の人もいたが、ハムディのような鋭い顔つきは見当たらなかった。お母さんもふくよかな感じの人だ。ハムディのシャープな美貌はこの家でも異色の存在だとわかった。

翌日、いよいよ本当の「里帰り」。サミラ宅を訪れた。

家も家族もハムディ宅に酷似していた。鉄の扉できっちりと守られた入口。そこを入ると中庭という構成（サミラ宅は中庭に屋根がつけられていた）。そして、ここもまた女性と子供ばかりわらわらと十数名。年齢的に成人男子と呼べるのはサミラの弟だというハンサムな若者が一人いただけだった。ただ彼はまだ学生なので、ソマリ社会では「成人男子」としては認められない。つまり、大人の男が皆無だということである。

そして、料理も昨日と同様の御馳走であり、食べるのも昨日とまるっきり同じメンバー。

「タカノ、さあ食べなさい」と仕切っているのもやはりハムディ。前日の食事会がリピートされているようだ。

成人男子がいないと、誰もお客と一緒に食事ができないのだ。

二軒しか訪れていないからはっきりしたことは言えないが、あとでいろいろな人に訊くと、家に女子供ばかりという状況はモガディショではさほど珍しくないようだ。

一つには二十年も続く内戦でソマリ男子の人口は女子に比べてかなり少なくなっていること。もう一つは男は留守がちであること。

男はなにかと商売をしている。あるいは商売と称して、あちこちをうろうろしている。なにしろソマリ人はもともと遊牧民で放浪性があるうえ、戦争のため、親戚や友だちが前にも増してあちこちに分散している。そして、商売や親戚訪問を理由に女子を物色する者も多いらしい。

ソマリランドでは複数の妻を持つ人は少数派だったが、ここでは妻を二人以上持っている人は普通だという。

女子は余っている。生活と防犯の必要上、再婚を急ぐ人が多い。だから、わりと簡単に妻を娶ることができる。正式な政府は存在せず、役所に婚姻届を出す必要はないし、人が集まるとアル・シャバーブや敵対する氏族からの攻撃対象になりやすいので、誰もおおがかりな結婚披露宴など行わない。相手とその家族の内諾が得られれば話は済んでしまう。その結果、あちこちに所帯を持ち、そのあいだをふらふらしている男が多いのだ。余所《よそ》に別の妻がいることを第一夫人に告げずにいる（つまり隠している）なんてことも珍しくないという。

なんだか、モガディショの男というのは平安貴族のようだ。

『源氏物語』を読むと、当時の貴族は妻や恋人の家にてきとうに泊まりに行くという通い婚をしていたのがよくわかる。特権階級の彼らは選び放題なのだ。そして、「ここから家に帰るのは方角が悪い」などの理由で、しばしば妻や本命の恋人に隠れて別の女の家に通っている。

モガディショの男も同様で、女には事欠かず、「戦闘のせいで道路が閉鎖されている」とか「アル・シャバーブがいるので危なくて外に出られない」など、家に帰らない言い訳がいくらでもある。

もちろん、ハムディやサミラの家の男子が通い婚をしているというのではない。私は

早大生サミラの実家オールスター

サミラの陽気なおばさんが
御馳走をつくってくれた

家の事情など何も知らない。ただ、この状況を話すと、モガディィショの人たちは「うん、よくあるよ」という言い方をするというだけである。

さて、私たちが食事をしているとき、ハムディの携帯が鳴った。彼女が喋っていると、周りの人たちが御馳走を口に運ぶ手を止めた。何かあったらしい。

携帯を切ったハムディが言った。

「今、大統領府で爆発があったって。自爆テロの車が突っ込んだらしい」

えーっ、それは大事件じゃないか。すぐ行かなくていいのか。

そう言うと、ハムディは右手でデザートのブドウを口に運びながら、左手をふった。

「スタッフに現場に行くように言ったから、私たちはいいの。それに、ここじゃ、こんなの普通よ、普通」

私より先に他のメンツが反応した。

「いや、いくらモガディショでもこれは普通じゃない」とギョロ目のザクリヤが言えば、田中邦衛似のシャリフも「ハムディ、あんたがいちばん普通じゃない！」。

「あ、そう？　普通じゃない？」

「ちがうって!!」

全員同時に突っ込み、みんなは爆笑した。世界中に配信された大統領府自爆テロ事件はこうして笑いの彼方に消えていった。

はち切れるほど、ソマリ料理を腹に詰め込むと、最後はきれいに指までなめてしまった。

ソマリはイスラムの中では男女の接触が許されている方で、家の中庭でなら、女の人たちとも普通に話すことができる。ビデオカメラを回し、一人一人にサミラへのビデオメッセージをもらった。

中には陽気なおばさんがおり、サミラだけでなく、見たこともない私の妻へも「ハッロー、ユカ～!!」と素っ頓狂な声で呼びかけ、私たちを爆笑の渦に巻き込んだ。

ハムディ宅と同様、ここも明るくて温かい家庭だ。とても二十年戦争の中で暮らしてきたとは思えない。

最後に、人の好《よ》さそうなサミラのお母さんから、衣類や布、化粧品、シャンプー、石けん、アクセサリーなどがぎっしり入ったボストンバッグ二つを受け取った。私と妻へのお土産も含まれ、重量は優に十キロを超えていた。

「重すぎ!!」

これが戦国都市モガディショの代理里帰りである。

3.暗殺事件の真相とハムディの秘密

あっという間に三泊四日の南部ソマリア滞在は終わった。

またしてもモガディショ市内から出られなかった。戦場近くに行くこともできなかった。その点では「南部ソマリアの素顔を見る」という目的は達成できなかったと言える。

だが、モガディショ市内に限れば、サミラの代理里帰りを含め、都合三軒もの一般家庭にお邪魔することができた。治安の悪さにもかかわらず、モガディショの方がハルゲイサより敷居は低い。

三軒目は最終日の朝、出発直前のことだった。ひょうきん者のシャリフに朝食に招かれたのだ。

「御馳走は出せないけど、せっかく日本人の友だちが来たのだから、子供たちに会わせてやりたい。彼らの勉強にもなるだろう」と、彼はいつもとはちがう父親の顔で言った。

シャリフ宅はハムディやサミラの家に比べればこぢんまりしていた。鉄扉を開けて入るのは同じだが、中庭と呼ぶほどのスペースはなく、家屋の入口脇にテーブルと椅子が並べられていた。上はトタン屋根に覆われているので、外からは見えないようになっている。

ハムディの指示で、私の雇った護衛の兵士が入口の外に一人、内側に一人立って守りを固めた。

ハムディ、ザクリヤ、シャリフと私の四人が座り、シャリフの奥さんが用意してくれたヤギのレバーをピーマン、タマネギと一緒に炒めた料理とフランスパンをいただいた。

ヤギレバー炒めはソマリランドでもホテルなどで何度か食べたことがある。ちょっと豪華な朝食の定番である。最初、「朝からこんなこってりしたものを食うのか」と思ったが、ソマリ世界では冷蔵庫が普及していないため、牛もヤギも朝屠畜《とちく》したばかりの肉を食べる。だからレバーも新鮮そのもの、臭みは一切なく、ぷりぷりとして爽やかな味わいなのだ。もちろんスタミナもつくし、朝この料理を腹に収めれば多少昼飯が遅くなっても空腹や疲労を感じない。

シャリフの家は決して裕福ではないだろうに、限られた時間と費用を工面して私をもてなしてくれたことに心から感謝した。

もっとも芸人体質の彼は、私が「ヤギのレバーは朝食べると元気になる」と言ったら、「朝食べてもいいけど、夜食べても元気になるぞ、うおおお!!」と雄叫びをあげ、最後まで笑いをとっていた。

空港に着いたのはフライト出発予定時刻の三時間前だった。セキュリティチェックに時間を食うことが予想されたので、早めに行ったのだ。ハムディとザクリヤが途中まで同行してくれたが、係官に「付き添いは一人だけ」と言われ、イミグレーションを過ぎたあとはハムディだけが付いてきた。

ハムディの知り合いは空港内にも何人かおり、彼らの助けで、荷物検査や身体検査、チェックイン、出国審査などは極めてスムーズに終わった。

まだ時間がたっぷりあった。出発ロビーの椅子に腰を下ろすと、ザクリヤから電話がかかってきた。「大丈夫か?」と訊くから「万事オーケーだ」と答えると、「そうか。でも俺はオーケーじゃない！」というようなことをわめいていた。私は耳が痛くなり、携帯をハムディに渡した。彼らはひとしきり何か話していた。

電話が終わると私はハムディに言った。

「ザクリヤはおかしいよね？　前はもっと穏やかな人だと思ったけど……」

今回、モガディショで再会して以来、気になっていたことを訊ねた。彼は一体どうしてしまったのだろうか。優しくて大人しい若者だと思っていたのに、今回は別人のようだ。ちょっとしたことで誰彼となく怒鳴りつける。タバコをひっきりなしにふかす。ホテルに来れば、私の部屋のベッドにごろっと大の字に横になる。私のオーディオ・プレーヤーを見つけて「これ、くれ」とねだる……。

ソマリ人は一見荒っぽくて横柄のようだが、ひじょうに礼儀正しい一面もある。特に友だちだからといって、なれなれしくするのを嫌がる。人のベッドに寝そべるとか、人の持ち物をねだるということはまずない。モノをねだるのは「物乞いのやること」と忌み嫌っている（なぜか現金になると、他人に要求してもいいと思っている人はいるが）。だから私の持ち物について値段を訊く人もめったにいない。「ほしがってる」と思われたくないからだ。この辺のモラルは他のアジア・アフリカ諸国と比べても、格段に高い。ある意味、ソマリ人を「ドライ」と思わせる点でもある。だから、ザクリヤの行動は失礼を通り越し、「やけっぱち」な印象を与えたのだ。

「ヒースの事件で変わっちゃったのよ。前は穏やかな人だったのに、今はいつもイライラして、すぐ怒鳴り散らすし、落ち着きがない」

ハムディは鋭い目つきのままで続けた。

「ヒースはザクリヤの見ている前で殺されたのよ」

「見ている前？」

ヒース暗殺事件については、ニュース記事を読んだり、ハムディや他のスタッフから断片的に話を聞いていたが、いまだに全貌を把握できていなかった。一つには同僚の殺害事件について根掘り葉掘り訊くのがためらわれたから、もう一つは話が込み入っており、私のソマリ語力ではなかなか歯が立たなかったからだ。

彼はどういう状況で殺されたのか？　そもそもなぜ殺されたのか？　州知事のタルサンが手を下した証拠があるのか？

そういう肝心のことが不明なままだった。

幸い、今は時間がたっぷりある。ロビーは空いており、他の人に聞かれる心配もない。

文章は苦手だが、喋るとなると、ハムディは恐るべき忍耐力を発揮する。そこには「母性本能」と「ボス性本能」の両方が感じられる。「絶対に自分の話を相手にわからせる」という並外れて強い意志があるのだ。

彼女は何度でも繰り返し説明し、私も辞書を引きながらメモをとり、登場人物や出来事を整理していった。その結果、次のようなことがわかったのである。

「きっかけはゴミ処理の問題だったのよ」

ソマリアを知らない外国人にはひじょうに意外なことだが、内戦と無政府状態が二十年続く戦国都市モガディショでは民政がたいへん発達している。電気・水道・学校・病院は主に各氏族の有力者が運営している。携帯電話やネットも当たり前のように普及している。市内や国内外の諸都市を結ぶバス・飛行機も普通にある。本当に何でもあり、ないのは政府くらいだったので、私はここを「完全民営化社会」と名付けた。軍も民営化されていると考えれば辻褄《つじつま》が合う。

ただし、氏族社会で全てがうまくいくわけではない。中でも政府軍兵士や民兵による「イスバーロ（自主検問）」と「ゴミ問題」はいつも紛糾の種だ。

イスバーロは、兵士——政府軍の兵士でも民兵でも——が勝手にその辺の車を止め、運転手や乗客に銃を突きつけて「検問だから通行料（小銭）を出せ」というもの。例えば、今日カートを買う金がなかったら、「じゃあ、イスバーロでもやるか」となるらしい。

戦国都市のイメージで言えば、「略奪」の一種であるイスバーロはわかりやすい。意表をつくのはゴミ問題の方だろう。あまりに牧歌的な感じがするからだ。でもよく考えれば、どんなに戦闘が激しい場所でも、人間が生活するかぎりゴミは出る。

ゴミは適切に処理しないと、悪臭を発し、ネズミやゴキブリ、そして伝染病などを蔓《まん》延《えん》させる元凶となる。多少治安が悪くても我慢できる人（特に自分に防衛能力のある人）でさえ、臭くて汚い場所には我慢できなかったりする。

暫定政権といえども一応は政府であり、その大きな仕事の一つがゴミ処理だったのだ。しかし、戦闘で敵を倒すとか難民を支援するとか物資を運搬するといったことなら莫大なカネや権益が得られ、自分の功績にもなるが、ゴミ処理という地味な民政は政治家にとってメリットがない。むしろ、集めたゴミの捨て場所をめぐって、地域住民とトラブルになるなど、面倒なだけである。だから政治家は本腰を入れようとしない。この辺りは日本と変わらない。

そこでモガディショ市民は以前からゴミ問題をめぐって、たびたびデモを行っていたという。かつてイスラム過激派のアル・シャバーブが町の三分の二をおさえ、残りの地域も支配下に治めようと政府軍と激しく戦闘を行っていたときも、市民は「ゴミをなんとかしろ！」と政府を糾弾するデモ行進をしていたというから面白い。

ゴミ問題なんて内戦に比べたら微々たること——。地元の政治家のみならず、世界中のマスメディアやジャーナリストもそう思っているから誰も報道しないが、実際にはそれくらい重要な問題なのである。

さて、そのときのゴミ問題は、氏族の長老たちの告発に始まり、各メディアがそれに乗って、直接の責任者であるバナーディル州のタルサン州知事を追及するという方向に発展した。ホーン・ケーブルTVのレポーターであるヒースも熱心に報道し、タルサン州知事の怒りを買った。

なぜ、数あるメディアとジャーナリストの中で、ホーン・ケーブルTVとヒースだけがタルサンに恨まれたのか。それは政治と氏族の問題だった。タルサン州知事とモハマド・デールという前の州知事はライバル関係にあり、ヒースはその前知事と同じ氏族で個人的にも親しかったのだ。

タルサン州知事はまず、ヒースとハムディに直接、電話で脅しをかけた。

「この問題から手を引け。さもないと痛い目にあうぞ」

二人が無視していたら、今度はタルサン配下の兵士がヒースのところにやってきて、同じように脅しをかけた。

二週間ほどして、事件が発生する。

その日の午後、ヒースは自分の車で取材に出かけた。前回私も乗せてもらったマークⅡのライトバンだ。助手席に同乗したのはザクリヤだった。

三時頃、「ヴィア・ローマ（ローマ通り）」というモガディショでいちばんの繁華街を徐行しているときだった。誰かに声をかけられたヒースは首をひねって窓越しにそちらを見た。その瞬間、彼の額に銃弾が撃ち込まれた。ヒースは助手席のザクリヤの上に崩れ落ちた。ザクリヤの服や手は血で真っ赤に染まっていった。

犯人は逃げることなく、まだその場にいた。ザクリヤの知らない男だったが、軍服を着た兵士だった。ちょうどそこにタルサンの兵士が五、六人通りかかった。ザクリヤが犯人を指さし、「こいつがやったんだ！」と叫んだが、兵士たちは「おまえ、頭がおかしいんじゃないか」と笑って向こうに行ってしまったという。

「連中はその場にいたんだから、見ていないわけがない。つまり、犯人はタルサンの兵士の一人だって証拠よ」とハムディは言う。

ザクリヤは膝の上のヒースを押しのけ、なんとか助手席を脱するとハムディに電話した。ハムディも急いで現場にかけつけた。血の海に浸かるようにして、ザクリヤと二人でヒースを抱え上げ、後部座席に移し、ザクリヤが運転して病院に運んだ。だが、四時半には息を引き取ったという。

事件の後、ホーン・ケーブルTVはもちろん、他のメディアも騒然とした。CIDは独自に捜査を行い、タルサン配下のファナフという名の部隊長を逮捕した。ハムディはシェイク・シャリフ大統領に面会し、事件の徹底解明を強く求めたが、五日後にはファナフ部隊長は釈放されてしまった。そして、それからは誰も捕まらず、捜査は終わってしまった。

ハムディによれば、ファナフ部隊長はCIDの調べに対し、「自分がバルバラレという部下に命じて殺した」と供述したという。にもかかわらず、何かの強い力により部隊長は解放され、実行犯にいたっては取り調べもされていない。

また、事件当日の朝、タルサンの兵士がホーン・ケーブルTVのオフィスを見張っている姿が近所の人たちに目撃されていることも判明した。

怒ったハムディたちは「政府は事件を究明せよ！」とデモをはじめた。

なんということだろうか。私が不在だった間、ホーン・ケーブルTVのジャーナリストたちは、ソマリランドでも南部ソマリアでも、それぞれ政府に対して抗議デモを行っていたのだ。

タルサン州知事は困惑した。デモは彼の評判を落としてしまう。

よほど困ったのだろう、あろうことか州知事はハムディを買収しようとした。

「デモを止めたら車一台と一万五千ドルをやる」

ハムディはこの提案を一蹴したが、犯人は結局捕まらず仕舞いだった。

事件後、犯人を目撃しているザクリヤは身の危険を感じて、ハルゲイサに逃げた。あとでわかったことだが、実行犯のバルバラレもハルゲイサに身を潜めていたという。犯人と目撃者が同時にソマリランドに逃げていたわけで、皮肉なことながら、平和で治安のよいソマリランドが南部ソマリア人にとって「かっこうの避難所」となっていることがよくわかる。

その後、暗殺の首謀者である部隊長はピストル一丁とピックアップトラックを二台、どこからか入手したという。トラックの車体には「アブディカーディル」という旧ソマリア時代の陸軍の英雄の名前が記されている。多くの人がこのトラックとピストルを、「タルサン州知事から部隊長に贈られた褒美」と解釈している……。

ここまで聞くと、ザクリヤが精神的におかしくなってしまったことが理解できる。無理もない。目の前で同僚が殺されたのだから。トルコ経由で亡命したいというのも本当に切迫した身の危険を感じてのことだろう。

だが、それを言うなら、事件前からヒースと一緒に脅しを受け、事件後も先頭に立って戦い続けているハムディの方がもっともっと危険だ。

「この状況でよくジャーナリストを続けているな……」と私が深い吐息を漏らすと、彼女は察したようだ。手を大げさに振って言った。

「タカノ、心配することないよ。今は何も問題ない。な〜んにもない」

絶句してしまう。

問題ないわけないじゃないか。ハムディはタルサン州知事にとんでもなく憎まれているはずだ。しかし、二十二歳の剛腕姫は動じた様子を微塵《みじん》も見せない。

この人は一体何者なんだろう？　所属するのはハウィエ氏族のハバル・ギディル分家、さらにそのアイル分分家と聞いていた。アブディラフマンの母親が所属する超武闘派の氏族だ。政府軍もその敵であるアル・シャバーブも、ともに中枢はアイル分分家におさえられているというもっぱらの評判だ。だからハムディに敵対する連中もそう簡単に彼女に手を出せないのはある程度わかる。でも、それだけなのだろうか。

「お父さんは何をしているの？」と訊いてみた。前に訊いたとき彼女は「商売をしている」と言っていたが、詳しくは語らなかった。

「今は何もしてない。田舎でのんびり暮らしている」

お父さんの故郷はガルグドゥード州のドゥーサ・マーレブという町だという。

「でも」と彼女は続けた。「父はシアド・バーレ時代、軍の大佐だったのよ。『虎の皮』

って異名で有名だった」

旧ソマリア独裁政権時代、軍の大佐で、通称「虎の皮」――。

それはすごく権力を持ち、すごく恐れられていたと考えるしかない。しかもアイル。

そんな人物が今、田舎でのほほんと隠居生活を送っているとは考えにくい。

武装勢力のリーダー、もっと言ってしまえば「戦国武将」であってもおかしくない。

うーん、そんなバックグラウンドがあったのか。

しかし、ハムディは私の思いを察したように否定する。

「私は家族とは関係なくやってきた。一人でやってきたのよ」

彼女曰く、十六歳でラジオ局に入り、十七歳でユニバーサルTVに移籍、半年後には現在のホーン・ケーブルTVに移った。

「当時、ハルゲイサの本局からスタッフの給料が来なかったの。それで私は政治家に電話して、『インタビューを受けないですか?』って訊いたのよ。で、お金をとって、インタビューした。そのお金をスタッフに分けて、支局を運営してたのよ」

「ハムディ、君が自分でやってたの?」

「そう。大統領も国会議長も大臣も、みんな私が一人で電話かけてたよ。ふふふ」

彼女は目を細めて微笑《ほほえ》んだ。

なんと。ハルゲイサでワイヤッブらがやっていたのと同じことを彼女もやっていた。

しかも、ハルゲイサではオーナーや局長レベルが行っていた仕事を、こちらでは十七歳の小娘が独断でやっていたのだ。

彼女はインタビューで得られたカネをスタッフみんなに配っていた。今までどうしていちばん年下の女子が支局長なのか、いくら彼女が「剛腕」だからといっても理解しきれなかったが、やっと腑《ふ》に落ちた。ソマリ語には「尊厳は何にも勝る」という言葉があるが、同時に「尊厳は懐の中にある」という諺《ことわざ》もある。懐の中にあるものとはカネだ。

ハムディ、恐るべし。超武闘派氏族の所属で、父は有名な軍人（もしかしたら武装勢力のリーダー）。関係ないとは言いつつも、彼女の底知れぬ自信の源にはそういう背景があるのだろう。でも、彼女は親や家族に縛られるのを潔しとせず、国を牛耳《ぎゅうじ》る人々に自力で切り込んでいった。

それ以上、家族や氏族について訊いても、はぐらかして何も答えなかったハムディだが、最後にはこう言った。

「私は有名になりたいの。目標は大統領になること」

彼女は珍しくいたずらっぽい目をして、低く笑った。白い歯が煌めき、大きな耳飾りが揺れた。

まだ二十二歳である。氏族と本人の能力、そして知名度と美貌を考えれば、決して夢物語ではないと思ったのだった。

第三章

愛と憎しみのソマリランド

2012.3〜2012.11

インターリュード

モガディショからジブチ、ドバイを経由し、帰国した。成田空港から都内に向かうバスから見える風景は暗く、寒々しかった。三月末、まだ桜は咲いておらず、水気のない田んぼや枯れ野が目に付く。

私の気持ちも風景に引きずられるように、灰色に沈んでいた。

今回は何もやりたいことができなかったというネガティブな思いばかりが頭の中にとぐろを巻いていた。

中古車の広告で一躍、流通革命を起こそうなどと夢見ていたが、一件の問い合わせすらなかった。ホーン・ケーブルTVでは番組制作の企画を進展させるどころか、肝心のワイヤップが局長を退いてしまった。局内における私の立場自体が風前の灯火《ともしび》になってしまった。南部ソマリアでは、モガディショ市内から一歩も外に出られなかった……。

できなかったことを数えれば数えるほど、「どうして俺の努力は報われないのか」と落ち込んでしまった。ストーカー的な冥《くら》い情念すら覚える。ソマリへの片想い感で胸が痛くなった。

気分が変わったのは帰国後、数日してからである。

まず、ビィ・フォアードに出頭し（「出頭」という気分だった）、「何のお役にも立てずすみません」と謝罪すると、社長は平然とこう言った。「いや、ソマリランドでビジネスをやるのはまだ早いとわかったからよかったですよ」

儲かっている会社は鷹揚《おうよう》である。

また、サミラに大量のお土産を渡すと、彼女は飛び跳ねて喜んだ。

「お母さん、やっぱりよくわかってるわ!!」

シャンプーや化粧品なんか日本にもっといいものが沢山あるだろう、どうしてこんなに持たせるんだ？　などと思っていた私が浅はかだった。誰しも、馴染みのあるものを使いたいのである。平和だろうと戦火の中に生きていようと関係ない。

家族からのビデオレターを見せると、サミラは笑いすぎたのと懐かしさで目を潤ませていた。

いっぽう、アブディラフマンも「木ブラシ」をもらって満足げであり、私はなかなかいいことをしたかのような気持ちになった。

考えてみれば、都合四軒の家でご飯を御馳走になった。ジブチからハルゲイサまでの土地を見ることができた。モガディショ市内から出られなかったとはいえ、「外飯」も初めて体験できた。ソマリ語会話も少しは上達した。ジャーナリストの事情もかなりわかってきた。

けっこう地道に報われているではないか。

逆転満塁ホームランのように劇的な展開を期待しすぎるからそれに気づかないだけで

ある。だいたいモガディショの治安が悪いことやベルベラの港が小さすぎることなどは状況の問題であり、ソマリ人が私を拒絶しているわけじゃない。

そしてもう一つ、落ち込んでなどいられない理由があった。

世界初の本格的なソマリランドの潜入記であり、結果的に本書の兄貴分的な存在になる『謎の独立国家ソマリランド』を早く書かねばならなかった。ホーン・ケーブルTVの番組を作るとか、ビィ・フォアードの広告だとかに気を取られて、この半年ほどさっぱり原稿が進んでいなかったのだ。

下書きを冒頭から書き直していくと、自分で言うのもなんだが、ものすごく面白い。「ソマリランドなんて国が本当にあるのか?」といった、一般日本人と同じレベルの疑問から出発し、実際にその地を訪れる。ソマリランド成立の謎、ソマリの氏族社会の謎、海賊国家プントランドの謎、無政府状態が二十年続く南部ソマリア内戦の謎……。次から次へと謎が生まれ、しかし現地に行ってみると、謎がどんどん解けていく。

あのときの、一歩足を進めるごとに新しい扉が開くようなワクワク感を思い出した。書くときにはなるべく読者の目線を意識するので、ソマリランドやモガディショの凄さを再認識することにもなった。

今となってはソマリランドもタイと同じくらい慣れ親しんだ場所となり、今さら何も驚くことはないが、ソマリランドの和平プロセスや氏族社会のあり方を一つ一つ書いていくと、そのユニークさに感嘆せざるをえない。国連の介入を拒否して、自分たちのルールに従い、内戦を解決し新たな民主国家を建設した人々はいまだかつて、他にない。モガディショにしても、今の私にしたらそれこそ知り合いに頼まれてお遣いに行くらいで、カネがかかる以外は特にどうとも思わなくなっているが、やはり「世界で最も危険な町」である。二十年以上無政府状態という信じがたい記録を更新中だ。

おお、俺はすごく面白いところに行き、すごく面白いことをやっているじゃないか！と感銘を受けてしまった。そして、その「すごく面白いこと」は現在でも高いテンションを保ったまま続行中なのだ。ソマリ世界に溶け込みつつあるがゆえに、かえって自分の立ち位置の独特さに気づかないでいた。

東京に暑い夏がやってくる頃にはソマリ世界に対する情熱は完全に回復し、それどころか「もっともっと知りたい」という強い欲求にとらえられていた。

『謎の独立国家ソマリランド』は自分の代表作となりうる本に仕上がったものの、そこに足りない要素も改めて痛感させられた。

それはソマリの日常生活とモガディショ以外の南部ソマリアの生活風景を見ていないということだ。一言でいえば「素の姿」であり、結局ここに戻ってくる。

ソマリランドと南部ソマリアも刻々と状況が移り変わっていた。

ソマリランドでは東部の氏族が「カートゥモ国」という自称国家の独立を宣言し、紛糾が続いているようだった。東部にはソマリランド独立に反発する少数派のダロッド氏族の人々が住んでおり、マジョリティのイサック氏族とはどうしても反りが合わない。数名から数十名の死者が出る戦闘が何度か起きていた。

ワイヤッブからは「友人と一緒に新しく新聞社を設立した」というメールが届いた。「資金が足りないから少し協力してくれ」という要請つきである。ただちに国際送金会社ウエスタンユニオンを通して送金した。ウエスタンユニオンは、日本では金券ショップの大黒屋や旅行代理店のエイチ・アイ・エスなどを代理店としており、全国各地からハルゲイサやモガディショに送金することができる。私はいつも自宅からいちばん行きやすい渋谷のセンター街にある大黒屋からソマリランドにカネを送っている。それまでめったに寄りつかなかったセンター街も、いまや私とソマリランドをつなぐポイントであるかのような錯覚をおぼえるほどだ。

ともあれ、これで私もその新聞の数パーセントくらいは出資していることになるだろう。居場所ができたわけだ。

南部ソマリアではジャーナリストがほぼ毎月のように標的になり、殺されたり重傷を負ったりしていた。衝撃だったのは私を朝食に招いてくれたひょうきん者のシャリフが腹部をピストルで撃たれ、一時は瀕死の状態に陥ったことだ。私はてっきり彼がホーン・ケーブルTVの記者だと思っていたが、実はアミソム所有のラジオ局の記者だった。それで、アル・シャバーブに狙われたのだった。アミソムが彼をナイロビの病院に運び、手術でなんとか一命をとりとめたものの、三カ月も入院したという。

ジャーナリストの状況が厳しくなる反面、南部ソマリア全体ではアル・シャバーブの勢力は確実に落ちてきていた。まだ全土の半分以上がアル・シャバーブ支配下にあるようだが、主要な町と道路の多くは政府軍とアミソム、あるいはケニアやエチオピアの軍がおさえているという。

モガディショの町も復興著しいようだ。ディアスポラが続々と帰国し、新しい店や会社がオープンし、経済は活況を呈しているという。

十一月に行くことをハムディに告げると、彼女は「今ならあなたもモガディショの外に出られると思う」と言った。

興奮した。いよいよ私の悲願の一つが叶うのだ。

ソマリランドでは、人間集団を構成する三大要素の一つと私が位置づけている「料理」を習いたいと思っていた。それも御馳走ではなく、家庭料理だ。

北部で料理教室、南部で土地を見る。

わざわざソマリまで行ってそれだけ？　と疑問を抱く向きもあるかもしれない。しかし、この二つはソマリの氏族社会以上に重要だ。文献資料をあたってもインターネットを駆使しても、ソマリの家庭料理や南部の土地の様子はいっこうにわからない。ある意味ではソマリアの内戦や海賊より「謎のベールに閉ざされている」のだ。

そして、もう報われるとか報われないとか考えまいと肝に銘じた。そんなことを考えるから妙な片想い感にとらわれるのだ。そうではなく、高くて難しい山に登るときのように、一歩ずつ淡々と足を前に運ぶのだ。

この年二回目、もはや「帰省」となったソマリランドと南部ソマリア行き。前回よりずっと穏やかな心持ちである。まさか、今度は「相手」が穏やかでなく、ストーカーとして待ち受けているなど知る由もない私だった。

1.新たな梁山泊

二〇一二年十一月。八カ月ぶりにソマリランドに戻った私を迎えたのは、四人揃って口にパクッと携帯電話を咥《くわ》えたイミグレーションの係官だった。しかも携帯電話はピカッと光を放っている。彼らの目は真剣だ。

あまりのアホ面に、私は危うくプッと噴き出すところだった。が、決してふざけているのではない。

首都ハルゲイサの空港が改築工事のため、今は北部の港町ベルベラの空港に全てのフライトが離着陸する。この空港は本来、旧ソマリアの諸都市を結ぶローカル線用なので、整備されていない。建物は倉庫のようで採光に乏しく、どうやら停電もしているらしい。あまりに暗いので係官はライト付きの携帯電話を用意したのだろう。口に咥えるという一見間抜けな方法も、両手できちんと仕事をしようという真面目さと合理主義の表れなのだ。その証拠に、彼らはテキパキとパスポートをチェックし、入国審査の書類に書き込みを行い、パンと入国の印を押すと、丁寧にこちらに差しだした。携帯を咥えたままで。

——ソマリランド、やっぱりいいなあ……。

思わず呟いた。他の国の入管係官は体面を気にしてこんなことはしないだろう。ソマリランドは常に現実を直視し、オリジナリティあふれる方策で数々の難関を乗り越えて、奇跡的な平和と民主主義を築いてきた。その一端を垣間見るようであった。

外では〝盟友〟ワイヤッブが出迎えてくれ、彼の用意した車でハルゲイサに向かった。ベルベラからは約百六十キロの道のりである。

〝世界で最も暑い町〟とも呼ばれるベルベラは十一月の「晩秋」にあっても気温は軽く三十五度以上ある。ひじょうに暑く雨が少ないため、街道の周囲はかぎりなく砂漠に近い土地だ。ポツリポツリと淋しげに生える灌木の合間にラクダの群れが見える。

初めてソマリランドに来たときには、ラクダを見ると興奮して写真を撮りまくったものだが、今はただ「なつかしい」と思うのみだ。ソマリランドは——もし国として認められているなら——国民一人当たりのラクダ所有数が世界一であり、同時に世界最大のラクダ輸出国だという説もある。

逆にいえば、それだけ過酷な土地だということだ。ほんとうに乾燥した土地では家畜はラクダしか生きられない。次にヤギ、そして牛は水が豊富な土地で初めて飼うことができる。ソマリ世界では、どの家畜がいるかでその土地の降雨量や環境、人々の暮らしぶりがわかる。

一時間ほど経つと、ゴリス山脈を越え、車は標高八百〜千メートルの高地に入っていく。標高が高い分、雨も降りやすくなるのか、植生は若干緑が濃くなる。ヤギの群れがどんどん増えていく——。

こんな描写をしてみたものの、実際に車中の私は風景をのんびり堪能していたわけではない。ワイヤップの機関銃のようなトークを一身に浴びていた。

新しく立ち上げた新聞社〈フバール（確信）〉は好調らしく、彼はご機嫌だった。カートをばりばり嚙みながら、ペットボトルを見せる。

「タカノ、見ろ。メイド・イン・ソマリランドのコーラだ！」

数カ月前、コカ・コーラ社がソマリランドでコーラの生産を始めた。世界的な大企業であるコカ・コーラ社が操業開始したということは、それだけ治安がよく政治が安定しているという意味だと解釈され、国際的にソマリランドのイメージはアップした。ワイヤップもそれを喜んでいるのだ。

「でも、なぜかソマリランドのコーラはキャップが黄色なんだよな。他の国のはみんな、赤なのにな」とワイヤップは言うので、私が答えた。

「それはソマリランドが国際的に認められてないからだろう」

「その通りだ！　ワハハハ」とワイヤップは爆笑し、でかい手のひらで私の手をぶっ叩いた。

「国際的に認められてない」とはソマリランド人の決まり文句だ。大統領や政府は、野党から政治や経済のマイナス面を指摘される度に「それはわが国が国際的に認められてないから」と答える。

政府ばかりではない。国民も毎日このセリフを繰り返すこと二十年、いまや定番のジョークに昇華した。

「どうしてうちの店は客が入らないんだ？」「どうして今年は雨が少ないんだ？」「どうしてうちの女房は文句ばっか言うんだ？」など、答えはみな「それはソマリランドが国際的に認められてないからだ」。

私のソマリランド的ジョークに笑いながら、ワイヤッブは訊いてきた。

「知ってるか、タカノ、今ソマリランドが国際的に認められたら、俺たちがいちばん困ることは何か」

「いや、知らない。何？」

「うまくいかないこと全ての言い訳がなくなっちまうことだ。ワハハハ」

私もドライバーも護衛の兵士も全員で爆笑。

こんな調子で話は続き、騒々しい連中を乗せた車は、騒々しい国際的未承認国家の首都に入っていった。

ハルゲイサは日進月歩の勢いで近代化が進んでいる。新しいビルが建ち、車は増え、そして前回まで私が定宿にしていた「ジルデ・ホテル」は、客数が激増し、まったく部屋がとれなくなっていた。他にも新しいホテルが次々にオープンしているのにだ。しかたなく、私もそういった新手のホテルの一つ、「ホテル・ビラール」に荷をほどいた。部屋は狭いが、驚いたことに、一階に大きなトレーニング・ジムがある。ランニング・マシンやウエイトのマシンが並び、日本のジムと変わりない。

このホテルのいいところは、トグデール通りにあることだ。中心部から少しはずれるため、必ずしも便利な場所ではないが、ワイヤップが行き付けにしているコーヒーショップ「サミラ」のすぐ裏であるし、彼の新聞社〈フバール〉のオフィスからも近く、私にはありがたかった。

新しい日課はホーン・ケーブルTVではなく、〈フバール〉を中心に回るようになった。

午前中はワイヤップと一緒に、あるいは一人で、取材に出かけたり、市場やネットカフェ、航空会社などを訪れたりして過ごす。昼は同じトグデール地区の定食屋でラクダ肉のぶっかけ飯を食う。ぐずぐずのバラ肉が肉汁と一緒にご飯にかかっているさまは日本の牛丼のようだが、ジャガイモやニンジンなどの野菜、カルダモンなどのスパイス、さらに生のシャキッとしたレタスにライムをぎゅっと搾れば、濃厚かつ爽やかな後味で、やみつきになる。腹がくちると、すぐ横の「サミラ」でコクのあるエチオピア式コーヒーを飲む（ワイヤップはたいてい自宅に帰るか他の店で食べる）。

一服すると、交差点の角にあるカートショップチェーン「ガーファネ」でカートを一束もらう。金は払わない。あとでワイヤッブがツケを払ってくれることになっている。

水とコーラを雑貨屋で買い込み、〈フバール〉のオフィスへ。

広い敷地に小さな家屋が建っている。早く行きすぎると、まだ床に前夜のカート屑やタバコの灰が散乱している。住み込みの管理人一家の女の子たちが木の枝を束ねた箒《ほうき》で掃除してくれるのを待たなければならない。

掃除が終わると、「編集室」に蓙《ござ》を敷いて座る。ここにはパソコンを置いたデスクが二つと、テレビが置かれている。テレビでは常に各局のニュースが流されている。無線ＬＡＮもつながっているが電波は弱い。ハルゲイサのネット環境は年々悪くなっている。爆発的に増えるユーザーにインフラが追いつかないのだ。

ワイヤッブがいれば彼と、いなければ他の人とあれこれ話をする。少しずつ人が集まってくる。ここのスタッフもいれば、単なる近所の人やスタッフの友だちも多い。仕事と関係のない人たち（近所の人や記者の友だちなど）は隣室にたむろしてバカ騒ぎする。

この新聞のオーナーはワイヤッブの友人でアロレという三十代の太った、声の大きい陽気な人物だが、たまにふらっとやってくると、私に「どうだ？　小さい目《インダ・ヤル》（東アジア人のこと）、元気か？　ウハハハ」と一方的に喋って笑って、あっという間にまたどこかに消えてしまう。

夕方、記者や編集者たちがオフィスに集まってくる。取材の結果を報告し、自ら記事を書く。ワイヤッブもこの時間帯はカートをむさぼる手を緩めて、壁にもたれたまま原稿を書き始める。プラスチックの紙ばさみを膝に載せ、A4のぺらんとした紙にボールペンで書き殴っていく。いったん仕事に取りかかると、彼は何か話しかけてもろくに返事をしなくなる。こういうときは「ワイヤッブも物書きなんだなあ」とつくづく思う。私も原稿に没頭すると周囲の音がまったく聞こえなくなるからだ。

私は編集主任であるハッサン・ケーフという若者と話をすることが多かった。フェイスブック中毒で、朝まで国内外のソマリの友人たちとチャットをしているため、昼はずっと寝ている。夕方やってきて、まずカートを食べる。そのとき私と話をするのだ。

七時か八時になると、彼も本腰を入れて仕事をしはじめる。ソマリランドのジャーナリストたちは著しく夜型で、他の記者連中もこの頃、同様に原稿に集中しはじめる。ふつうは仕事の邪魔にしかならないので、私はホテルに戻るのだが、何度かだらだらと夜中までいたことがある。

フバールは週三回発行のため、その前日は夜が更けるにつれ、緊迫したムードに包まれる。ボールペンが走るカリカリという音、パソコンのキーを叩くカタカタという音が響く。唯一、ケイシという人だけが手持ちぶさたにぼんやりしている。

訊いてみたら、「俺はレイアウト担当なんだよ。みんな記事をなかなか書かないから、俺は全然仕事に取りかかれない」とぼやいた。

ワイヤップやハッサン・ケーフも言う。

「印刷所は午前二時までに絶対版下を入稿しろっていうんだけど、滅多に間に合わないんだ。印刷所の人たちに『あとちょっと待って、もうちょっとだから』って毎日のように言ってるんだ」

まるで日本の雑誌編集部のようである。そして、ずいぶんラフに作られてはいるものの、フバールは売り上げを伸ばしているのである。

ところで、〈フバール〉はどんな報道をしているのか。

一言でいえば「政府批判」である。

「替天行道」のワイヤップが首領なのだからどうしてもそうなる。梁山泊化する。

正直言って私は政治にはあまり興味が持てない。どういう政治家がどんな主張をしているとか、でも実際にはこんなことをやっていて、こんなコネクションがあるとか、こんな利権があり、与党の某《なにがし》と野党の某は一見思想的に相容れないが実は裏でつながっていて……という類の話は、それが日本であってもソマリランドであっても、どうも関心が湧かない。自分の目で確かめられないからかもしれない。

ゆえに、ワイヤップの熱く語る政治話も耳を素通りしがちだが、大統領の側近グループが政治を壟断しているという話はあまりに何度も聞くので嫌でも覚えてしまった。

き捨てる。「あいつらは昔の中国のシャンハイ・ギャング（四人組）と同じだ」とワイヤッブは吐

現職の第四代大統領シランヨは元ゲリラのリーダーで、国中で広く尊敬される人物だ。ワイヤッブも思想信条こそちがうもののシランヨには敬意を払っている。ところが、現在七十五歳くらいの大統領は、ろくに記者会見を行わない。外国人の記者には絶対に会わない（私もインタビューを断られている）。公の場に出ても、用意された文面を十分ほど読み上げておしまい。かつては演説を始めると二時間も三時間も止まらなかったというから、その激変ぶりは普通でない。

「どうもアルツハイマーか何からしい。ものが覚えられないみたいなんだ」とワイヤッブは言う。

もしそうなら、大統領職はつとまらない。ソマリランドは民主国家だから、大統領が辞任すれば選挙になる。与党が勝つ保証はなく、勝ったとしてもシランヨの周囲の人間は権力を失う。だから側近が大統領の病状を隠す。他の人間に極力会わせないようにする。大統領が行う政治判断も実は側近が行っている——。

というのがワイヤッブの分析だ（政権支持者はこれを否定している）。

主な側近は四人。ヘルシという名のまだ四十代の〝大統領府大臣〟（シランヨ大統領がヘルシのために作ったスペシャルなポストで、「こんな大臣はどこの国にもない」と反政権の人たちは批判している）、シランヨの第二夫人、それにもう二人。全員がシラ

ンヨと同じ氏族の人間だ。

中でもヘルシ大臣は金満石油国家カタールが援助する国家事業で巨額の賄賂《わいろ》を受け取っていると告発されたり、イスラム過激派アル・シャバーブと関係をもっていると隣国エチオピア政府に名指しで指摘されるなど、ソマリランド政治の黒幕的な存在になりつつあるらしい。

私が訪れる直前、ホーンケーブルTVが政府から弾圧された〝事件〟があったが、あれも原因はこのヘルシ大臣だった。政府が外国企業と提携する場合、大統領の署名が必要だと法律で定められているのに、オーストラリアの企業と提携する際、ヘルシ大臣だけが署名して済ませてしまったという。もちろん、ヘルシ大臣の独断専行であろう。ワイヤッブはこれを厳しく糾弾したあげく、局長の職を失うはめになってしまったのだ。

いまやワイヤッブの〝宿敵〟とも言える権力者、ヘルシとは一体何者か。訊けば、もともと送金会社ダハブシルの子会社の従業員にすぎなかったのが、若くしてシランヨの秘書や選挙参謀をつとめ、いつの間にかソマリランドの政治を左右する立場にまで上りつめてしまったという。

「なんで、あんな奴が……」とワイヤッブが吐き捨てるのも無理はない。

政治には興味がないものの、このような現象はおもしろいと私は思った。第一世代はライバルたちを倒して自力で権力を勝ち取り、第二世代は権力者の内側に入ることでのし上がっていくというパターンは古今東西で見られるからだ。

ワイヤップが喩《たと》えにあげた「上海四人組《シャンハイ・ギャング》」は毛沢東に取り入って権力を掌握した。ビルマ（現ミャンマー）では軍事独裁政権を確立させたネ・ウィンの後、その秘書だったキン・ニュンがネ・ウィンの威光と軍の情報部を利用して権力を得た（後に失脚するが）。

ソマリランドも建国から早二十年。それまで権力者といえば、元ゲリラのリーダーや著名な軍人、旧ソマリア独裁政権時代の大臣やエリート官僚、海外で成功した企業家、氏族の大立者《おおだてもの》など、いいか悪いかは別として有名人であり大物だった。

それが今や、公式には大した実績もない切れ者の若い実務家（ワイヤップなどの反対派からすれば、「ずる賢いハイエナみたいなやつ」）が権力を握ろうとしている。ソマリランドの政治もまさに「第二世代」に入ったという趣がある。

「日本でも四百年くらい前、同じような人物がいたよ」

ワイヤップに石田三成の話をした。大将軍のお付きの小姓《ボーイ》がのし上がり、ベテランの将軍たちと対立。しまいには日本史上最大の内戦を引き起こした……。

「いや、それはわが国でも起こりうるよ！　そのボーイのことをもっと教えてくれ。記事にしたい」

面白いネタ、ゲット！　というジャーナリストの魂が彼の瞳の中でギラギラ燃えていた。

そこで三成の有名な故事「三服の水」について話した。

夏の暑い日、秀吉が鷹狩《たかが》りに行った帰り、ある寺に立ち寄った。三成少年が出てきて、秀吉にまず熱い湯を差し出した。秀吉がそれを飲み干すと、三成は今度はぬるい湯を出した。そして、最後には井戸の冷えた水を出した。秀吉にワケを訊かれた三成は「暑い日に急に冷たい水を飲むと体によくない。だから熱い湯から徐々に冷たくしていったのです」と答えた。感心した秀吉は三成を小姓に引き立てた――。

実はこれ、私の勘違いで本当は「三服の茶」もしくは「三献茶」。最初はぬるい茶、次にやや熱い茶、最後に熱い茶を出したのだった。でもどうせ伝説だろうし、結果的にこの方がソマリ人にはよくわかるはずだから、別によしとしよう。

「ほう……」と面白そうにメモを取りながら聞いていたワイヤッブだが、最後までいくと、うーむと首を傾《かし》げた。私も同時に首を傾げていた。なぜなら、これは三成は賢い人だったという逸話であり、ヘルシ大臣批判にそぐわないからだ。三成の小賢《こざか》しいところや独断的なやり方を話せばよかったのに。政治に疎い私はどうもこの辺の勘が鈍いのである。

だが、ワイヤッブは超速の頭脳をフル回転させ、次の瞬間ニカッとした。

「最初の、大将軍のボーイが大戦争を引き起こしたというのと、その水の話は別々に使ったほうがいいな。これでコラムが二本書けるよ」

このように少々豪快すぎるきらいはあるが、間違いなくワイヤッブはやり手のジャーナリストであり、こうして〈フバール〉は読者から人気を博しているのである。

2. 針の筵《むしろ》が待っていた！

通りでは黄と緑に塗られたバスが走っている。黄色と緑の帽子やTシャツを着た子供や若者が窓から手を振っている。町のあちこちでも、黄色と緑のテントや横断幕が張られている。

一体何の祭りだろうかと訝《いぶか》しんでいると、「今日はクルミエ（統一党）の日だ」とワイヤッブが言った。

ちょうど日本で衆院選が迫っていた頃、ソマリランドでも選挙運動が真っ盛りであった。

何につけても独自路線を好むソマリランドでは、選挙も極めて独特だ。まず、政党ごとに宣伝活動ができる日が決められている。

日本でいえば、選挙運動が始まって最初の日は自民党だけ、次の日は民主党、その次は公明党……というように決まっているのだ。同時にいくつもの政党が宣伝活動を行うと、音がうるさいし、ケンカやいざこざが起こりやすい。また選挙活動の人を動員する際、毎日だと動員するほうもされるほうも負担が大きいなどの理由で、「日替わり選挙活動」が義務づけられている。だから、この日は黄と緑をイメージカラーにしたクルミエ（統一党）が町を〝占拠〟しているのだ。

選挙システムもユニークだ。今は地方議会の選挙と同時に「政党の選挙」が行われている。

ソマリランドの憲法では「政党は三つまで」と定められている。これは旧ソマリアの民主政権時代、北部（ソマリランド）では選挙の度に政党が五十以上も乱立したことへの反省からきているという。

政党の乱立は、国民の混乱を招くだけではない。それらの政党はいずれも氏族ごとに作られた。現在、ソマリランドの政治は「いかにして氏族の影響を排除するか」を大きなテーマに掲げている。政党も「多数の氏族の支持を得なければならない」とされる。

この国の指導者たちは知恵を絞った。その一つの結果が「政党の数を三つに絞る」という奇策だ。三つしかなければ、氏族ごとに固まることは難しい。

そして、国民がその三つの政党を選んで決めるのである。

立候補した多くの政党の中から国民が自分の支持する政党を選んで投票する。比例代表制の選挙と見かけは似ている。そして上位三位までの政党が「公認政党」となる。四位以下の政党は解散を命じられ、それらに所属していた政治家たちは三つの公認政党のいずれかに移らなければいけないというから過激だ。

公認政党の「任期」は十年。十年が過ぎると、また一から選挙をやって公認政党を決める。

実際には、十年前に複数政党制に移行したとき選挙はなかったので（政党が三つ作られた時点でそれ以上の政党設立を認めなかった)、今回が初の公認政党選挙である。

今までは前政権の与党で今は第一野党であるUDUB(ウドゥッブ=統一民主人民党)、現政権の与党であるクルミエ(統一党)、そして常に第二野党だったUCID(ウイッド=公正福祉党)の三党という構成だったが、これらの三党と、新たに作られた政党とが全く同じ土俵で勝負することになる。

ところが、選挙に登録された政党名を見ていて、驚いた。

前政権の与党であり、現在第一野党であるはずのUDUBの名前がないのだ。

「UDUBはどうしたの!?」

「分裂して消滅した」ワイヤッブは憮然《ぶぜん》とした顔で答えた。

UDUBはソマリランドで最初に誕生した政党であり、十年近く与党として政権を担っていた。いわば絶対的な存在だ。それが一昨年(二〇一〇年)の大統領選で野党であるクルミエに敗れてから、結束が崩れ、ついに崩壊してしまったというのだ。

旧UDUBの議員たちは他の政党に移った。現政権与党であるクルミエやナンバー3のUCIDに移った者もいるが、いちばん多くは新政党である「ワッダニ」に参加したという。

ワッダニとは英語の「ナショナリスト」の意味である。日本語にはナショナリストに相当する言葉がないので訳しづらいが、「全国党」「愛国党」あたりか。ワッダニはときにソマリ世界そのもののことも指すので、「全ソマリ党」「ソマリ民族党」と訳しても間違いではない。

一見、愛国主義政党のように見えるが、実はイスラム色の強い政党だという。

「今の情勢からいけば、ワッダニがベスト3入りするのは間違いない。一位は難しくても、二位になる可能性は十分あるだろう」

そう説明するワイヤッブの口調は苦々しい。

ワイヤッブは「ジャーナリストは公平でなければいけない」と主張しつつ、実際にはUDUBに肩入れしていたからであり、世俗派のインテリとして宗教色の強いものは嫌いだからでもある。

イスラムの世界で「世俗派」と言えば、政治や生活、文化を宗教となるべく切り離して考える国や人のことを指す。宗教はあくまで個人の問題であり国家や社会が強制すべきではないとするリベラルな立場だ。

ソマリランドは年々、着実に経済発展しているいっぽうで、同じくらい確実にイスラム色が強まっている。

町の真ん中に大きなモスクができたが、「サウジアラビアのワッハーブ派のものだ」という。メッカの方向から見てミナレット（尖塔《せんとう》）が後方に置かれるのがワッハーブの様式だそうだ。ワッハーブはイスラムで最も厳格な宗派であり、サウジアラビアはワッハーブを「国教」と定めている。オサマ・ビン・ラディン以下アル・カイダやアル・シャバーブなどの過激派もたいていワッハーブから強い影響を受けているし、ワッハーブ系の個人や組織から資金援助を受けているとされる。

また、ワッハーブ国家ではないものの、やはりイスラム厳格派国家を標榜し、世界各地のイスラム厳格主義を支援しているのがカタールだ。サウジアラビア同様、オイルマネーで潤っているだけあり、影響力は計り知れない。

「今日、有力なイスラム団体がテレビで『ソマリランドでも結婚式は男女別々にすべき』と主張していた」とワイヤッブが憂鬱な口調で言っていたこともある。

ソマリランドは伝統的に男女一緒に歌って踊るという、楽しく華やかな結婚式をするのだが、それを湾岸諸国のイスラム厳格派を見習って別々にすべしと言うイスラム法学者が出てきたというのだ。

女性の服装も変わってきた。

三年前に初めて来たときはめったに見なかったが、今では顔を隠す黒のベールをつけている女性が増えている。印象的なのはそういう女性がちっとも禁欲的でないことだ。いかにも上等な布をまとい、高そうなアクセサリーやバッグを身につけている。一言でいえば、金持ちっぽい。

宗教色の強さ＝金持ちっぽい＝お洒落という等式で結ばれている感さえある。宗教と言えば、禁欲的でファッション的に冴《さ》えないという私の先入観を裏切っている。

それもこれも、イスラム厳格主義が金持ちのサウジアラビアやカタールといった湾岸諸国からもたらされているからであろう。

今ではイスラム厳格派に与《くみ》すれば、ビジネスでも何でも有利に働く。彼らは金持ちでお洒落だから、若者や女性も憧れる。

それが政治にも及んでいることをひしひしと感じる。ワイヤッブのような世俗的なインテリはとかく理想主義的であり、ちょっとした意見の相違から仲違《なかたが》いしやすい。選挙には弱い。

いっぽう、どこの国でも——日本でも欧米でも——宗教は選挙に強い。資金が豊富で組織票を手堅くまとめる。だから、中東・アフリカ世界では、民主化するとイスラム厳格派が選挙に勝ち政権を奪取してしまうケースが多く見られる。政教分離を国是とし世俗国家の代表とされるトルコも今はイスラム政党が政権を握っているし、エジプトもムバラクの独裁体制が倒れたら、やはりイスラム厳格派のムスリム同胞団が勝ってしまった。

ちなみに、宗教による個人の規制を嫌う世俗派は本来「民主的」なはずなのに、民主的な選挙に勝てないので、イスラム厳格派の政府に反対する街頭デモを行う。そして、政府がデモを弾圧し、問題になる。トルコでは五輪問題がきっかけで、反イスラム厳格派のデモ弾圧が発生し、二〇二〇年夏季五輪開催国争いにおいてイスタンブールが東京に負ける大きな要因となった。

また、エジプトでは軍が介入し、ムスリム同胞団を非合法化してしまった。民主的なはずの世俗派が非民主的な軍と結託し、民主的な手続きを経て政権を握ったイスラム厳格派を弾圧してしまったのだ。

日本では多くの人が漠然と、「イスラム厳格派＝非民主的」と思っている。間違いではないが、イスラム厳格派は選挙に強く、民主主義になると有利というのも事実なのだ。

ソマリ世界でもそうだ。南部ソマリアでは二〇一二年八月に暫定政権の統治期間が終了、いよいよ二十一年ぶりに正式な政府が誕生することになった。九月に初代大統領を決める選挙が行われた。国内はまだ政府の手が半分も及んでいないので、国会議員による投票である。並み居る有力候補を押しのけ当選したのはハッサン・シェイク・モハムドという〝大穴〟だった。ハッサンが勝利したのはカタールの資金援助があったためと噂されている。

ソマリランドでも同じ風が吹いている。私にとって幸いなのは、ワイヤッブだけでなく、ジャーナリストが一般的に世俗派であり、イスラム厳格派を快く思っていないことだ。

なんといっても、ソマリのジャーナリストは「ブンヤ」だ。ヤクザな稼業だ。時間通りにお祈りする人はめったにいないし、カートやタバコといった敬虔なムスリムが顔をしかめるような刺激物を大量に摂取しながら、家庭を顧みず、長時間不規則に働く。

特に選挙運動真っ盛りのこの時期、ジャーナリストたちのタバコとカートと労働の量は増える。マスコミのかき入れ時だからだ。

それが一つの理由となって、私はハルゲイサに帰ったものの、ホーン・ケーブルTV

に行くのを遠慮していた。ワイヤップブは辞めてしまったし、スタッフたちは忙しいに決まっているからだ。

でも、以前、家に招いてくれたマイク・タイソン似の編集主任、アイダルースはまだ在籍しており、私もまだ自分で番組を作りホーン・ケーブルTVで放映するという夢を諦めていなかった。

「一度くらい、挨拶に行ってこいよ。友だちなんだから」と言ったのはワイヤップブだった。彼はオーナーと喧嘩《けんか》しただけで、元部下たちとはまだ良い関係を保っているらしい。

彼がそう言うなら、顔を見せに行こうと思った。

ただ、今回は何も土産を持っていない。手ぶらで行くのは恥ずかしい。

「何を持って行ったらいいかな」

「そりゃ、カートだろう」元局長はかつての自分の城への哀愁は微塵もないらしく、実にあっさり答えた。

そうだよな、彼らは本当にカート好きだからな。特にアイダルースは毎日二分の一キロ、多いときには一キロの葉っぱを消費するヘビーユーザーだ。

彼らはカートと同じくらいタバコも好きだ。こちらはイスタンブールで買い込んだマイルドセブンを二カートン用意している。

私はカートを一キロ分買い込んだ。巨大な花束のように抱えてホーン・ケーブルTVの本局へ入っていった。

「タカノ！　帰ってきたのか！」とあちこちから声がかかる。私はカート束を振り回しながら挨拶し、二階の編集室にあがっていった。

入口に靴が散乱し、床にはランニングシャツ姿の男どもが座り、部屋はタバコの煙でもうもうとしている——と思った。

ところがである。

入口には靴は一足もなかった。そしてドアを開けると、デスクと椅子が整然と並ぶオフィスが出現した。

何だ、これは⁉

まるで日本のオフィスのようだ。ランニング姿の者はいない。誰もがシャツをきちんと着て、パソコンに向かっている。

「おー、タカノ‼」

アイダルースが満面に笑みを浮かべて飛んできた。新婚生活のせいだろう、彼は引退後のマイク・タイソンのように異常に筋肉質のまま腹がパンパンに出ていた。私は彼と抱擁を交わしたが、目を丸くしたままだった。

「一体どうしたんだ？　前と全然ちがうじゃないか」

「そうなんだ。今のオフィスはソマリ式じゃない。アメリカ式、いや日本式だろ？」

私は混乱して曖昧な笑みを浮かべた。とりあえず土産のカートを差しだした。

「ほら、見ろよ、君たちへのプレゼントだ」

一キロ分のカート。毎日この四分の一から半分を食べる

今度はアイダルースが妙にぎこちない笑いを浮かべた。私は自分の分をとり、残りを彼にわたした。

そのとき、私はスタッフが見たことのない人ばかりであるのに気づいた。知っている人は半分もいない。オフィスの近代化にともない、スタッフも大幅に入れ替えたらしい。ホーン・ケーブルTVも近代化しているのかもしれない。目まぐるしく変化するソマリランドのことだ。今までは元結婚式のビデオ係とか、現場からたたき上げの人間が多かったが、大卒者を増やした可能性もある。

しかし、問題はそれではなかった。私は所在なく突っ立ったままだ。みんなが床にべったり座っていたときは空いているスペースに適当に腰を下ろせばよかったが、今ではそんな場所はない。

アイダルースはすぐに察し、入口付近に積まれた段ボールをどけて場所を作り、茣を敷いて、私を座らせた。自分もノートパソコンを持ってきて隣に席を作った。

ホッとして腰を下ろす。彼は残りのカートを下にもっていった。

アイダルースが帰って来ないので、私は一人でカートを食べはじめた。他の人たちがデスクについて仕事をしているので、一人ポツンと茣に座っていると、異世界に迷い込んでしまったような錯覚に陥った。

きっと被害妄想だろう。そう思い、妄想払拭のためせっせとカートを食べていた私だが、食べはじめて十分ほどして、オフィスの近代化や人の入れ替え以上の変化に気づいた。

「誰もカートを食ってないじゃないか!!」

葉っぱは影も形もない。それどころか、タバコを吸っている者も一人もいない。どうなっているのだ、一体。ほんとうに異世界、それもパラレルワールドに来てしまったようだ。心許《こころもと》なさのあまり、さらに激しくカートをむさぼった。

二十分以上たって、やっとアイダルースが帰ってきた。気のせいでなく、彼は明らかにひきつった笑みを浮かべている。

「おい、アイダルース、誰もカートを食べてないじゃないか。どういうことだ？」

「タカノ、ホーン・ケーブルTVでは仕事中にカートを食べるのが禁止になったんだ。俺も今では全然やってない。タバコも禁止だ。でも、友《サーヒーブ》よ、気にするな。今日は特別だ。カートもタバコもオーケーだ！」

唖然《あぜん》としてしまった。アイダルースは私の隣に腰を下ろしたものの、カートの葉っぱは形だけ口をつけるくらいで、あとはひっきりなしに他のスタッフと相談しながら編集作業に没頭していた。というより、私と言葉を交わしたくないがゆえに、没頭するふりをしていた。

部屋には冷やかな空気が流れていた。他のスタッフは誰もこちらに声をかけてこない。ちらっ、ちらっと異物を見るような視線を向けてくるだけだ。

もし、日本の普通のオフィスに外国人が突然缶ビールのケースを持って現れ、蓙に座って一杯やり始めたら、従業員の人たちは何と思うだろうか。私がやっていることはまさにそれだった。

「みんな、忙しそうだね。俺は帰ったほうがいいな」アイダルースに声をかけ、立ち上がりかけた。すると、彼は慌てた口調で「ちょっと待て、大丈夫だ！」と言うと、ゴリラのような握力で私の腕を掴み、蓙に引きずり下ろした。

「いいか、絶対帰るなよ！」

むうう、参った。アイダルースは私に気を遣っているのだ。最初からカートが禁止になったと言えば済んだのに、私が喜色満面にカートをお土産にもってきたものだから、言えなかった。そして、無理やり私の席を作った。

今もそうだ。私をここで帰らせたら、私に申し訳ないと思っている。もっと言えば、ゲストを大切にするソマリ人にとって、客を追い返すような行動は最大級の「恥」なのである。

私としても友だちに恥はかかせられない。しかたなく、座り直した。何もすることはないから、ひたすらカートをかじった。そして、ハイな気分になろうとした。

だが、この日ばかりはいくら食べてもカートは全く効かなかった。体がどんどん冷えていき、胸が重苦しい何かでいっぱいになっていく。一人、ポツネンと蓙の上に座り続けるのみ。恥ずかしい。辛い。いたたまれない……。

「針の筵」とはこのことだ。

たまに、ポツポツと前からの知り合いであるスタッフが来る度に痛みは強まる。彼らは私とカートを見るなり、口をポカンと開け、一瞬言葉を失うからだ。そして、作り笑いをして、「タカノ、帰ってきたのか」とか「タカノ、カートを食ってるのか？　気持ちいいか？」などと訊く。

私はそのまま延々と放置された。アイダルースが自分の仕事を終え、相手をしてくれたのは三時間も経ってからだった。私は「日本で番組を作りたいんだよ」と前からの望みを相談したのだが、言うだけ無駄だとわかっていた。

小指の先ほども酔わないまま、日が暮れてから局をあとにした。とてもこのまま一人でホテルに帰る気分ではない。カートを買い直して、〈フバール〉に足を運んだ。

〈フバール〉のオフィスはいつものようにタバコの煙が立ちこめ、カートの葉が床に散乱し、わめき声が聞こえた。大丈夫、ここは元の世界だ。私は心底安堵した。ワイヤッブが長い足を投げ出し、原稿を書いていた。私はホーン・ケーブルＴＶでのことを告げた。

「本当か！」彼は驚きの声をあげたあと、「うーん」とか「そういうことか」と何か呟いた。

「タカノ、そう言えば、俺は話を聞いてたんだよ」と彼はため息まじりに言った。「ホーン・ケーブルＴＶにイスラム厳格派のスポンサーがついたって」

「厳格派のスポンサー!?」

ホーン・ケーブルTVは経営が苦しい。だから政府と手を組んで、ワイヤッブを追い出した。そこまでは承知していたが、続きがあったらしい。マネージャー（組織のナンバー2）の男がもともとイスラム厳格派寄りだった。彼はサウジかカタールの宗教団体だか信仰の篤《あつ》いビジネスマンだかにうまく取り入り、資金援助を頼んだらしい。

「厳格派がスポンサーについた以上、オフィスでカートやタバコをやるのはまずいって判断したんだろうな……」とワイヤッブは淡々と言った。

今度こそ、私はホーン・ケーブルTVに自分の居場所を失ったのを悟った。

ソマリランドは日々、イスラム化への傾斜を深めている。南部ソマリアのように、イスラム厳格派が武力で支配を強めるなら、周辺諸国や欧米が黙っていない。だが、「民主的に」勢力を伸ばすと、止めることは難しい。そして、私ももろにその影響を被ったのだった。

3.父の仇《かたき》の娘を嫁にもらった男

宗教が比較的最近の問題だとすれば、大昔からソマリランドの問題となっているものが氏族だ。

ソマリ人の氏族へのこだわりは病気と言うほかない。同じ氏族の人間しか信用しない、氏族で人を判断する、別に理由もなく誰がどこの氏族か知りたがる……一言でいえば

「氏族依存症」だ。

かく言う私もソマリにのめり込むあまり、完全にこの病気に罹患《りかん》してしまった。症状に気づいたのは、二〇一二年のロンドン五輪でモハメド・ファラーが五千メートルと一万メートルの二種目で金メダルを獲得したときだった。彼はイギリス国籍だが、生粋《きっすい》のソマリ人だとソマリ語ニュースで報道されていた。ソマリ人の間では通称「モ・ファラー」。

私は長らく、ソマリ人は反射神経と度胸に優れるから走り高跳びや短距離走には向いているけど、我慢を必要とする中長距離は無理だろうと思いこんでいた。それだけに世界の長距離をソマリ人が制したことに仰天した。

だが、問題はそのあとである。「このソマリ人、すごい！」と思った次の瞬間、私はこう自問した。「どこの氏族だろう？」

ソマリ人はふだん、初対面の人にいきなり氏族を訊いたりしない。日本でいきなり相手に学歴を訊くのと同じくらい不躾《ぶしつけ》だ。

知り合いでも氏族を知らない場合はある。でも、なにか話題になると別だ。例えば、モ・ファラーのようにすごく成功した人が話題になったとき、「どこの氏族？」と知りたがる。逆に、「カネを持ち逃げされた」というような話を聞いたときも、ソマリ人がまず訊くのは「そいつはどこの氏族だ？」。

私が誰かにインタビューする場合も「どこの氏族？」と訊くし、その前にワイヤップか誰かが「彼は××だ」と氏族名を教えてくれる。

氏族を知ったからといって、たいがいは別にどうってことはない。モ・ファラーがどの氏族であっても、その栄誉が変わるわけではない。インタビュー相手の氏族によって私が態度を変えることもない。

でも、知りたい。知らずにはおれないというのがソマリ人の病である。

私も立派な氏族依存症患者になったことを自覚したのだった。

そのようなわけで、今回ハルゲイサでワイヤップに会うなり、「モ・ファラーはどこの氏族？」と訊いたところ、「サアド・ムセだ！」と胸を張った。彼の氏族だったのだ。出身地も同じガビレイという町。「俺は彼のお母さんも知ってる。今もガビレイに住んでるから、早速インタビューしたよ」と実に嬉しそうだ。

まあ、モ・ファラーのようなスポーツの英雄に関してはどこの氏族であっても別に害はないが、そうでないときもある。

私はハルゲイサに着いてから、南部ソマリアのモガディショにいるハムディやザクリヤと電話で連絡をとっていた。ソマリランドのあと、モガディショへ移動する予定だったので、ビザや空港への出迎え、ホテルの予約、護衛の兵士や車の準備などを頼んでいたのだ。

面倒なのはギョロ目のザクリヤだ。トルコ経由で亡命を目論《もくろ》んでいた彼だが、それに失敗した模様で、前にもましてやさぐれていた。「ノートパソコンがほしい。一台くれ」とか「カネをもってこい」と電話口でわめく。

たいてい電話をするのは〈フバール〉のオフィスでカート宴会をやっているときだから、電話を切り、「困ったモンだよ」と近くにいた人にこぼしたら、「そいつはどこの氏族だ？」と訊かれた。

「オガデンだけど」

「なら、心配するな。モガディショではオガデンに力はない」

一瞬キョトンとしてしまったが、すぐにわかった。ソマリ人がまず心配するのは、トラブルによる暴力沙汰だ。モガディショは無法地帯なのでなおさらである。だからその人は私のトラブル相手の氏族を訊いたうえで、オガデン分家はモガディショでは弱小氏族だから、「危害は及ぼさない」と判断したのである。もし、ザクリヤが軍事力の強いハバル・ギディル分家だったら、それも超武闘派のアイル分分家だったら、「モガディショに行くな」と言われたかもしれない。

ザクリヤに同情せざるをえない。彼がやさぐれるのも、弱小氏族に属し、身辺が安全でないからなのだ。

氏族。いつも氏族の話だ。自分も患者であるとはいえ、本当にこれでいいのだろうかとときどき真剣に思う。

ソマリランドは、たしかに氏族の力で内戦を終結させ、民主国家を樹立することに成功した。

選挙という民主主義政治にわりあい簡単に移行できたのも氏族制度のおかげだ。

ソマリ人はよく「ラーン・デール（長い枝）」「ラーン・ガーブ（短い枝）」という言い方をする。枝分かれが多い氏族は家系図にすれば枝が長く伸びた形になる。だから「長い枝」というのだが、こういう氏族は当然、人数が多い。重火器のなかった昔、戦争をするとき、強いのは数が多い方だったから、「長い枝＝強い」「短い枝＝弱い」と認識された。

現代の選挙も原理は同じだ。人数が多い方が勝つ。ソマリ人にはひじょうに納得しやすいのだ。ただ、かならずしも長い枝が勝つとはかぎらない。第二、第三グループが結束し、第一グループを上回ることもある。第一グループが分裂することもある。

そういう多数派工作もソマリ人が昔からやってきたことである。実際、ソマリランドで最も数が多いハバル・ユニス分家は民主化されてからまだ大統領を輩出していない。政党内での多数派工作に負けているのだ。

にしても、各人が所属する氏族を「強い」とか「弱い」と呼ぶのはいかがなものか。〈フバール〉のオフィスで、編集主任のハッサン・ケーフと話しているとき、スタッフの氏族をいろいろ訊いた。ここのオフィスはオーナー（アロレ）と主筆（ワイヤップ）がサアド・ムセ分分家だから、スタッフもサアド・ムセが多い。ただ、そうでない人ももちろんいる。ハッサン・ケーフは「イダガレ（ミミズ）」という変な名前の分家だし、レイアウト担当のケイシはトゥージャレという分家とのことだった。

「トゥージャレ？　それは『短い枝』だね」と私が言うと、ハッサン・ケーフは目を丸くして飛び上がった。思わず口をおさえ、おそるおそる後ろを振り向いた。ケイシが後ろで仕事をしていたのだ。聞いてなかったのかそのふりをしたのか、反応はなかったが。

このやりとりで、「短い枝」と呼ぶこと自体が侮辱なのだと知った。本人がいないところでは、みんな、しょっちゅう言っているので、そんなに悪い言葉だとは露ほども思わなかった。

ソマリランドの新聞の見出しを飾っている政治事件も氏族がらみが少なくない。ワイヤッブとモハメド・ファラーの出身地ガビレイは、シランヨが大統領になってから、最も政府に反発する人が多い。抗議運動もしょっちゅう行われている。どうしてだろうと思ったら、シランヨ政権がサアド・ムセ分分家の政治家を重用しない、あるいは無下に扱っているように見えるからだった。

ソマリランドでは政治から氏族を排除するように仕組まれており、政党は氏族単位ではない。だが政党内の派閥はことごとく氏族単位なのだ。昔の自民党の派閥と同じように、大臣のポストも派閥バランスに応じて配分される。サアド・ムセ分分家は有力氏族なので、慣習的に財務大臣や外務大臣など重要なポストが与えられてきたのだが、新政権になってからはそれがなくなったうえ、サアド・ムセの大臣がちょっとした理由で罷免されたという事件が二回連続で起き、サアド・ムセ分分家の人々は怒り狂っているのだった。政権も妥協したのか、軍の総司令官にサアド・ムセの将軍を据えたが、今度はその将軍が大統領と対立して辞任。サアド・ムセ分分家の怒りを再燃させた。

実際のところ、政党が氏族単位でなくても、選挙は氏族単位である。〈フバール〉のオーナーであるアロレも今回、マローディ・ジェーフ州（実質、ハルゲイサ市のこと）の州議会選挙に立候補している。彼は能天気なように見えて、実はNGOなどを主宰し、失業した若者を救済する策をいろいろ考え、とても人望があるのだとワイヤッブは説明した。

「だって、他の氏族の若者も彼の選挙運動を手伝ってるんだ。すごいだろ？」と言うので、私は「うひゃー」と内心叫んでしまった。それが「すごい」ということが私にとっては「すごい」。選挙では自分の氏族の人間しか応援しないのがここでは当たり前なのだ。

もっとすごい話もある。

ソマリ世界最大の問題はなんといっても、イスラム過激派のアル・シャバーブだ。モガディショから駆逐され、次第に勢力は弱まっているものの、いまだに南部ソマリアの半分はアル・シャバーブ支配下にあると言われる。また、居場所を失ったアル・シャバーブの一部はプントランドに侵入し、現地の一部の氏族と手を結び、プントランド政府軍と戦闘を始めている。

ソマリランドでは二〇〇八年にＵＮＤＰ（国連開発計画）事務所でアル・シャバーブによる爆弾テロが起きて以降、彼らが力を及ぼす気配はない。それでも当局が最も警戒するのはアル・シャバーブだ。

ソマリランド人がアル・シャバーブをひじょうに警戒する理由はそれだけではない。アル・シャバーブのリーダーはムクタル・アブ・ズバイル、通称〝ゴダネ〟という。米タイム誌が「世界で最も影響力のある百人」の一人として選んだこともあるこの超有名人は、ハルゲイサ出身のソマリランド人なのだ。

もともとアラビア半島に近いソマリランドの方が南部ソマリアより信仰に厳格な人が多い。イスラム厳格派に傾倒する素地がある。南部でアル・シャバーブが活性化したのは、単に北部は秩序が安定しており、南部は不安定だという理由による。

ゴダネの所在は常に不明だ。もしわかれば、米軍がただちに殺害しようとするだろう。ソマリランド政府も、もしゴダネの身柄を拘束すれば、裁判にかけるはずだ。そしてテロ事件の主犯として死刑判決が出る可能性大である。ソマリランド人の圧倒的多数はアル・シャバーブを忌み嫌っているから当然でもある。

ところが、カート宴会での噂では、ゴダネはちょくちょくハルゲイサを訪れているという。

ある人は言う。

「だって、ゴダネにはハルゲイサに嫁がいるんだ。で、その嫁が毎年、子供を産んでるんだぞ。ゴダネが帰って来てるって考えるしかないじゃないか」

嫁本人は「ドバイやカタールでゴダネに会っている」と主張しているらしいのだが。

別の人も声をひそめて言う。

「ゴダネの氏族はアラブ（分家）だ。アラブの連中がゴダネを匿《かくま》ってるんじゃないか」

〝国家最大の脅威〟として国民が一致して考えているアル・シャバーブのボスを、氏族が匿う。あるいは、そうであっても不思議でないと他の氏族が考える。言っておくがアラブ分家も「長い枝」つまり有力氏族であり、ソマリランド共和国の主力である。（ゴダネは二〇一四年九月一日、モガディショの近郊で米軍の攻撃により死亡）

こうなると、氏族は単にトラブルの種でしかない。

氏族の問題は他にも枚挙にいとまがない。ソマリランド東部に「カートゥモ国」を作った（と称する）ダロッド氏族に対するイサック氏族の憎しみもそうである。

この前も、私たちが車で街中を移動しているとき、前から来た車と衝突しそうになり、激しい言い争いになった。ワイヤップやその友だちは相手のドライバーや仲間に向かって、「うるさい、SSC！」「早くどけ、SSC！」と怒鳴った。

「SSC」とはカートゥモ国の英語での略称である。ワイヤップらによれば、相手の連中の言葉に、東部の訛《なまり》があったという。でも、ダロッド氏族かどうかはわからない。もしそうだとしても、彼らがカートゥモを支持しているとは限らない。ソマリランドに住むダロッド氏族の半分はソマリランド政府を支持しているのだ。なのに、ただ罵倒語として「このダロッド野郎！」と言ったのである。

ああ、氏族。氏族は憎しみをかき立てるだけで、本当に諍《いさか》いを止める役割があるのかと疑いたくもなる。実際、ソマリランド人の中にも「私は氏族が嫌いだ」という人がいるのだ。特にインテリや、海外在住の人に多い。

私がソマリランド最長老のワラベ長老に会ったのは、自分が氏族依存症に陥っていることを自覚し、自分もソマリ人もこれでいいのかと強い疑念にかられている最中であった。

氏族依存症にかかっている私は、暇さえあれば、氏族の掟や分家の名前などを事細かに人に問いただしていた。文化人類学者でもないのにそんなことを調べてどうするのかと思うのだが、止められないのだ。そして、氏族の話ほどソマリ人が喜ぶ話題もない。病院で同じ病気の患者同士がその病気の話ばかりしているようなものだ。

とはいうものの、客観的に見ても氏族の話はひじょうに面白い部分がある。特に私の興味を惹いていたのは氏族同士がいかにして争いを終わらせるかだ。一般には人が殺された場合、男ならラクダ百頭分、女ならラクダ五十頭分を「ディヤ（賠償金）」として支払うことで解決される。加害者ではなくその人が所属する氏族全員が分担して支払う（町では現金、田舎では本当にラクダで支払いが行われる）。交渉も氏族の長老が行う。事実上、これは国の法律にもなっている。

これだけでも「現代にそんなことをやっている国があるのか？」と驚いてしまうが、もっと凄い解決方法が存在する。あまりに争いや憎しみが激しくなり、ディヤでは解決ができない場合、加害者の娘と被害者の遺族の男子を結婚させるという方法だ。一九九三年、内戦がいちばん激しかったときも、このウルトラCで解決を図ったと言われ、また今現在でもときおり行われていると聞いていた。氏族依存症患者としてはなんとか、その具体事例を一つくらい知りたいと思った。

氏族の掟について知りたければ、いちばん手っ取り早い方法が「グルティ（長老院）」に行くことだ。グルティとはアメリカの上院や昔の日本の貴族院のような存在である。各氏族の長老たちの代表が議員となっている。氏族の長老は一般には五十代を過ぎた年配の男性である。原則として誰でも長老になることができるが、選ばれるのはたいてい社会的地位が高い人、財力がある人、学識豊かな人、人望があつい人などである。わかりやすく言えば、何か問題が起きたとき、「この人の意見を聞かないわけにいかない」という人が長老として認められるのである。

また、一般の長老の他に、大きな氏族には「スルタン」という長がいる。彼らは世襲であり尊敬されてもいるが、決して権力者ではなく、氏族の長老たちをとりまとめる議会の議長みたいな役割のようだ。各氏族のスルタンたちと、氏族内の選挙で選ばれた長老たちが形成するのがグルティである。議会では政党に所属する政治家たちが法律を作り、政策を議論するが、それを監視するのがグルティの役割だ。例えば、与党や政府は数にものを言わせて、自分たちに都合のよい法律を作ったり、法改正や法解釈を行ったりする。だが、グルティが「ノー」と言えば、それは成立しない。

いっぽう、グルティはソマリランド各地で氏族がらみの抗争や殺人などが起きた場合、速やかに現地に赴き、仲裁に入る。ソマリランドでは現在も氏族間の争いが絶えないが、それが深刻な紛争に至らないのは長老たちがシステマティックに介入して平和的解決に導くからだ。

私はグルティに赴くと、その事務局長を務めるアブドゥラヒ・デーレに訊いてみた。彼は「ソマリランドの内戦を最もよく知る長老」であり、私は前から何度も氏族について教えを請うていた。私の先生みたいなものだ。長老といいつつ、スーパーヘビー級の現役格闘家みたいな体格のアブドゥラヒ先生は、いつもの雷のような大音声で言い放った。

「ワラベに訊け！」

ワラベ？　彼はイダガレ（ミミズ）分家の最長老であるばかりかソマリランド最長老であり、この国で最も尊敬されている長老でもある。

なぜ、彼の名前が出てくるのかと思ったら、先生曰く、「彼は自分の父親を殺した男の娘と結婚したんだ」。

そんなことがあったのか。ワラベは最長老だから尊敬されているわけではない、人間的に素晴らしいのだと聞いていたが、どうやらおおもとは彼のその経験によるようだ。

幸い、アブドゥラヒ先生はグルティを仕切っている人物だ。その場で電話し、ワラベ長老にアポイントをとりつけてくれた。

翌日、私はワイヤップと一緒にグルティに出かけた。

ちょうどグルティは会議を行っているところだった。グルティはソマリランド議会が成立させた法案について議論し、場合によっては法案に反対して議会に差し戻すことができる。また、政治や社会のさまざまな問題に対し意見を述べることもできる。これは法的な実効性はないものの、テレビや新聞で国民に発表されるので、なにがしかの影響力はある。被差別民の差別をやめるべきだとか、昔ながらの女性器切除は廃止すべきといった、古い伝統をあえて否定するような意見を出す長老もいると聞く。

三十分ほどして会議は終わったようだ。白い帽子を被り、左の肩に布をかけ、こうもり傘のように柄《え》がゆるやかに曲がった杖《つえ》を手にした老人たちが続々と現れた。私たちは彼らをかきわけ、会議室に入った。

大きなテーブルの最後方に、緑のハッジ帽を頭にのせ、ヒゲをオレンジに染めた長老が座っていた。それがワラベ長老だった。年齢百八歳とされているが、他の長老と比べ、ものすごく年を取っているようには見えない。せいぜい八十代半ばくらいだろうか。私たちが挨拶すると、静かな力のこもった視線で見返した。耳は若干遠いが、頭脳はいたって明晰だった。

ワイヤップの通訳で、「自分の父親を殺した男の娘を娶った話を聞かせて下さい」と頼むと、全く動じず、はっきりした口調で話し出した。

ソマリランドの議会とグルティ（長老院）の正門

明るくて陽気な長老のみなさん

私は幼いとき、誰かに父を殺された。ハルゲイサはもともと我々イダガレ（分家）の住む土地だったが、その頃アラブ（分家）の人たちがやってきた。彼らはイダガレとは別々に住みたがったが、イダガレの人々は許さなかった。

アラブの一部はそれを快く思わず、あちこちで混乱が起きた。

やがて、私の父の氏族レール・マターン（イダガレの分分家）が、アラブとイダガレが連合したフワンという氏族と抗争を起こした。父はその抗争の中で死んだのだ。

私が十五、六歳になった頃、氏族の長老たちに呼び出された。

「おまえも銃を持てる歳になった。父の仇を討ちなさい」と言われ、敵の名前とともに、銃と弾を渡された。助太刀の男も二人つけられた。

父の仇はウスマン・グーレードと言った。実はウスマンとうちの家族は姻戚関係にあったが、事件以来、離れて暮らしていた。

私は助太刀の男たちとともに、ウスマンの家を訪ねた。

「ラクダがいなくなったので探しています」と偽って彼に近づいた。ちょうど雨が降ってきたため、ウスマンは「どうぞどうぞ」と私たちを中に招き入れ、食事も出してくれた。雨は止まず、私たちはその晩、彼の家に泊めてもらった。

銃には弾が入ったままだった。

翌日の明け方、雨は止み、ウスマンはラクダの乳を搾りに出かけた。助太刀の二人は

「今がチャンスだ」と私に言った。だが、これだけ世話になっていて、とても今彼を殺す気にはなれなかった。

ウスマンはとても親切で、乳搾りから帰ると、別の男を呼び、「この人のラクダを探すのを手伝ってやれ」と言いつけた。

いっぽう、私たちは一睡もできなかった。本当は探すラクダもいない。疲れて、家の近くの木の下に座り込んでいた。

ウスマンがやってきて言った。

「どうしてあんたたちはラクダを探さないんだ？」

「実は父の仇を討つため、あなたを殺しに来たんです」と私は答えた。

銃の弾を抜き、「これはうちの氏族からあなたを殺すためにもらった弾です」と見せた。

「この弾をあなたに渡すので、代わりにあなたの娘を下さい」

私は昨夜からずっと考えていたのだ。この人を殺すことは難しい。仮に殺せたとしても、また彼の息子か誰かが私を殺しに来るだろう。だから、氏族の決定に反するが、憎み合いをここで断ち切ろうと思ったのだ。

ウスマンは私の話を聞くと、「銃と弾は持っていなさい」と言った。そして「娘はまだ三歳だが、大きくなったら必ず君にあげよう。約束する」と答えた。

村に戻り、氏族の長老たちにこの経緯を報告すると、長老たちは言った。

「おまえは私たちよりうまくやったな」

いっぽう、ウスマンの氏族もこの決定に納得してくれた。

イダガレのスルタンは私を呼び、まだ若者の私に長老の地位を与えてくれた。私はそれから九十年以上、長老を務めている。私はウスマンの娘と結婚し、多くの子と孫をなし、二つの氏族はそれ以来ずっと親しい関係を保っている。

ワラベ長老は淡々と話を終えた。気づくと、私の体は静電気が流れるようにピリピリと痺《しび》れていた。興奮と感動で言葉がなかった。

氏族とはこういうものなのだ。

そういえば、アブドゥラヒ先生もよく言っている。「何事にもいいことと悪いことがある。氏族もそうだ」と。

氏族がいいか悪いかとか、病気じゃないかというふうに考えてはいけないのだ。民主主義がそうであるように、氏族にもいい面とそうでない面がある。その中で自分なりに最善の判断を下す。それが真の伝統になるのだ。

以来、「俺は氏族に反対だ」というソマリ人にはワラベ長老のこの逸話を話して聞かせることにしている。たいていは黙って聞き、深くうなずいてくれる。

4.ソマリ最大の秘境潜入

「それはすごく難しい」

ワイヤッブが首を振ったとき、私は驚きのあまりキョトンとしてしまった。

ソマリ人は一般的にチャレンジ精神が旺盛で、なんでもトライするのが美点だ。中でも、ワイヤッブとハムディはその意欲と能力がずば抜けており、頼み事を断られたことがない。「現役の海賊の親玉に直撃インタビューしたいんだけど」と相談したときもワイヤッブは「できるんじゃないか。やってみる」と答えたほどだ（実際には無理だったが）。

その彼が瞬時に「ノー」と言っている。

別にアル・シャバーブのボスにインタビューするとか、ソマリ人の彼女がほしいなどと言っているわけではない。

ただ「ソマリの家庭料理を習いたい」と希望しただけなのだ。一体どうしてそれがそんなに難しいのか。

ワイヤッブの説明はいつになく歯切れが悪かったが、何度も訊き直すうちに、ようやくわかってきた。

ご存じの通り、ソマリ家庭の敷居は高い。御馳走を出すとき以外はよその人間を家にあげない。さらに台所は女性の場所である。その家の男子でも近寄らない。そんなところに、よりにもよって外国人の男が入るなど論外——どうやらそういうことらしい。

「レストランで作り方を訊いたらどうだ?」とワイヤップが言うので、「いや、家庭でなきゃ意味がない」と今度はこちらが首を振った。

ここで私は自分の意図の深さに気づかされた。

私はソマリのことをできるだけ広く深く知りたいと熱望している。実際にこれまで政治、氏族、戦争などのことについては相当知識を深め、ソマリ人が驚くほどのレベルに達しているつもりだ。

その一方で、なんとも間抜けなことに、ソマリの一般の家庭料理がどんなものかを知らずにいた。なぜなら、食堂やレストランでは家庭料理が出されず、たまに家庭を訪問したときは非日常の御馳走しか出てこないからだ。

例えば、会話にときおり登場する「シューロ」という料理がある。ソマリの人たちによれば、「ソマリ風のポリッジ(雑穀の雑炊)」だというが、見たことも食べたこともないので、どんなものなのかさっぱり見当がつかない。

思うのだが、いくら政治や歴史、紛争に詳しくても、ソマリの家庭料理を知らなければ「通」とは呼べないんじゃないか。なぜなら、ソマリ人でもソマリの政治や歴史、紛争をよく知らない人はいるが、家庭料理を知らないソマリ人はいないからだ。

どっちがソマリの本質かといえば、家庭料理だろう。

それに前にも書いたが、あるグループの人々を理解するための文化的な三大要素は「言語、料理、音楽」というのが私の持論だ。ソマリの場合、言語と音楽はある程度わかってきた。残りは料理。最後のミッションに挑まねばならない。

厄介なのは私が家庭料理を習いたいだけではないということだ。料理を習うくらいなら誰かにお金を払って作ってもらえばいい。簡単だろう。でも私はソマリの一般家庭に入り込みたいのだ。ソマリの「素の姿」を見たいのだ。

そして、彼らは「素の姿」をよそ者の男に見られたくない。まさにジレンマだ。

もしこれがメディア的に意味があることだったらワイヤッブも頑張って誰かと交渉してくれただろうが、彼からすれば、私の個人的な覗《のぞ》き見《み》趣味くらいにしか思えないのだろう。彼の態度には失望したものの、今回、家庭に入り込んで料理を習うことを最大の目標に掲げていたのだ。諦めることなく、自分で事態を打開しようとした。

昔、一度お宅に連れて行ってくれた北朝鮮帰りの医師を探したり（見つからなかった）、他の知り合いに頼んでみたりもした。が、誰も首を縦に振ってくれない。ソマリ世界で最も平和かつ平凡であるはずの場所にたどり着くことができない。もしかすると、台所こそが「アフリカの角」における最大の秘境ではないかと思うくらいだ。

だが、青い鳥はすぐ近くにいた。

〈フバール〉のオフィスは広い敷地の中にある。ある夕方、トイレに立った帰り、裏口からふと中庭を見ると、若い女性が七輪みたいな金属製のコンロで料理をしていた。住み込みの管理人の家族だ。

「これだ！」思わず声をあげてしまった。

誰かの家に入り込むのは難しい。しかし、この管理人一家に頼むことはできるだろう。なにしろ、彼らは〈フバール〉に雇われているのだ。そして私は〈フバール〉の出資者の一人でもある。普通の家なら外国人である私が通うことで近所にヘンな噂が立ったりする可能性もあるが、ここはそんな心配もない。

ワイヤップが不在だったので、編集主任のハッサン・ケーフに趣旨を話し、立ち会ってもらった。管理人一家は、ハムシという若い主と奥さんのイフティン、そしてハムシの妹ニムオの三人。

「家庭料理を教えてほしい。費用は全部もつから」と説明すると、彼らは快諾してくれた。

ついに〝秘境〟への扉が開かれたのだ。

翌日から夢の「ソマリの家庭料理教室」が始まった。

記念すべき第一回は謎のソマリ雑炊「シューロ」だ。

市場の買い物からして楽しい。ただ散策で眺めるのと自分が買うのとではちがって見える。例えば、トマトピューレの缶がひじょうにたくさん売られていることや、肉が細かく部位別に売られていることもこの日初めて気づいた。

ずいぶんいろいろなものを買い込み、さらに町外れに行って炭まで買った。炭は三百キロも離れた場所からトラックで輸送しているとのこと。ちなみに後で知ったのだが、ソマリランドのみならず旧ソマリアでは、都市部でも村でも、すべて炭とソマリ式七輪で煮炊きを行っている。

こうして料理の準備をしているだけで、今まで知らなかったこと――でもソマリ人にとっては当たり前であることが自然と体験できる。

料理作りの場も最高。広々とした庭の隅、大きなアカシアの木陰だ。プライベート・スペースのため、若妻イフティンと義理の妹ニムオは二人ともとてもリラックスしている。おまけにイフティンの夫のハムシは、ソマリでは稀に見る勘のいい男で、私のソマリ語をよく解すし、写真の撮り方まで指導してくれた。彼は前にジブチのレストランで働いていたことがあるといい、男子のくせに料理をよく知っていた。これまたラッキー。

さて、シューロの調理は、細かいトウモロコシ粉を篩《ふるい》にかけることから始まった。面白いことにこの料理は残った粗い粉の方を使う。細かい粉は別の用途にとっておくらしい。

まず、粗い粉をマサフという丸く平べったい籠にあけ、よく振ってならす。

次に鍋に水を入れて沸かし、沸騰したら粉を入れる。再度、沸騰する前にヤシ油をどかっと投入。泡がぶくぶく立って、ヤシ油独特の濃厚な香ばしさがはじける。

焦げないように、大きなスプーンでときどきかきまぜながら、四十分くらい煮込むのだが、そのスプーンが実にいい。左右対称など眼中にないという、芸術的とも言える曲線を描いた手作りのアルミ製スプーンなのだ。イフティンがその手作り湾曲スプーンで優雅に鍋をかき回しているのを見ていると、ソマリ悠久の歴史が煮込まれていくのを目の当たりにしているような、うっとりした心持ちになる。

煮込んでいる間、二人の女子は気負いなくマイペースで野菜を刻んでいく。俎板《まないた》を使わず、椅子にすわって手に持ったまま切る。ソマリ人は足の指にナイフの柄をはさんで固定し、両手で肉を持って切ると聞いていた。彼女たちは私がリクエストしたときだけ、足を使って見せてくれたが、いつもやるわけではなさそうだ。

二人が作っていたのは「スーゴ」と野菜サラダだった。

スーゴとは肉と野菜の炒め煮である。まず、ヤギの腿肉《ももにく》を親指の先ほどの大きさに切る。タマネギとジャガイモ――二つとも日本のものよりだいぶ小さい――を切る。タマネギは粗みじん、ジャガイモは五ミリくらいの薄さにスライスする。ニンニク、クミン、タイムをアルミのカップに入れて棒で潰す。インドで呼ぶところの「マサラ」(スパイスミックス)を作るのだ。世界的に見て、ニンニクは料理の風味付けとして先に炒めるのが普通だが、ソマリではあくまでハーブの一種として認識されているのが面白い。ちなみに潰すとき、なんとも適当なことに、ダンナのハムシは木の杖の先を使っていた。まあ、洗ってはいるのだろうが、地面につく杖の先をよく杵《きね》代わりに使うものだ。きっと何を使ってもいいのだろう。ここまでが下ごしらえである。

あとで知ったのだが、この料理はソマリ料理の中では作り方がやや例外的だ。他のものはまずタマネギを油で炒めるところから始めるのに対し、スーゴはまずヤギ肉を少量の水で煮る。そして、ある程度火が通ると、汁（湯）を半分ほど捨て、コリアンダとニンニクの潰したものを投入する。ここでにわかに「お、ソマリ料理の匂いだ！」という香りがムンと立ちのぼってきた。

つづいてタマネギとジャガイモを投入。ここから先はてきとうで、ニンジンとトマトを鍋の上で細かく切りながら、ぽっちゃんぽっちゃん落としていく。かなり煮えてきてから塩少々とトウガラシ三本。このあと、もう一つ妙な作業を行った。半分はちょっと深い皿に移し、もう半分は鍋に残したまま缶詰のトマトピューレをあけ、強火でさっと煮込んだ。

つまり、トマトピューレ「入り」と「なし」の二種類を用意したことになる。ハムシとニムオが主にスーゴに取り組んでいる間（といっても、役割分担はかなりてきとうだった）、若妻のイフティンはサラダ用の野菜を切っていた。レタス、タマネギ、ライムはわかるが、バナナを三センチ程度に切って上に散らすのがソマリ風である。ソマリ人はご飯でもパスタでもサラダでも、つまり何にでもバナナを上に載せ、一緒に食べるのを好む。

完成すると、オフィスにいたワイヤップとハッサン・ケーフにも声をかけた。庭には、トタン屋根と骨組みだけの小屋があった。ちょっとした休憩や物置きに使われているの

❸ヤシ油を入れて
再び沸騰させる

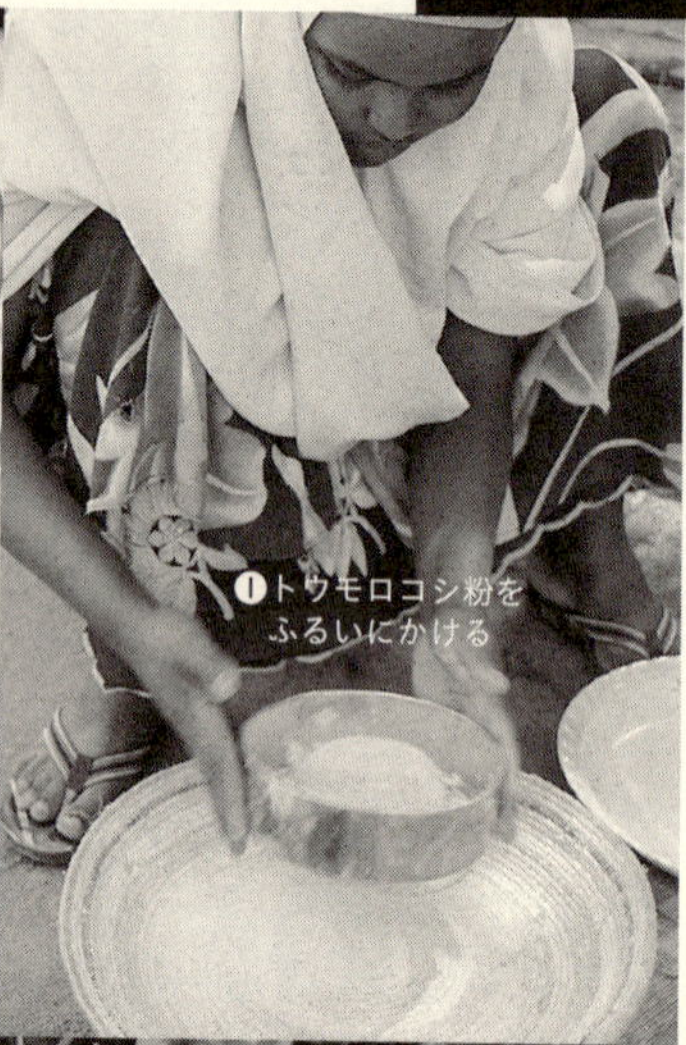

❶トウモロコシ粉を
ふるいにかける

足の指にナイフをはさんで
肉を切るニムオ

❷沸かした湯に粉を
入れ、かきまぜる

料理はすべて四角いソマリ式七輪で

ある日の昼食。ご飯とフライドポテト

ラクダの干し肉

だろう。そこに蓙を敷き、男子四名は昼食の卓を囲んだ。

いよいよ謎のソマリ雑炊「シューロ」の味見だ。

シューロは曰く言い難い食べ物だった。大きな丸い皿に入れられた様子はチーズケーキのようだが、スプーンを突っ込むと粒子が粗く、湿っている。どろどろでなく、ざくざく。粥《かゆ》と呼ぶにはかたく、かといって固形物でもない。湿った砂糖のようだ。

食べ方も独特である。肉と野菜の炒め煮である「スーゴ」につけて食べるのだ。そもそも〝スーゴ〟が「ソース」とか「たれ」という意味らしい。

前述したとおり、スーゴは二種類用意されている。

トマトピューレを入れたスーゴ・アッス（赤ソース）とトマトなしのスーゴ・アッドワイヤッブ（白ソース）。ユニークなのはこれに牛乳をかけてもいいというところ。ワイヤッブは白スーゴのほうが「便通がいい」と言ってそっちばかり食べていたが、牛乳もドバッとかけていた。

正直、シューロと赤スーゴだけなら、北アフリカで食されるクスクスの煮込みに似ている。食感は風変わりだが、味の方はさほど珍しくない。でも牛乳をかけると、実に不思議。まったく体験したことのない料理に変化する。牛肉のトマト煮込みに牛乳をかけたものを想像してもらえば、その不思議さが少しわかるかもしれない。

ハッサン・ケーフに至ってはシューロにスーゴをかけなかった。

「俺はいつも牛乳だけ。これが最高！」と嬉しそうに頬張る。こちらはコーンフレークといった趣だ。
つまり、この場だけでも、
白スーゴ＋牛乳なし
白スーゴ＋牛乳あり
赤スーゴ＋牛乳なし
赤スーゴ＋牛乳あり
牛乳のみ
という、合計五種類の食べ方ができることになる。しかも、牛乳のかわりにラクダ乳でも可で（元来はそちらがソマリの伝統らしい）、実に選択肢が豊か。他にも地域や家庭によってもっとバリエーションがありそうだ。

食べ方を選べることが自由を好むソマリ人の気質に合っているのだろうか。他の料理はいつ食べるか、だいたい決まっているのに、シューロだけは朝、昼、晩いつ食べてもいい。しかも半分残して翌日食べるのもＯＫだという。

特別なようでいて融通がきく。まるで日本人にとってのご飯（白米）のようだ。

ソマリにこれだけオリジナリティの高い料理があったとは。いたく感銘を受けてしまった。もっとも彼らにとってシューロはあまりに日常食すぎてその意味に気づいていないようだ。

シューロを食べるとき、スプーンを使うのも面白い。なにしろ、スパゲッティを含めて、他は何でも手づかみなのだ（もっとも南部ソマリアでは同じものを「ソール」と呼び、手で食べるという。ちなみに、北で「ソール」と言えば、「御馳走」という意味になるとか）。

このシューロを食べたことがあり、作り方を知っている外国人はほとんどいないだろう。一種のソマリの核心であり、無理して来た甲斐《かい》があったというものだ――と、マニアックな満足感に浸ってしまった。

初日の成功に気をよくした私は、さらに続けて二日、料理の勉強をさせてもらった。この三日間は私がソマリに関わってから最も楽しい時間だったかもしれない。なにしろ、庶民の素の姿が見られる。ある意味では氏族の伝統より世界的に知られていないソマリ家庭料理のメニューが、買い出しから作って食べるところまで、まるごと体験できる。しかも、どれもじんわりと美味しい。じっくり煮込む系統のものが多く、いかにも家庭料理というホッとさせる味である。

しかし、いちばん感動的なのは、女子とふつうに話ができることだ。私は男だけに、ソマリの女子と会話する機会は極端に少ない。店で買い物をするときに売り子の女性と二言三言言葉を交わすとか、ホーン・ケーブルTVのハルゲイサ本局でたまに女性スタッフと会話するくらいしかない。〝友だち〟とかろうじて呼べるのはモガディショのハムディと早大生のサミラのみ。だが、二人ともかなり特異な環境に生活しており、標準的なソマリ女子とはいえない。

その状態が料理教室で一気に改善された。若妻のイフティンと義妹のニムオは正真正銘のソマリ庶民女子。そして彼女たちは、料理を作っているとき、私相手に喋り通しなのだ。

イフティンは十八歳、ニムオは十七歳。ソマリの娘たちの朗らかなこと、気さくなことには驚かされた。

もっとも、ダンナのハムシとニムオの兄妹はガダブルシという主にソマリランド西部に住む氏族であるが、若奥さんのイフティンは実はソマリ人でなく、エチオピアのオロモ人だった。ソマリランドとの国境付近に生まれ育ち、四、五年前にハルゲイサに移住したらしい。ただ、見た目も話しぶりもソマリ人とちがうところはまるで見当たらない。ワイヤップブら〈フバール〉の記者たちも彼女がオロモだと気づいていない。

二人は実の姉妹のように仲がよく、同じくらい熱心にこちらに話しかける。

例えば、肉と野菜を炒めながら、「ほら、見なさい」とイフティンが何か説明する。最初は何を言っているのかわからないのだが、彼女は身振り手振りを交えて何度も繰り返し、噛みくだいて説明してくれる。「水」とか「まだダメ」とか聞いているうちに、「水蒸気が出るうちはまだ野菜に火が通ってない証拠だからもう少し炒めなければいけない」という意味だと理解できた。

二人ともこちらの話をびっくりするほどよく聞いてくれる。私が話す拙《つたな》いソマリ語にもじっと耳を傾ける。その我慢強さや理解力はハムディに通じる。

そうなのである。ソマリの女子は、せっかちで飽きっぽい男子より、はるかにコミュニケーション能力が高い。少なくとも私とは男子と比べて桁違いに会話が弾む。

なぜだろうと不思議に思っていたが、あるときハタと気づいた。

女子は日頃から幼児と接することに慣れているせいじゃなかろうか。ソマリは大家族で子だくさんだ。どの家にも幼児がわんさかいる。

幼児は言葉がたどたどしい。平気で変なことを言う。なかなか大人の言うことを理解しない。ある意味では異民族だ。その子供に噛んで含めるように教えるということをソマリの女子はそれこそ自分が子供のときからずっとやってきている。

その経験が今、本物の異民族（つまり私）を相手に生きているのではないだろうか。

5.ソマリ女子は美白に夢中

私を異性でなく幼児と認定したせいか、彼女たちは私の前で加速度的にリラックスしていった。二日目は「ルホ」という薄焼きのパンケーキかチャパティみたいな料理を習ったのだが、二人は途中で頭にかぶっていた布を脱いでしまった。暑いし、ひらひらした布の先がコンロの火に触れそうになって危ないということらしいが、親族以外の男性の前、ましてや外国人である私の前で布をかぶらないとは驚きであった。

布をかぶるのは私がカメラで写真を撮るときだけとなり、そのうち、カメラを向けても知らん顔をしているようになった。

髪はコンゴやケニアなどのアフリカ女性の多くがそうするように、頭皮に密着する形できれいに編みこまれていた。ソマリ女子の「素髪」を見たのはこれが初めてで、私はこれだけで密《ひそ》かに興奮した。

ダンナのハムシは料理に参加することもあるが、たいていは庭で別のことをやっているか（本業か副業か知らないがベッドや椅子を作っていた）、外に出かけてしまう。私はもう「放置」されている。

言語オタクである私は、ついイフティンにオロモ語について訊いてしまう。ソマリ語は世界的にもかなり特殊な言語だ。千数百万人も話者がおり、BBCのラジオ放送も行われているほどのメジャー言語ながら、独特の文法形態をもっており外国人で話せる人がひじょうに少ない。ソマリの近隣の民族をのぞいた完全な外国人で、ソマリ語をある程度（私程度）以上話せる人は二十名くらいしかいないかもしれない。私だって大して話せないのだが。

そんな特殊なソマリ語も別に孤立した言語ではなく、アフロ・アジア語族のクシ語系とされる。アフロ・アジア語族ということは広い意味ではアラビア語の仲間である。私はアラビア語の基本的な文法は知っているが、ソマリ語を習い始めて一年くらいは「アラビア語とは似ても似つかない」と思っていた。両者に構造的な共通点をいくらか見出すようになったのはずっと後のことだ。

そして、同じクシ語系であり、ソマリ語に最も近いのはオロモ語だと聞いていた。ただ、ハルゲイサ辺りのソマリ人でオロモ語を話せる人はまずいないので、どのくらい似ているか調べようがなかった。

これ幸いと、オロモ語の基本的な表現を訊いていく。すると、たしかに似ているのである。イフティンがソマリ語を容易に習得し、ネイティブ同様に喋れるのがわかる。もっとも、オロモ語はソマリ語をシンプルにした言語という印象だ。込み入るのでここでは詳しく書かないが、世界に約六千あるとも言われる言語の中でこんなヘンな文法形態はソマリ語だけじゃないかというものがある。それが私のような外国人のソマリ語学習者を絶望させるのだが、その部分はオロモ語にはないようだ。

母語のことを訊かれて気分を悪くする人は世界のどこにもいない。イフティンもすっかり喜び、「こっちに来て」とか「これ、捨てて」などと教える。私がそれを覚えて、二人でやりとりすると、イフティンは得意満面、いっぽう、意味がわからないニムオは「感じわるい！」とむくれる。

そこで今度はニムオに日本語で「元気ですか？」「ええ、元気です」と教えて、会話してみると、今度はイフティンが「タカノ、あなた、悪い人！　どうしてあたしに教えてくれないの？」と怒る、というか怒るふりをする。そうして、三人でふざけているうちに、肉と野菜が煮えていくのである。

いやあ、ソマリ語を習っていてよかった!!　と珍しく思った。いつも「俺は何のために苦労してこんな難しい言葉を習ってるんだろう」と嘆いていたのだ。取材するだけなら英語で十分だからだ。でも、女子と通訳抜きで直接話したければ、ソマリ語を知らないといけない。英語を話す男子は掃いて捨てるほどいるが、女子ではめったにいない。そして通訳がいたら女子は距離をとってしまい素顔を見せてくれない。

今さらながらに思う。ソマリの政治、歴史、氏族の伝統をいくら紐解《ひもと》いても、それは大半が「男の話」でしかない。月の裏側のように女性の姿はいつも見えない。いわば、未知の半分に初めて足を踏み入れた喜びを感じた。

三日目、状況はさらに進んだ。早朝、ハムシの家に行くと、主はまだ寝ていて、二人の女子はいかにも寝起きという格好で肌のお手入れをしていた。私が現れてももはや顔色一つ変えない。

イフティンは丹念に踵《かかと》を石けんで洗い、軽石で角質を削っている。ニムオは緑っぽい粉を溶かした液で髪をリンス。これは髪につやを与えるらしい。

でも二人が心血を注いでいるのは美白である。ニムオは赤い粉を水に溶かし、顔に塗りたくっていた。これでパックしたまま一時間過ごす。いっぽう、イフティンは白い液体を塗り込んでいる。

二人とも、ときおり、割れた鏡の破片を手鏡にしてじっと見入っており、その真剣さといったらない。

起きてきたハムシが嘆いた。

「この二人は美白に一カ月二十ドルも費やすんだ！」

私も「それでほんとに色が白くなるの？」とからかうように訊くと、二人とも「なるわよ!!」と声を揃える。そして付け加える。

「日本に連れてって。向こうに行ったら白くなれる！」

なぜ日本に行ったら色が白くなるのか意味がわからない。

それに、肌の色がほんの少し薄くなったからって、一体何がどうなるのだろう。ソマリの女子はどうかしている。もっとも考えてみれば、日本の女子もそのために怖ろしいほどのカネと時間を費やしているのだが。

「日本の女子も白くなりたがってるよ」と言うと、二人は目を丸くした。私の肌を指さし、叫んだ。

「カン・ベス!!（これで十分よ!!）」

美白の意味は当事者にしかわからない。それは日本人もソマリ人も同じなのだ。

この日も市場に買い出しに行く。

今回初登場の買い出しアイテムは、カレー粉、パクチー、そしてラクダの干し肉。ラクダの干し肉は他のものと比べると突出して高いが、凝縮された旨味と適度な塩気があり、えらく美味い。細かく刻んで炒めてから天日干しするとのことで、手がかかっているのだ。こちらでも結婚式や遠方から客や親戚が来たときに出す接待食だという。

さて、本日習う料理は「スガール」と「マラク」。スガールはヤギ肉と野菜を細かく切り、じっくり炒めた「炒め煮」で、食堂でもよく出す。パンやライス、スパゲッティと一緒に食べる。

マラクはもともとアラビア語でスープのこと。ソマリでは一般にヤギの骨付き肉を煮込む。

三日目ともなれば、ソマリ料理のおおまかな型もだいたいわかってくる。なんでもとりあえず粗みじんに切ったタマネギを油で炒めるところから始まる。そのあと、肉や米や野菜を入れる。

日本とちがい、ニンニクは常にラスト近く。パクチーやカルダモン、トウガラシなどのハーブもしくはスパイスと一緒につぶして混ぜたものを加える。

ソマリ料理の作り方の特徴は、とにかく「てきとう」。

てきとうな量の油や具材をざざっと入れ、てきとうに鍋を火にかける。なかなか煮えず、汁気が足りなくなると水をつぎ足すだけ。料理は作り慣れると分量や火加減、時間などはだいたい勘でできるわけだが、それにしても、ぐつぐつ煮える鍋に人参を切りながら入れる作業の途中で、電話がかかってきたら手に切りかけの人参を持ったまま五分も中断してお喋りに夢中になっていたりするのは日本ではありえない。

「なんて自由なんだろう」と皮肉でなく感嘆してしまう。

私は二年前から「主夫」をやっており、不慣れな料理に悪戦苦闘している。とりわけ厄介なのは、日本では水を二分の一カップ、油を小さじ二杯とか細かく決まっていることだ。タマネギは八ミリ幅のくし形に切れとか、火加減も強火で一分、そのあと弱火で四分とか口うるさいことこの上ないが、ソマリでは何もかもがあまりにてきとうすぎて笑ってしまう。

火加減の調節はほとんどしない。弱くなりすぎるとうちわでバタバタ扇いで、強くするだけ。火があまりに強すぎるときは一つか二つ炭をコンロから取り出し、地面に放り出すが、たいていは放置している。

いつ完成したのかもよくわからない。

鍋がまだぐつぐついってるのに二人ともどこかに行ってしまうことがある。日本では鍋を火にかけたままその場を離れるのはタブーだが、ここは屋外の七輪なので、別に問題ない。

イフティン曰く、「正午のアザーン（モスクからお祈りを呼びかける声）が聞こえるときにはちゃんとできているのがいい」とのことだから、「完成」の概念はあるようだが、完成していてもしていなくても、コンロの上に置きっぱなしだから区別がつかないのだ。

多少、火が通りすぎてもいいらしい。特に煮込みは煮込むほどおいしくなるわけだし、食べるときにアツアツという利点もある。

このように作りかたがあまりにてきとうなので、メモに書くことがいくらもない。三日目ともなれば集中力を失い、料理の途中で蓙の上に座ってぼんやりしてしまった。

——俺はどうしてこんなところでこんなことをしてるんだろう……。

青い空を見上げ、市場で購入したラクダの干し肉をかじっては「焼酎が飲みたいなあ」と久しぶりに思った。

あたかも外の喧噪から隔離されたかのような世界が広がっていた。この家のネコが肉ほしさに寄ってくる。それを隣家のネコが襲撃する。ニムオたちがそのネコに石を投げて追い払う。遠くでアザーンが聞こえる。小鳥が波動を描くように庭の上空を優雅に群舞する。

香ばしい匂いをかぎながら、そんなドラマともいえないドラマを眺めていた。自分がソマリランドの一部になったような、安堵と不思議さが同居していた。

飯を食ったら昼寝。蓙にゴロンと転がったら、若妻のイフティンが当たり前のように、枕と体にかける布をもってきてくれた。

まるでソマリの家に婿入りしたような気分である。

夕方からはマラク作り。これまた超がつくほどてきとう。七輪にかけた鍋に油を入れ、ヤギ肉、ジャガイモ、タマネギ、トウガラシをてきとうな順番で切り、中に落としていく。最後にニンニク&パクチーと塩をてきとうに放り込み、なんとなく炒めてから水を注ぐと、あとは家の脇に放置した。

私は〈フバール〉のオフィスに入り、ワイヤップたちとカートを食べ始めた。

七時半頃、トイレに行ったついでに鍋の様子を見に行くと、イフティンたちが戸口から顔を出し、にやにやしながら手招きする。「中に入れ」というのだ。

「え？」という感じ。いいのか？

狭い小屋の中は布団が敷きっぱなしで、隅には七輪にマラクの鍋がのっかったまま。暗闇に熾《おき》が赤く光る。放置されているだけなのか煮込みが続いているのか。

イフティンたちは敷きっぱなしの布団の上に座ってテレビを見ているところだった。ホーン・ケーブルTVである。勧められて私も隣に座る。男モノと女モノの服がまとめてハンガーにかけられ、他の衣類も乱雑に積み上げられていた。若いカップルの住むアパートの部屋という趣だ。

念願だった「ふつうの状態の家」に入れただけではない。なんと一気に寝室にまで入ってしまった。二人の女子は当然、頭に布をかけていない。それどころか、やたらべたべたとこちらにさわりたがる。手を私の膝にのせたり、背中をさりげなく私の腹にくっつけたり、立ち上がるときに私の肩に手を置いて支えにしたり。色っぽいというのではなくて、仔犬《こいぬ》のようななつっこさである。

ソマリだけでなく、イスラム圏全体としても極めて異常な状況だ。私の心臓がトキ、トキと静かに鳴った。

途中でハムシが帰ってきて、一瞬ギクリとしたが、夫はこの異常な状態に何の反応も示さず、服を着替えると「町に行ってくる」とまた出かけてしまった。思い返せば、彼は今日の昼、「タカノはもう友だちじゃない、兄弟だ」と言っていた。単なる世辞だと思っていたが、夫であり一家の主がそう宣言したことはひじょうに重要な意味を持っていたらしい。私は本当に家族扱いになってしまったのだ。

夫がいなくなると、二人はますます図に乗ってきた。隣近所の女友だちを三人連れてきたのだ。彼女たちは中に入ってから私の存在に気づき、ハッと息も止まるほどに驚いていた。無理もない。親族以外の男が部屋の中にいること自体がありえないのに、その男はソマリ的に言えば「白人」なのだ。

彼女たちは緊張と興奮が混ざったような顔で、クスクス笑ったり、目をそらしたりしながら、しばらく膝を抱えて座っていた。イフティンとニムオが得意気に「タカノはソマリ語が話せる」とか「ソマリ料理も覚えた」と説明し、私にソマリ語を喋らせ、友だち連中を再度驚かせて悦に入っていた。

友だちが帰ると、「お腹空《なかす》いてるでしょ?」と七輪から鍋を下ろし、スープを皿につぎ、朝の残りのライスと一緒に出してくれた。マラクは長い時間煮込まれただけあって、野菜とスープに肉の味がよく浸み、骨付き肉はほろほろとほぐれるように柔らかく、実にいい感じになっていた。

それまでニュースを流していたテレビは歌謡番組に変わっていた。イフティンたちは歌手を指さし、ひとりひとり説明する。

「この人、知ってる?」「これは有名な歌手の××で、ヨーロッパに住んでる」「私はこっちが好き。××氏族なのよ」……。

イフティンはふざけて、「私と結婚して日本に連れてって」などと言い出した。

「君にはダンナがいるじゃないか」と返すと、

「あんなのはいらない。お金ももってないし、役に立たない。あんたがいい」

すると、ニムオが「あたしが結婚するのよ。あなたはお金のない夫と一緒にいればいいの。あたしが日本に行って白くなるの」と言い出し、二人はなにやら争っている。

冗談でも女子二人が自分を取り合っているというシチュエーションなど、生まれて初めて見た。正直、満更でもない気分だ。

と、突然、二人は私の奪い合いごっこをやめ、「ビデオを撮って!」と言い出した。返事をする間もなく、二人は立ち上がると、テレビの音楽に合わせて踊り出した。

今度こそ目を瞠《みは》った。今までモガディショで二回ほど女性たちが歓喜の踊りを踊っているのを見たことがあったが、文字通り、喜びを爆発させているふうだった。手を叩いて体を震わせるだけでリズムも何もなく、ダンスという感じではなかった。

でも今、この娘たちは腰を優雅に振り、前後にステップを踏みながら摺《す》り足でスッ、スッと進み、ときに互いの体を軽やかに交差させている。以前、コンゴで見た踊りとそっくりの動きだ。こんな踊りがソマリにあったのか。家の中で彼女たちはこんなふうに踊っていたのか。

これまで私はずっと、ソマリはアフリカより中東の色が濃い民族だと思っていた。だが、この踊りは中東でなくアフリカだ。ソマリ人は中東の皮をかぶったアフリカ人なのかもしれない。

残念ながら部屋は暗すぎてビデオには二人の踊りは映らなかった。急いで一眼レフに替えて、フラッシュを焚いた。そのたびに女子二人は体をリズミカルに揺らしながらキャアキャアと嬌声《きょうせい》をあげた。白い歯が闇に浮かび上がる。

夢を見ているような気がした。料理の取材すら「ひじょうに難しい」と言われたのに、自力で取材できてしまったばかりか、いつの間にか寝室にまで入り込んで、彼女たちの最もプライベートな部分に溶け込んでいる。

ソマリランド独立の謎が解けたときと同じくらい、体の深いところから充足感を得たのだった。

第四章　2012.11〜2012.12

恋するソマリア

1.恐怖の大王とともに檻の外へ

昔、「ノストラダムスの大予言」なるものがあった。一九九九年に恐怖の大王が降りてきて人類が滅亡するということだったが、結局大王どころかダイオウイカも降ってくることはなく、忘れ去られた。

しかし、恐怖の大王は存在した。突然私の上に降りてきた。

二日も食べていないのに、いきなり極度の便秘に襲われたのだ。

私が悶絶していたのは、ハルゲイサからモガディショに移って二日目の朝だった。

ハルゲイサから空港に到着すると、剛腕姫ハムディやギョロ目のザクリヤなど、モガディショ支局の面々がいつものように出迎えてくれた。八カ月前とは見違えるほど、モガディショの町は変貌していた。新しい店や建物が驚くほど増えていた。銃弾や砲弾のあとはだいぶ修復され、ペンキできれいに塗り直されている。さすが二十一年ぶりに公式な政府が誕生しただけのことはある。

象徴的だったのは、「キロメートル4《フォー》」というモガディショ屈指の交通量を誇る交差点。かつて汚れたストリート・チルドレンと野良犬のたまり場だったこの場所は、ソマリア連邦共和国のナショナルカラーである爽やかな水色に塗装され、まるで独立直後のような初々しさに満ちていた。

町のどの方面に行っても銃を持つ人が見当たらず、銃声も聞こえない。まるで普通の町のようだ。町自体が平和と復興に向かって突き進んでいる。少なくとも表向きにはそう見える。

私の胃腸も絶好調だった。浜辺に最近できた高級リゾート風のイタリアンレストランに出かけ、砂浜でサッカーをする少年たちや海水浴を楽しむ家族連れ（女性は着衣のまま水に入っている）などを眺めながら、洗練された白身魚の料理やキレのあるトマト味のパスタなどを堪能したし、便通にも問題は何もなかった。なのに、突如その翌日、予告なしの激烈な便秘に襲われた。

原因はあの覚醒植物カート以外に考えられなかった。

カートは不思議な植物だ。私は生まれつき胃腸が弱く、日本でもよく腹をこわしている。ましてや、海外では下痢が日常茶飯事なのだが、ソマリ世界では便がゆるくなったことさえない。カートを食べているせいとしか思えないのだ。

カートの葉には土埃や人の手垢がふんだんにつき、食べるとき洗いもしない。非衛生的この上ないように見えるが、実は植物自体に強い殺菌作用があるのかもしれない。もしかしたら、カートの成分から画期的な新薬（整腸剤）が開発されるのではないか、そしてそれがソマリランドの新たな産業になりうるのではないかなどと、カートが効いて高揚しているときに妄想したことさえある。

殺菌作用の有無は不明なものの、カートは明らかに下痢ではなくその逆の作用をもたらす植物だった。食物繊維をたくさん取ると便秘にならないと言われるのに、食物繊維の塊であるカートを食べると強烈な便秘になるとはこれまた不思議だ。

カート食いのソマリ人たちは私に「便秘になるから水分をたくさん取れ」とよく言う。お茶、水、コーラとなんでもいいが、特にラクダの乳や牛乳が便通に効くとされ、好まれる。

私の経験から言えば、水やコーラくらいでは確実に便秘を回避できるとは言えない。ラクダ乳を毎日一リットルくらい飲むと、大丈夫だ。だが、便秘はいったん便が出てしまうと、もう何でもないので、すぐその悲惨な記憶を忘れてしまう。喉元過ぎればではなく、肛門過ぎればなんとやらだ。その油断からラクダ乳や牛乳を飲むのを忘れてしまい、これまで何度もひどいカート便秘に襲われていた。肛門が裂けて血まみれになることもあった。でも二十分くらい踏ん張ると、出ることは出たのだ。

ところが、今回は全然出ない。明け方の四時過ぎに最初にトイレに行き、それから二十回くらい出たり入ったりを繰り返したが、二時間経っても依然、私の腸内に引きこもってどうしても出ない。出る気配すらない。ものすごく排泄《はいせつ》したいのにどうしても出ないというのは、下痢以上の辛さで拷問のようだ。

居ても立ってもいられないとはまさにこのことだが、皮肉なことにこういう日にかぎって、きわめて大事な予定がスケジューリングされていた。

悲願であった南部ソマリア初見学の日だったのだ。モガディショ市内から出て二十五

ビーチで海水浴を楽しむ市民と、
彼らを警備するアミソムの装甲車

モガディショ到着後、
著者が雇った護衛兵士ジャマール

キロほど離れた、シャベル・ホーセ州のアフゴエという町に行く。日本でいうなら、東京都内を出て千葉県の松戸に行くようなものだ。大したことがないようだが、私がモガディショ市内を出ることは今までずっと「不可能」だった。それが「政府軍の大部隊と一緒にならし」という条件付きで可能になった。そして、町から一歩でも外に出られるということは、南部ソマリアがどんな土地なのか、やっと自分の目で見られるということでもある。興奮せずにはいられない。あるいは、その興奮が大腸と肛門を異常事態に至らしめたのかもと思ったほどだ。

昼食前には帰ってくるというので、取材道具だけをデイパックに詰め、肛門を極力刺激しないよう、半分尻を浮かせたような、ひょこひょこした歩き方で部屋を出た。

「アフゴエに行ってくるよ」とフロントで声をかけると、「おう、じゃあバナナとパイナップル、お土産に頼むぞ！」とスタッフたちがにこにこしながら言った。

おお、普通の会話だ！　と感動してしまった。それに、こんな他愛のないやりとりからも、アフゴエが果物の産地として有名だと察せられるし、いかにも現地の人っぽい会話ではないか。これだけでも南部ソマリアの「素の姿」を垣間見た気がする。

もっとも、ハムディとザクリヤには「どうしてそんなことを言うんだ⁉」と叱られた。「誰が聞いているかわからないんだぞ」と。

ジャーナリストの暗殺は続き、仲のいいシャリフは瀕死の重傷を負った。ホーン・ケーブルTVの支局ももっと安全な場所に引っ越した。ザクリヤは自宅から通うのが危険であるため、いまや支局の中に住み込んでいる。

そして外国人である私は、現地のジャーナリストよりさらに何倍も危険にさらされているというのが彼らの認識だったのだ。

ハムディがこの日のために用意してくれたワンボックスカーに乗り込んだ。運転するのは記者のアブディリサック、助手席にギョロ目のザクリヤ、後ろの座席に私とハムディ、そして背の高いカメラマンのアブディカーディルが座った。

アブディリサックは小柄で真面目な男だ。ジャーナリストにしては珍しく、時間がくるとちゃんとお祈りをするし、愛国心にもあふれている。ただ、譲らない性格なので、彼が議論に加わると、話が紛糾しやすいことも後に知る。

カメラマンのアブディカーディルは体全体が棒をつなげたように細長く、しかも口が絶えず動いて甲高い声で何か喋っているので、ピノキオの操り人形を連想させる。勝手に「ピノキオ」と呼ぶことにした。

例によって、具体的な行程はよくわからない。ハムディによれば、シャベル・ホーセ州の知事と国会議員が一緒に行くという。

この旅は最初から興奮度百パーセントだった。なにしろ、車に乗り、朝食のため最初に立ち寄ったのが道端にある普通の食堂だったのだ。

普通の食堂！　こんなところに自分が入れるのか！

ソマリランドで飢えていたのが普通の人間関係だったように、ここ南部ソマリアでは普通の人間生活に飢えていた。一言でいえば、「シャバ」の生活だ。それが一つ、やっと叶うのだ。

しかし、ハムディたちはここでも極めて慎重だった。車両を店の軒先ギリギリに止めると、私を素早く店の中に入れ、衝立《ついたて》で仕切られた一角に引っ張った。そこでマオスーツに似ている詰め襟のスーツを着た、なかなかお洒落な知事が先に食事をはじめていた。私の前にも食事が並べられるが、ここでは店の中が全然見えない。

「店の中が見たい」と興奮気味にハムディに言うと、ためらう彼女の代わりに、知事が「自由にしろ！　問題ない。写真撮ってもいいぞ」と朗らかに答えた。

喜び勇んで衝立の向こうに顔を出した。店は三、四十人が入れるほどの広さで、そこではいかにも威厳のある老人の一団が食事をしていた。大部分がもうデザートにとりかかっている様子で、スプーンでパパイヤをすくって食べていた。

デザート？　パパイヤ？

食後にフルーツを食べる習慣などソマリランドにはない。だいたいパパイヤを見たことさえない。北部と南部のちがいを実感する。

そう、こういう風景を見たかったのだ。カメラを構えて何度かシャッターを切ると、ソマリ世界ではお決まりのように、人々がこちらを指さし、何か怒鳴りはじめた。揉め事にならないうちに衝立の陰に引っ込んだが、これだけでも十分嬉しかった。

モガディショ市内を縦横無尽に走るアミソムの装甲車

食堂で朝食をとる長老たち

知事たちの食事が終わると、一緒に出発した。それにしても、厳重な警備である。車数台に分乗した兵士の数ざっと三十名。当然、機関銃やロケットランチャーも携えており、警備というよりはこれから戦争に行って町の一つや二つ分捕ってこようという風情である。

町の中心部から郊外へ砂埃を巻き上げて武装コンボイは進む。復興が進む中心部とは打って変わり、郊外はまだ砲撃や銃撃で吹っ飛んだ建物が建ち並んでいる。かつてモガディショはイタリアンスタイルの白亜の建物が並び、「アフリカのローマ」と呼ばれたというが、いまや「アフリカのローマ遺跡」である。特に旧アル・シャバーブ支配区が酷《ひど》い。

この荒れた郊外を走り抜けると、高いアカシアの木が豪快に立ち並ぶ街道に出た。巨木は内戦なんて知ったことかと言わんばかりに枝葉を伸ばし、道の上に大きな天蓋《てんがい》をつくっている。その下には難民の住むちっぽけな天幕がやはり途切れることなく続く。自然に対し人の小ささを感じさせる。

やがて、景色は完全な平野に変わった。

「畑だ！」私は息を呑んだ。こんな大規模な畑はソマリ世界で初めて見た。豆、トウモロコシ、そしてバナナの林まで出現した。牛やヤギの姿も多い。

——こんな肥沃な土地なのか……。

文献でも人の口からも「南部は豊か」「南部には農民が多い」と聞いていたが、それが今初めて自分の目で確かめられた。そして腑に落ちたのだ。北部と南部では人間がちがうという理由が。北部は荒れた半砂漠で、住むのはもっぱら遊牧民。しかしこちらにはこんなに豊かな農地がある。果物もとれる。遊牧民的な文化が薄くて当然だ。

街道の交通量は多い。アフゴエ方面からはバナナや炭を満載した超オンボロの巨大トラックが走ってくる。板を貼り合わせてエンジンを載せたようなそのトラックは一体どこで作られたものかわからないが、吐き出す黒い煙、山のような積み荷で分解しそうなほどに軋《きし》む木の荷台、そしてその過剰なエネルギーが強烈に「アフリカ」を感じさせた。

そう、ソマリランドが「中東」っぽいのに比し、こちらは圧倒的に「アフリカ」だ。

十時頃、バナーディル州（モガディショ市）とシャベル・ホーセ州の境を越えた。ラクダが何百頭も集められたラクダ市を通り過ぎ、さらに少し行くと川が現れた。

川！

何度も驚いていて申し訳ないが、これまたソマリ世界を旅するようになって四年目で初めて見た「川」だ。

シャベル川。ジュバ川と並び、「アフリカの角」に流れる二大河川の一つだ。幅も水量もちょっと増水した神田川くらいでやや拍子抜けだったものの、「川」はすごい。ソマリランドにはワジ（涸《か》れ谷）しかない。雨が降ったときだけ水が流れるが他のときは干上がっている。

車を降りて手で水をすくいたい！　という衝動にかられたが、降りるどころか、川を仔細に観察する余裕すらなかった。セキュリティのため、車はスピードを決して緩めず走り続けており、停車すること自体、論外だったのだ。

この辺りは長いこと激戦地域だった。ハムディは、窓から外を指さしながら、「四年前、ここでアミソムとアル・シャバーブの激戦があって、アミソムのブルンジ人兵士がたくさん死んだ」とか「二年前、ここであたしたちはアル・シャバーブに捕まって、両手を縛られてあやうく殺されかけた」なんてことを、まるで名所案内のように話してくれる。今でもこの辺りでは至る所で、アル・シャバーブとアミソムが戦闘を続けている。

川を越えたらすぐにアフゴエだった。この分ではとても町でゆっくりするというわけにはいかないだろうし、このままモガディショに帰るのかと思うと惜しくてならなかったが、われわれのコンボイはアフゴエ市内に入らず、今度は北に進路を変え、街道を進みつづけた。

「どこに行くの?」とハムディに訊くと、彼女も事情がよくわからないらしく、携帯で誰かに電話している。電話を切ると、「ワンラ・ウェインに行くらしい」という。

ワンラ・ウェインとはアフゴエからさらに五十キロほど北に位置する町だ。またわけのわからない展開だが、私たちは知事の一行にまぜてもらっており、選《え》り好みできる立場ではない。むしろ私は南部ソマリアの「素の姿」を見られるのが嬉しくてならない。理由はどうでもいいから、〝秘境〟南部ソマリアを少しでも多く味わいたかった。

進むほどに緑はどんどん濃くなっていく。ところどころ、ため池も目にする。

十一時半ごろ、小さな集落でコンボイは止まった。車のどれかが故障したのかと思いきや、そうではなく、何か用事があるようだった。

ここで初めて気づいたのだが、コンボイの後方に、市内の食堂に居合わせた老人の一団がぎゅう詰めになったワンボックスカーが二台含まれていた。さらに後から他の年配者一行がバスに乗って到着した。

彼らは威厳に満ちていた。頭には円筒形のハッジ帽をかぶり、こうもり傘の柄のように手に持つ部分が曲がった杖を持ち、左肩には細長くたたんだ布をかけている。どれもが「長老」の証《あかし》だ。彼らはため池の周りや、村の木陰などに小さな集いの輪をつくって、長々と何かを話し込んでいる。中にはスポーツの試合のように肩を組んで円陣を作っているグループもある。

どう見ても、ただの休憩ではない。

「何を話してるの？」ハムディに訊いた。

「戦争をやめる相談よ」

「戦争？」

ハムディによればこうだ。この辺はともにハウィエ氏族に属するアブガル分家とガルジャール分家が住んでいるが、二週間前、二つの氏族の間で戦闘が起き、七名が死亡した。今回はその戦闘の和解を行うための小旅行である……。

おおっ、長老たちの話し合いでヘサーブ（清算）するという、ソマリの伝統の中でも屈指の重要行事ではないか。私が見たい見たいと切望していたディヤ（賠償金）支払いの重要な一過程じゃないか。そんなソマリの伝統ど真ん中の場面に知らずに参加していたというわけか。平和になってしまったソマリランドではついぞ見ることができなかった停戦の話し合いに、まさか南部ソマリアで出会うとは。

「男子が一人殺されたらラクダ百頭支払うというやつですよね？」近くにいた長老に話しかけると、意外にも否定された。

「いや、ラクダは百頭とはかぎらない。北部はそうらしいが、南部は氏族同士によってちがうのだ」

驚いた。ソマリ世界ではどこでもディヤは男一人にラクダ百頭、女一人にラクダ五十頭と思っていた。値段がそのように決まっているから清算が速やかなのだと思っていた。ところが、こちらでは決まっていないという。

被害者一人につきラクダが何頭支払われるべきかというところから交渉が始まるのなら、話がひじょうに長くなる。問題解決にかかる時間は何倍にもなるだろう。

南部ソマリアはイタリア植民地時代に伝統が破壊されたとされているが、こういうところにもそれが表れているのかもしれない。

この村に着いてもう一つわかったのは、取材班が私たちホーン・ケーブルTVだけではないということだった。国際ソマリ語テレビ界の草分けにして最大手の〈ユニバーサルTV〉と〈シャベル・ラジオ〉も同行していた。なるほど、今回の停戦交渉ツアーは南部ソマリアにしてもなかなかニュースバリューのあるトピックなのだ。

ジャーナリストたちは誰がどこの所属かわからないほど、みんな仲が良さそうだった。ハムディ以外は全員二十代の男子ばかり。高校の修学旅行で、隣のクラスの連中と一緒になり、じゃれあっているといっても通りそうだった。

私の方も長老の一団に誘われるまま、ため池の水を手ですくって飲んだりしたあと、他社のジャーナリストたちと自己紹介しあった。やがて、護衛の兵士たちも暇を持てあまして、私に声をかけてきた。彼らは人相が険しく、いかにも内戦の中に生まれ育った少年兵あがりの無法者という印象だったが、私が氏族名などを訊ねたりすると、にわかに表情を崩して、年齢相応の軽やかな笑い声を立てた。頼まれて、銃を構えた兵隊たちとわいわい記念写真を撮ったりして、こちらもすっかり修学旅行気分。今までの閉鎖生活が嘘のようである。

やがて、ワンラ・ウェインからも迎えの長老が到着した。小さな村が大変な賑わいだ。木陰に椅子とソマリ式七輪を出した簡易な茶屋が大繁盛している。気温は三十度を少し超えたくらいか。その中で熱いミルクティーをすすると、汗が噴き出す。鳥の声もまばらになってきた。

二時を過ぎた。私たちはだんだん心配になってきた。モガディショを一歩外に出ると、別世界である。アフゴエを含めシャベル・ホーセ州はいちおう政府の管理下に今はあるが、それも主要な町と道路だけだとハムディたちは言う。夜になれば、そういう場所でさえ治安の保証はない。アル・シャバーブが暗躍しているのだ。

「政府の役人や政治家がよく暗殺されている」とハムディは言うし、夜に移動するのはひじょうに危険だとも聞いている。そろそろモガディショに戻らないと日が暮れてしまう。

やっとコンボイは移動を再開した。ところがモガディショでなく反対方向のワンラ・ウェインを目指している上、途中から道路を外れて、サバンナともブッシュともつかない荒れた平原を走り出した。

前を行く車はもうもうと立ちこめる土煙に半ば消え、荷台に乗った兵隊たちの銃身が針の山のように揺れて見える。コンボイは遊牧民的なテントがちらほらと見える場所に止まり、みんな車から降りてぞろぞろ歩き出した。

一体どうしてしまったのか。

「戦争の場所を確認してるのよ」とハムディは説明した。

こんなことをしている場合かという焦りと、これは面白そうだという好奇心が心の中でせめぎ合ったが、どちらにしても私に選択肢はない。

まず村を見た。一部には家が燃やされ、まだ煙がくすぶっている焼け跡もあった。戦闘は二週間前に始まったというが、どうやら今でも続いているようだ。

知事と国会議員と他の随行員たちが十名近く、長老たちは全部で四十名にも及んだ。

長老たちはけっこう年配の人たちもいたが、さすがソマリの遊牧民、歩くのは速い。

ハムディは踵の高いサンダルと白のドレスという場違いの出で立ちにもかかわらず、顔色一つ変えずに荒れ地をすたすた歩く。

それに引き替え、私の顔はたぶん土気色だったにちがいない。悪路に揺られたため、私の肛門はギリギリの状態に置かれていた。あまりに物珍しい景色や展開が続いたため、気が散じてなんとか小康状態を保っていたが、今度は下痢っぽい症状が加わったのか、下腹から臓物がぐつぐつ煮えるようななんとも不気味な音がしていた。だが、こんな場所でトイレに行きたいと言っても何もない。

この辺は遊牧民と農耕民が一緒に住んでいる場所だとのことで、集落は小さく、あちこちに点在している。

木の枝をきれいに組み合わせたドーム状の家屋はソマリランドでは見たことがなく、新鮮だった。遊牧民のテントとはちがう。農耕民の住居のようだ。もっともこれらの家屋も周囲はかなり焼かれており、ぶすぶすと火がくすぶっていた。

車に乗っては別の集落に行き、着いてはまた降りということを何度か繰り返したあと、今度は畑に向かった。畑の作物はすべて根本から刈り取られていた。茎の形状からしてトウモロコシだろうか。

地面にぽっかりと空いた大きな穴の周りに長老たちが集まり、大議論が巻き起こった。

「食べ物の貯蔵庫よ」とハムディが言った。

南部ソマリアでは収穫した農作物を地下の穴蔵に保存するという習慣がある。それが全部略奪されていたという。

「アブガルにとられたのよ」

ハムディやザクリヤたちの根気強い説明により、ようやく争いの全貌が見えてきた。

アブガル分家とガルジャール分家はもともとこの地に共存してきた。しかしアル・シャバーブがやってきて状況は一変した。アル・シャバーブを嫌うアブガルは逃げ、ガルジャールは留《とど》まった。アル・シャバーブは恭順の意を示したガルジャールにアブガルの土地を与えてしまった。以後、四年間、ガルジャールはアブガルの畑で耕作を行っていた。

ところが、最近アル・シャバーブがアミソムと政府軍の連合軍に敗れて、この地から撤退した。アル・シャバーブから解放されてめでたしめでたしとなるはずだが、そうは問屋が卸さない。

今まで逃げていたアブガルの人たちが戻ってきて、目撃したのはガルジャールの人たちが自分らの畑で作物をつくっている姿だった。

「あいつら、アル・シャバーブに取り入って俺らを追い払ったあげく、勝手に土地も使いやがって！」

怒ったアブガルの男たちはガルジャールの村を襲撃した。家を焼き払い、村人を殺し、畑の作物と、貯蔵庫の農作物も残らず略奪したのだ。

もちろんガルジャールの人たちも黙っていない。激しく反撃し、互いに死傷者の数を増やした。

今まで死者が七名、負傷者が十五名、焼かれた家が四十軒以上という抗争に発展している。

アル・シャバーブが去って平和になると思ったら、そんなに簡単なことではなかった。ここと同じような抗争はおそらく南部ソマリアの各地で起きているにちがいない。しかもアル・シャバーブが撤退し、「平和になった」と公には言われている土地でだ。

アブガルとガルジャールの長老たちは貯蔵庫の周りで激しく言い争っているように見えたが、ソマリ人はふつうに話していてもこんな感じなので、実際にはさほど荒れていたわけではなさそうだ。現に彼らはつかみ合いをすることもなく、知事の仕切りにしたがい、てきぱきと動いている。

「すごいな」と素直に感心してしまう。

これが日本人なら、死者が七名も出る抗争が最近起き、今なお続いている状態で、関係者が落ち着いて話をするなど想像もつかない。その辺はさすが「リアル北斗の拳」の南部ソマリア。みんな、抗争慣れしているのである。

だが、二つの氏族とは無関係なところで、激しい言い争いが起きた。三十代くらいの比較的若い男が知事になにやらえらい剣幕で怒鳴っている。何を言っているのかわからなかったが、知事が「怖い奴は帰れ！」と怒鳴り返すのは聞き取れた。

若い男は憤然とした表情で、本当にそのまますたすたと車の方に帰ってしまった。知事は眉一つ動かさなかった。

知事はまだ四十代半ばだろう。がっしりした体格、悠然とした振る舞い、ときににこやかに、ときにキリッと引き締まる知的な顔で場を掌握していた。こんな格好のいい政治家を私は生まれて初めて見た。彼はハリウッド映画の主人公よろしく、大きな身振り手振りで人々を集めた。私たち取材陣も集合する。

二台のテレビカメラといくつかのスチルカメラの前で、知事、銀縁のメガネをかけた国会議員、長老数名が順番に、スピーチを行った。最後に知事がみんなに拍手を促した。

「これで和平はなった。今からこの二つの氏族は一つだ。……さあ、急げ！」

和平に合意したというより、これから和平の話し合いをすることに合意したというふうであったが、驚いたのは、みんなが急に焦りだしたことだ。

「アル・シャバーブが来るぞ！」と口々に言いながら小走りに急ぐ。実は先ほど激怒して先に帰った男は「アル・シャバーブが来るから危なくてこんなところにいられない！」と訴えていたのだった。

もう五時過ぎ、日は大きく西の地平に傾いている。こんな平原の真っ直中《ま ただなか》で敵に襲われたらひとたまりもない。他の人たちも今まで不安と恐怖に耐えて話し合いを続けていた模様だ。私も急に怖ろしくなり、足を速めようとしたが、ハムディは走る気など毛頭ないらしく、ドレスを引きずりながらお姫様然と歩いている。苛立《いらだ》ちと怖さが伴い、ま

戦争を終わらせるための話し合いを
行う氏族の長老たち

ため池の水をすくって飲む

戦闘跡地を確認するため、荒れ地を歩いていく

略奪された地下の食糧貯蔵庫

た肛門が激しくうずいた。叫び出したい衝動をおさえて、なんとか車まで戻った。

ようやくコンボイが発進する段階になり、一安心しかけたときである。車数台がモガディショとは反対の方角にスタートしているのを見て、私は目が点になった。何かの間違いだろうと思いたかったが、知事がこちらにやって来て、間違いではないことを告げた。

「今夜はワンラ・ウェインに泊まろう」

外国人がモガディショ市の外で夜を明かすなど想像もできない話だったし、私は恐怖の大王が肛門に居座ったままの危機的状況。目の前が真っ暗になった。

が、彼は「セキュリティは万全だ。私が保証する」と自信たっぷりに言い切った。モガディショにこれから帰るにしても暗くなってしまい危険だし、なにしろ決定権は向こうにある。私もハムディも同意するしかなかった。

2.見えない敵との戦い

穴ぼこだらけの舗装路、灌木が無遠慮に茂る赤茶色の空き地、その脇に並ぶ薄汚れた平屋の店や民家。ワンラ・ウェインは場末感漂う田舎町だったが、ハムディは「駆け落ちで有名な町」と意外な言葉で紹介した。

イスラムの世界は原則として親の許可なく結婚はできない。しかし、親がいくら反対してても結婚したいというカップルはおり、彼らは駆け落ちという手段を使う。もちろん親は激怒するが、カップルの間に子供が生まれると観念し、また孫かわいさに結婚を許すと聞く。

パキスタンなどでは親兄弟に見つかったら殺されるので必死に逃げると聞いたが、ソマリではそこまで深刻ではないらしい。それはモガディショの若者が駆け落ちするときはたいていこのワンラ・ウェインに来るという話からも察せられる。

ハムディによれば、この町には話のわかるイマーム（イスラムの指導者）がいて、駆け落ちしたカップルの結婚を認めてくれるのだという。その後、彼らの多くはしばらくこの周辺で暮らし、ほとぼりが冷めた頃、モガディショ市内に戻るらしい。どっちにしてもイスラム的に結婚を認められれば、さほど大きな問題にはならない。

私たちのコンボイは古い大きな木賃宿風の宿屋に到着した。「ホテル蜂の巣」という名前を提案したくなるほど銃弾の跡だらけのこの宿は、真ん中に広い食堂があり、その周りを小さな部屋がぐるりと取り囲むという構造になっていた。兵隊が三十人もおり、銃や弾薬を担いでうろうろしているので、なんだか部隊の駐屯地のような雰囲気だ。実際、宿の入口と周囲には兵隊が厳重な警備を敷いている。

先ほど、知事と激しく口論し、先に帰ってしまった若い男があれこれ仕切っている。彼は実はこの州の副知事であり、宿屋の経営者でもあるらしかった。もし他の国なら、ボスである知事とあれだけ喧嘩したら関係の修復はひじょうに難しいだろうが、ソマリ人は瞬間的に沸騰するかわりに冷めるのも早い。もう二人は何事もなかったかのように振る舞っている。

私はといえば、尻の事態が切迫をきわめており、とうとうハムディに告白した。便秘なんて言葉を知らないから、姫に向かって「クソが出ない」と直に言うしかなかったが、ハムディは表情を変えずにうなずいた。

彼女はしばらく黙って考えを巡らせてから、あちこちに電話をかけた。人をやってラクダの乳をもってこさせると説明し、「ここの病院に知り合いがいるから、明日の朝、薬をもらいに行ってくる」とまで言ってくれた。このときほど、彼女の姐御《あねご》ぶりを頼もしく思ったことはない。

私はベニヤ板で小さく仕切られた部屋の一つをあてがわれた。土間の上に質素な寝台が二つ置かれている。知事は「ここは君一人で使え。専用のVIPルームだ」とウィンクした。

ところがハムディは眉間にしわを寄せた。そして、私が個人的に護衛として雇っていたジャマールという兵士を呼び寄せた。ハムディは厳しい口調で私に告げた。

「ジャマールと一緒に寝なさい。トイレに行くときも必ず彼と一緒に行くように。一人では絶対に部屋の外に出ちゃダメよ」

驚くしかなかった。知事の兵隊、つまり政府軍兵士を彼女は全然信用していないということだからだ。私が夜、一人でトイレに行ったところを誰かに拉致されたり殺されたりする可能性があるということなのだ。彼女はジャマールにも「タカノを絶対に一人にするな」と命じた。

ジャマールがなぜ信用できるか。氏族は同じではないが、ハムディと同じ地区に住んでおり、子供の頃から顔なじみだからだという。ちなみに、ジャマールはアル・シャバーブのナンバー3にして報道官のアリ・デーレの甥《おい》にあたるという。家族や親族が政府軍とアル・シャバーブに分かれて戦うという状況は今のソマリアでは珍しくない。

しかし、このハムディの命令には参った。私は恐怖の大王が降臨している以上、今晩も十回、二十回とトイレに通うことになるだろうと思っていた。その度にジャマールを起こして、トイレまで護衛してもらわねばいけないのか。

相当発酵が進んだとおぼしき、えらく酸っぱいラクダ乳を無理して一リットルも飲んだあと、ヤギ肉とパスタの夕食をとると、ジャマールと隣り合って寝た。彼は軍服を脱ぎ、上はランニングシャツ、下はマウース（腰巻き）である。蚊帳《かや》の中に入り、銃を抱いて横たわっている。

ふだんは要塞のようなホテルに隔離されている自分が、田舎町の木賃宿で、しかも兵士と並んで寝ている。生のソマリアを体験したい私にとっては夢のように素敵な状況のはずだが、それも便秘がぶちこわした。

ラクダの乳が激しく胃腸を刺激したにもかかわらず、便意は中途半端なところに止まって動かなくなってしまった。激しい下痢のうねりに襲われて今すぐトイレに駆け込もうと身を起こすのだが、ぐっすり眠っているジャマールを起こさなければいけないと思うだけで、開きかけた肛門が閉じてしまうのだ。

私はたらたらと脂汗を流しながら文字通りの七転八倒。しかし昼間の疲れでまどろみつつ、長い長い夜をすごした。もはやアル・シャバーブなどどうでもよかった。とにかく恐怖の大王のことで頭がいっぱいだった。


目覚めたのは五時過ぎ頃だった。夜は静かに明けていった。幸いにも見えない敵、アル・シャバーブによる夜襲はなかったらしい。しかしもう一つの見えない敵との戦いはさらに切迫した。寝台で悶絶するのみなのだ。

ハムディは病院に行こうというのだが、今日も長老たちは昨日のつづきで話し合いを行うようで、セキュリティ対策上、私たちだけが単独行動をとることはできない。兵力が分散されてしまうからだ。かといって、今の肛門状況では歩くのもままならない。もし私の便秘が原因で、戦争中の氏族が和睦できなかったり、知事や長老の身に危険が及んだりしたら切腹ものだ。

六時をまわった。出発が近づいているのか、すでに長老や兵隊の動きは慌ただしい。

私は髪を振り乱し、トイレにたてこもった。トイレはコンクリートの壁に覆われた半畳ほどのスペースで、上方に小さな明かり取りの窓がついているだけ。まだ外は暗いらしく、したがってトイレの中も真っ暗である。私はヘッドライトを頭につけた。便器は細長い溝の最後部に四角い穴がついているボットン式。半分割れたプラスチックの水差しに半分ほど水が入っている。カビや糞便《ふんべん》の異臭が立ちこめ、もしソマリアの刑務所に独房があればきっとこんな感じだろうと思わせたが、そんなことを気にしている場合ではない。意を決してしゃがんだ。

トイレは蒸し暑く、気張ると汗が全身から噴き出した。なんとか便を外に出そうとするが、腹筋に力を入れると、なんと肛門全体が下がってくる。脱腸のようで、ゾッとした。

いったい我が秘境では何が起きているのだろうか。おそるおそる爪で探ると、ブツの一部が顔を出している。石のようにカチカチだ。「冗談だろ!?」汗が冷や汗に変わった。

昔、本で読んだヘロイン中毒者の話を思い出した。ヘロイン中毒は薬が切れないかぎり、命に関わるような副作用はない。唯一悲惨なのはひどい便秘に襲われることで、中毒者は爪で便を掻《か》き出す——たしかそんな内容だった。

「俺も掻き出すしかない」

そう決意し、爪でひっかいてみた。ほんの少し破片が剝がれ落ちる。まるで粘土のようだ。絶望的な気持ちをおさえ、少しずつ少しずつ爪でかき、指で掘り出す。

汗で目が見えない。外は人の声で騒がしくなっていく。出発が近づいているのかもしれない。焦りが募る。半分トランスしたような状態で私はブツと格闘を続けた。

三十分が経過した。まだ親指の先ほどのブツしか出ていない。何度も諦めかけたが、他に道はないのでただただ頑張る。

世界から遊離し、ただ一人になったようだった。もう気力が続かなくなり、絶望しかけたときである。

ふと、肛門の感触が変わった。試しに踏ん張ると、二匹のツチノコみたいなものがずるずるっと出現した。

「助かった!!」

顔をあげると、上部の小さい窓から朝の光が差し込んでいた。神々しいとさえいえる瞬間だった。

疲労でよろめきながら部屋に戻ると、ハムディがびっくりした顔で「どこに行ってたの?」と訊いた。私が突然姿を消したとジャマールから報告を受け、拉致されたかと気を揉んでいたらしい。

説明する気力もなく、ひとこと「出たんだ……」と呟き、部屋の寝台に倒れ込むと意識を失った。


目が覚めると、八時だった。長老たちはすでに朝食を済ませ、食堂で会議を行っていた。私はハムディがとっておいてくれたピーマンとジャガイモの炒め物と薄焼きパンのルホ(ここ南部ではアンジェロと呼ばれる)を少し口にした。いまだ朦朧《もうろう》としていて味がよくわからない。思い返せば、以前ジブチからハルゲイサまでのパリダカ的夜行便に乗ったとき、朝方、放心しながら食べたのもルホだった。

モガディショに帰りたかった。もうカメラのバッテリーは切れていた。ヘッドライトはトイレに置き忘れ、探しに戻ったが見つからなかった。着替えもない。日記帳とメモ帳も残りページがほとんどない。要するに取材道具が尽きかけているのだ。体は汗と土埃でぬか漬けのような悪臭を発し、恐怖の大王との戦いで全身が疲労困憊《こんぱい》している。

さらにこの日の昼にはサミラの実家で会食する予定になっているばかりか、夕方にはソマリア新政府の首相に面会するという大事も待ち構えていた。一刻も早くモガディショに帰らねばならないのだ。

ようやく長老たちが席を立ち、出発の準備を始めたときは心底安堵した。

ところがである。コンボイはまたしても首都と反対の方角へ進み出した。

「どういうことなんですか？」ハムディたちが問いただすと、知事は「飛行場を見学するだけだ。心配するな」と笑った。

ワンラ・ウェインから十五キロほど行ったところに、バリ・ディグレという飛行場がある。一九九一年に内戦が始まってから二〇〇六年に「イスラム法廷連合（マルチ氏族のイスラム厳格主義武装勢力。この中の過激分子が後にアル・シャバーブとなった）」が首都を制圧するまで、モガディショの空港は破壊されて使用できない状態にあった。その間、代わりに使われたのがこのバリ・ディグレ飛行場だ。どんなに戦闘が激しいときでも、ナイロビからこの飛行場にカートを積んだ飛行機がせっせと着陸したという。

私たちのコンボイは大きなコンクリートの建物がある前に車を止めた。「すぐ帰る」というから、デイパックは車内に置き、手ぶらで外に出た。アル・シャバーブに五年間占拠されていたこの空港は、今ではアミソムの基地となっている。

何十人という迷彩服のウガンダ兵が歩いている。軍服を着た白人も何人か見える。アメリカかEU（欧州連合）の軍事顧問らしい。

車体に大きく「AU（アフリカ連合）」と黒字で記された装甲車が十数台、駐車されていたり、低速で移動していたりした。先端に取り付けられた機関銃がまるで雌のカブト虫の口吻《こうふん》のようだ。ものものしくもあり、どこか間抜けでもある。

戦車もあった。ドッドッドッと大型トレーラーや船舶のような鈍重なエンジン音を響かせている。エンジンがかかっている戦車など初めて見た。私がまず思ったのは、「燃費が悪そうだな」ということだ。装甲車ですらリッター二キロくらいしか走りそうにない。戦車のエンジン音は装甲車の三倍くらい重厚で、ガソリン消費量もそのぐらいではないかと思った。戦争にはひじょうにカネがかかると実感させられる。

ソマリ人の兵士も何人かいたが、驚いたことにうち二人は女性、しかもどう見ても六十歳前後だった。現代の日本とちがい、こちらの六十歳とは孫が十人か二十人おり、ひ孫もいるという年齢だ。実際、しわだらけの顔とぽっこり膨らんだお腹、不慣れな軍靴でよたよた歩くさまは「おばあさん」と呼ぶしかない。

「どうしてソマリア政府はおばあさんを兵隊にするんだ？」と訊ねると、「経験者なのよ」とハムディは答えた。

一九九一年以前の独裁政権時代、国軍に所属していた元女性兵士に声をかけて再雇用しているのだという。アル・シャバーブには女性もしくは女装した男のテロリストもいるので、ボディチェックを行うための女性兵士が不可欠なのだが、若い女子を徴兵するなど親が許さないうえ、イスラム的に男女一緒に行動させることが難しい。その点、おばあさんなら異性間不純行為も起きず、元兵士なら本人および家族に心構えができていて良い——といったところらしい。

性差の彼岸に達しつつあるおばあさん兵士はひじょうにさばけていた。同時に妙な色気もあった。私がソマリ語で挨拶すると、ガシッと私の腕をつかんで引き寄せ、「あら、ソマリ語話せるじゃない。あたしと結婚しない？」としなを作った。周りが大爆笑するので、私も「じゃあ、結婚式はいつやる？　今？」などと返し、やんややんやの喝采である。

しばし馬鹿話に興じたあと、彼らから離れた。ハムディや他のジャーナリストたちはどこへ行ったのか、姿が見えない。ふらっとコンクリートの建物の方へ足を向けた。ずんぐりしたウガンダ兵が二人だらっと腰を下ろしているので、なんとなく iPhone で写真を撮ると、彼らから「どうして断りなく写真を撮るんだ？」と言われた。しかしソマリ人とちがい、その口調は気だるく、抗議なのか愚痴なのかもわからないほどである。

ウガンダ兵はいつどこで見ても倦怠感《けんたいかん》をバリヤーのように身にまとっている。

「ソマリアはどう？」と訊くと、「暑い」と一言。

「ウガンダだって暑いだろう？」

「あっちじゃ防弾着なんか着ないよ」と答える。そして付け加えるに「ソマリ人の兵隊はいいよな。あいつらは防弾着も何もつけないんだから」。

アミソムは安全第一をモットーにしているので、兵士は戦場で防弾着とヘルメットの着用が義務づけられている。一方、ソマリ人の兵士は政府軍だろうが、反政府軍だろうが、民兵だろうが、誰もそんなものをつけない。義務や規定がないばかりでなく、そもそもソマリ人はそういった防具を「格好悪い」とか「あんなの臆病者がつけるものだ」と嘲《あざけ》っている。彼らはどんな危険な戦闘の際も〝空身《からみ》〟だ。ソマリ兵士は「見栄第一」がモットーなのである。だから、折に触れてソマリ人はアミソムの兵士を馬鹿にしている。

私たちが気のない会話を交わしていると、「ムズング！　こっちに来い！」と知事が手を振っているのが見えた。ムズングとはスワヒリ語で「白人（ガイジン）」の意味だ。早足でそちらに行くと、「ほら、早く、早く」とせきたてられた。目の前には装甲車が一台止まっており、後部ドアが開いている。「早く乗れ！」

え、乗れるの？　ラッキー！

急いでタラップを登り、装甲車の中に入った。車内は狭かった。身長百七十センチ弱の私でさえ身をかがめないと歩けない。両側に長椅子があり、床には弾薬の箱やら防弾チョッキやら予備のタイヤやらが散乱しており、足の踏み場もない。夏、運動部の部室に入ったような匂いが鼻をつく。

知事とハムディも後から入ってきた。

別に装甲車に乗ったからといって何も得することはないが、ソマリ・マニアとしてはコレクションが増えたような気分である。

ガガガという耳障りで鈍重な音を立て、装甲車は動き出した。

飛行場は広い。敷地全部を警備しきれないので、万一を考えて、装甲車で滑走路などの施設を見学するのだろうと思った。

車体にそって細長く、幅十五センチ程度の窓がついている。二重の防弾ガラスの窓だが、何カ所か砲弾による罅《ひび》が入っていた。最後部の鉄扉にも同じような窓があり、そこから装甲車が四、五台連なっているのが見える。他のジャーナリストたちはそちらに分乗しているらしい。装甲車の合間を知事や議員の乗ってきたランドクルーザーが走っている。荒れ地のような場所を走っているせいか速度はのろい。時速十キロ程度だ。

ところがである。行けども行けども何も施設が見当たらない。そのまま周囲がブッシュに変わっていった。走っているのは飛行場ではなく未舗装道路のように見える。

「どこに行くんです？」おそろしく嫌な予感を抱きつつ知事に訊くと、彼は窓の外を見たまま、「レーゴ」と答えた。

「レーゴ？　どこです？」という私の質問より早く、ハムディが「レーゴ！」と驚きの声をあげた。彼女は知事を激しく問い詰め、知事は小狡《こずる》い笑みを浮かべてそれをいなしている。ハムディは「信じられない……」というような口調で深くため息をついた。

「レーゴは別の町よ。飛行場から五十キロも離れてるのよ！」

「五十キロ!?」血の気がざっと引いた。

「そうだ。今日はだからレーゴに泊まる」と知事。

冗談ではない。前にも言ったが、私はこの日、サミラの実家で昼食会に出なければいけないのだ。今頃サミラ宅では一家総出で御馳走を作っているはずだ。夕方からの首相とのアポをすっぽかすというのも論外である。

いや、それどころではない。三泊四日の取材は終わりに近づいており、私は明日の早朝七時にモガディショの空港に行かないと、帰りのロンドン行きの飛行機に乗れない。ロンドンではすぐ東京行きのフライトに乗り換える。いずれも変更不可能なチケットである。つまり、帰りのチケットが全部パーになってしまう。買い直したらざっと二十五万円くらいかかるだろう……。

「知事、そんな場所には行けない！　俺は降りる！」本気で怒鳴ると、

「ここは前線だ。そこら中に敵が潜んでいる。アミソムの車じゃないとすぐに死ぬぞ」

知事はにやっと笑った。

呆然である。いつの間にか戦場に出ていたのだ。

もしここで帰らなければ二千ドルも余計にかかるのだと大声で繰り返すが、知事は「そのくらい俺が出してやる」と平然としている。しまいにはハムディまでもが「大丈夫。知事が払ってくれる。彼はお金持ちだから」などと寝言みたいなことを言う。払うわけないじゃないか。

朝、クソと格闘していたときと同じくらいの焦燥感でハムディに「帰らなきゃいけない」「飛行機に乗れない」と訴え続けていると、彼女は唇を噛んで沈黙してしまった。責任を感じているようだ。でも元はといえば、私がモガディショの外に出たいと熱望するから彼女が一生懸命アレンジしてくれたのだ。それに悪いのは知事であり、彼女のせいでもないのに……と同情しかけたときである。

「イスケイロウ！（忘れなさい！）」とハムディが怒鳴った。「パーティも首相も飛行機も二千ドルもみんなイスケイロウ!!」

思わず噴き出してしまった。忘れろはないだろう。でも一度笑ってしまったら負けだ。実際問題、アミソムに従軍してしまっている以上、引き返すのは不可能なのだ。

議論がおさまり、車内に沈黙が漂った。エアコンは故障し、窓は開かない。激しい揺れと振動、そしてこの狭さは地上をのたくる潜水艦のようだ。天井に開いたハッチから顔を出して機関銃を構える兵士のところから、わずかに外の乾いた空気が漏れてくる。

とてもこの状況が現実とは思えなかった。

昨日、モガディショ市外の木賃宿に泊まったことさえ信じがたかったのに、今や着の身着のままで最前線に向かって行軍しているのだ。ファイル、チケット、日記帳、それに現金、カメラまでほぼ全部、飛行場に止めた車の中だ。ハムディも同様に、ハンドバッグ一つ持っていない。

南部ソマリアはこういう場所なのだ。戦争と日常に切れ目がない。人々も状況に平気で流されていく。

レーゴまでのちょうど中間地点くらいで、装甲車が一台故障した。アミソムの兵士が「外に出るな」と制止したが、知事は「ここは俺の生まれ故郷だ。俺はなんでもわかっている」と見当違いな答えを返して、車を降りた。止まった車の中にいると蒸し焼きになりそうで、しかたなく私たちも外に出た。

じりじりと陽《ひ》が肌を焼く。鳥の声が乾いた草の中から聞こえる。遠くになだらかな丘が見えた。知事はそれを指さした。

「あそこにアル・シャバーブの連中がいる。昼間は出てこないが、夜になると来る」

木もまばらな禿《は》げ山が彼らの砦なのだろう。それはホーン・ケーブルTVハルゲイサ本局を思い出させた。ずいぶん遠くに来てしまったものだ。ワイヤッブの屈託のない笑顔がなつかしかった。彼は今、この時間も平和なソマリランドで、「替天行道」の政府批判を続けているのだろうか。

私とハムディは、トゲだらけの灌木の陰に腰を下ろした。

「知事は悪い人よ」とハムディは言う。「顔はにこにこしているけど、私たちのことなんか何も考えていない。言うこととやることが全然ちがう」

「そういう人は日本では『アローシャ・マドウ（腹黒い）』って言うんだ」私は答えた。

腹黒い、腹黒い……とハムディは繰り返してうなずいた。

どうしてこんなことになったのか。どうやら、知事は有頂天になっているようだった。ハムディ曰く、彼はシャベル・ホーセ州の知事でありながら、アル・シャバーブが支配していたため、自分の任地にこの五年で一度も帰ることができなかったという。任地であるばかりか、自分の出身地でもある。

それがやっとアル・シャバーブが撤退し、帰ることができた。しかもメディアを大勢連れてきている。中にはガイジンのジャーナリストもいる。凱旋《がいせん》帰国というわけだ。テレビ出演自体、初めてかもしれない。村やワンラ・ウェインで行った記者会見での彼の得意気な顔を思い出した。地元の英雄然としていた。

彼は思ったのだろう。この愉快な凱旋ツアーを止めたくない、もっと自分の故郷の人々に勇姿を見せたい、テレビで全ソマリ世界にも見せつけたい、と。私やハムディ同様、彼も有名になりたいのだ。

もうちょっと、もうちょっと……と、マスコミ陣を騙《だま》して連れてきたというところなのだろう。

放心しながらただ鳥の声を聞いていると、ウガンダ人のアミソム司令官がやってきた。頭をつるつるに剃《そ》り、体はがっしりしていて、いかにも歴戦の強者《つわもの》という人物だ。英語で私に「あんたがたはレーゴに何しに行くんだ?」と訊く。「知らない。あなたも知らないのですか?」と返すと、彼は苦笑して首を振った。

知事以外、誰もこの状況を理解していないのだ。

しかし、どうやら司令官が気にしているのは現状でもなければ見慣れない日本人ジャーナリストでもなく、「掃きだめに鶴」的な美貌を発揮しているハムディのようだった。

「一緒に写真撮ってくれ」彼はハムディに言うと、私にコンパクトカメラを渡した。ファインダーをのぞくと、ツンとしたハムディの横でコワモテの司令官は恥ずかしそうな笑みを浮かべていた。

——俺は一体何をやってるんだろう……。

今回の旅で何回目になるかわからない思いに包まれながら、シャッターを切った。

ザクリヤらソマリの他のジャーナリストたちとアミソムの将校たちがなんとなく集まって来た。ソマリ人たちは予想外のレーゴ行きについては特に気にしているふうでもなく、アミソムの若い将校に「ソマリの娘と結婚しろ!」などと囃《はや》し立てている。ビデオカメラ以外、全員手ぶらなのに元気である。アミソムの将校は対照的に「僕たちは軍の規則で現地の女性との交際が禁じられている」と公式声明を返す。

何もかもがデタラメなこのソマリアの地で、アミソム将校の生真面目さは滑稽なほど場違いに感じられた。

3. 最前線の村に舞い降りた天使

午後三時頃、レーゴに到着した。実はレーゴはシャベル・ホーセ州を越えて、さらに向こうのバーイ州に属すると後で知った。つまり、日本に置き換えれば、最初は都内から千葉県松戸まで昼飯前に往復する予定が、千葉市で泊まることになり、さらに翌日は成田を経由して茨城県まで入ってしまったという感じか。

もっともそのとき私も他のジャーナリストたちも、この小さな町がシャベル・ホーセ州にあると思い込んでいた。モガディショのソマリ人もレーゴなどという村に毛が生えた程度の町のことを何も知らなかったのだ。

実際、レーゴは一本の壊れかけた舗装道路の両脇に草葺きやトタン葺きの民家が建ち並ぶ「村」としか言いようのない集落だった。電気も水道も宿屋も食堂もなかった。

私たちが装甲車を降りたのは、村はずれにあるアミソムの基地だった。砂地の上にテント（遊牧民用ではなくアウトドア用）が点在し、灌木がぽそぽそ生えているだけ。「地の果て」という言葉がぴったりの前線基地だった。こんな地で戦争をしているというのが信じられなかった。どこかの惑星で異星人同士が戦っているSFドラマに紛れ込んだような気分でもあった。

アミソムとソマリア政府連合軍の最前線。この村を取り囲む平原の至るところにゲリラ化したアル・シャバーブの軍が潜んでいるとのことだった。つい数日前、ハルゲイサでソマリ家庭に入り込み、女子たちとお喋りしたり家の中でじゃれたりして「ソマリ最大の秘境に到達した！」と無邪気に喜んでいたが、今度は全く別の意味の〝秘境〟に迷い込んでしまった……。

知事は私たちを引き連れ、この現場を統括するアミソムの司令官に挨拶をした。ソマリ人の多くがそうだが、この人は特に雄弁だ。英語はさほど上手ではないのに、テンポ良く情感をこめて実にうまく喋る。

「ここにはジャーナリストの人たちも取材に来ています。彼らがあなたがたの活動を取材し、全ソマリアに報道してくれるでしょう」と前置きして、報道陣をグループごとに紹介した。

「こちらがユニバーサルTV、こちらがホーン・ケーブルTV、そして彼は」と私を指さして、「ニューズウィーク・ジャパンの記者です！」。

勝手な雑誌をでっちあげている。もう苦笑するしかない。

その後、ランクルに乗り換え、二キロばかり離れた村に入っていった。大きな敷地をもつ一軒家が私たち取材陣とソマリ兵士用の宿舎としてあてがわれた。

機関銃や自動小銃を手にしたアミソムのウガンダ兵もわれわれの宿舎の護衛のため、数名が派遣された。だが、彼らは門の前に陣取り、決して中には入らない。また、ソマリ兵とも必要最小限の会話しかしない。タバコ一本受け取らない。そのような規則か命令なのだろう。

ジャーナリストの一団は二畳くらいの蓙を建物の軒下に敷き、その上に座り込んだ。私も彼らに混ざって蓙の端に腰を下ろした。ギョロ目のザクリヤ、ひょろ長いカメラマンのピノキオ、愛国者で信心深い記者のアブディリサック、そして名前をまだ覚えていないユニバーサルTVやシャベル・ラジオの男たちが一山いくらで売られている市場の芋のように、蓙の上にごろごろと転がった。

彼らは全員着の身着のままにもかかわらず、奇声や歓声をあげては騒ぎ、カンフーやプロレスの真似をしたり、依然として修学旅行状態を維持している。

ザクリヤが大きな目をさらに見開いて、「タカノ、俺は割礼してない娘とやりたい。一人紹介しろ！」と突然激しい下ネタを飛ばすと、ハムディが自分の履いていた木のサンダルを脱ぎ、ザクリヤを容赦なくぶっ叩く。ザクリヤが「イテテテ！」と叫び、他の奴がウヒャウヒャヒャと笑い転げ、別の奴の上に倒れ込み、そいつもまた隣の奴に倒れ込んでドミノごっこ。

どうしてこの人たちはこんなにも子供っぽく、幸せなのか。知事の名誉欲につきあわされ、さんざん騙された挙げ句、最前線に連れてこられたというのに。常に死と背中合わせで生きるにはこうでもしないとやってられないのか。

ちなみに、ハムディがいつもサンダルで男子連中をぶっ叩くのは彼女が荒っぽいからだけではない。ムスリムの女子は男子の体に直接触れてはいけないから、叩くのにも武器が必要なのだ。

日が暮れかけてから、村人がヤギを一匹連れてやってきた。木の下で殺して捌《さば》く。それを政府軍の兵隊たちが大鍋でぐつぐつ煮込んだ。米も同時に炊いている。野外の煮炊きの匂いほど心浮き立たせるものはないが、匂いばかりでいつになっても料理はやってこない。

空腹も限界を超えた八時過ぎ、レジ袋くらいの大きさのビニール袋がいくつも配られた。袋の中にはぶつ切りのヤギ肉とご飯がぶちこまれていた。こんな配給方法は二十数年に及ぶ私の辺境体験でも見たことがない。

「タカノ、兵隊飯だ！」と甲高い声でピノキオが叫んだ。

ソマリの兵士たちは敷地のあちこちで二人か三人で一つのビニール袋を囲んでしゃがみ、代わる代わる手を突っ込んで肉ご飯を頬張っていた。皿がないし、あったとしてもこっちの方が洗う手間が省けて便利なのだろう。

うっすらとした月明かりの中、私もザクリヤ、ハムディと三人で兵隊飯を分けた。地面に置いた袋の周りにしゃがみこみ、順番に手を突っ込む。闇鍋ならぬ闇袋で、中をのぞきこんでも何が入っているのか暗くてわからない。油を入れて炊いたご飯と煮たヤギ肉の香ばしい匂いがもわっと立ちのぼって鼻腔《びくう》と食欲を刺激した。

右手を袋に突っ込み、手探りで肉の塊と米をつかむ。ソマリ式にそれを寿司でも握るかのように軽く握る。そして袋から出すと口に放り込む。塩気と油分と熱が口の中に広がる。

「うまい！」

ヤギ肉は煮込む時間が足りなくて硬かったが、腹が減っているだけに食べ応えがあった。それにこんなシチュエーションで飯を食った経験もなく、面白くもあった。ソマリ人もこのときばかりは喋るのをやめ、ガツガツとむさぼっている。

食べ終わると、知事が現れて大声で私たちに言った。

「いいか、村の周りにはそこら中にアル・シャバーブがいる。絶対に気を緩めるな。それから夜の間はどんなことがあっても絶対にこの家から外に出るなよ。もし知事が呼んでいると誰かが呼びに来ても出てはいかん」

昨日ワンラ・ウェインでハムディがそうであったように、知事もまた自分の兵隊を完全に信用していないことがわかった。なにしろ、私たちの宿舎を取り囲むようにアミソムとソマリの兵士が機関銃と自動小銃をかまえて寝ずの番をしているのだ。外から来た者がこっそり中に入ることなんてできない。できるとすればそれはわれわれを護衛しているはずの兵隊である。

ここまで「護衛の兵士」「知事の兵隊」「政府軍の兵士」などと雑多な表現を使ってきたが、それはひとえに私自身、兵隊たちの素性がよくわからなかったせいだ。兵隊たちは格好もまちまちである。ちゃんと軍靴を履き、きちんとした軍服姿の者もいれば、頭に布を巻き、サンダル履きの「いかにも民兵あがり」という風体の者もいる。

彼らはいくつもの意味で混成部隊だということがハムディたちの話でだんだんわかってきた。まず、私がジャマールともう一人の兵士を護衛に雇って連れてきているように、知事や国会議員も、ふだんから護衛に使っている兵士を連れてきている。彼らは全員が政府軍兵士かどうかわからない。中には単に同じ氏族の民兵もいるのかもしれない。その辺はハムディや他のジャーナリストにも区別がつかないらしい。

その他に、知事と議員は今回のミッションのために、政府から軍勢を与えられている。彼らは間違いなく政府軍の正規の兵士のはずだが、そもそもその正規兵が他の国の基準では「正規」とは言い難い。というのは、政府軍の兵士は、各氏族や武装勢力が政府のために差し出した（あるいは貸し出している）元民兵で構成されているからだ。汚れてくたびれた軍服の肩口にそこだけ真新しい青のソマリア国旗が縫い付けられている兵隊が大勢いる。要するに、ごく最近、政府軍兵士になったばかりなのだ。そして、彼らは、もし自分の所属する氏族や武装勢力が必要とすれば、すぐに呼び戻されてしまうだろう。あたかも国連の多国籍軍みたいな状態なのだ。彼らは、自分が所属する氏族もしくは武装勢力が政府と仲違いすれば、ただちに政府軍に銃を向けることになる。

また、中には「一匹狼《いっぴきおおかみ》の民兵」もいるらしい。彼らは昔の日本の戦国時代にいた「浪人」のような立場で、戦場を渡り歩き、傭兵《ようへい》になったり海賊の実行犯になったりする。金で動くので、ときには政府軍にもぐりこむこともあれば、アル・シャバーブの手先になり外国人を拉致したりもする。

その他、可能性としては、アル・シャバーブの手先が政府軍の兵士のふりをしていることだって十分考えられるし、政府軍兵士が私たちを見て、「こいつらを拉致してアル・シャバーブに売れば金になるぞ！」と欲にかられることもあるだろう。

要するに、われわれを護衛する兵士とは「信用できない有象無象の輩」なのだ。だから私たちが本当に信用できるのはジャマールともう一人の「個人的な護衛」だけだし、知事にとっても「直属の護衛」だけなのだろう。

ハムディと知事、それにソマリ政府軍の将校（この地に何人か駐屯している）だけが宿舎の中で寝て、私を含めた大多数は庭に敷いた蓙の上に横たわった。空には満天の星がまたたいていた。こんなに美しい星空を見たのは久しぶりだった。地球上に暮らす者は見える星座に多少ちがいはあれども、みな等しくこの星の下で暮らす。なのにどうしてこれほどまでに環境がちがうのだろうか。

蚊の羽音がブンブンしたが、この日の疲労がどっと押し寄せ、私は眠りに落ちた。

眠りに落ちたときまではよかったが、結果的には最悪の晩だった。蚊がひどかったのである。兵隊がどこかからもってきてくれた蚊帳にくるまって寝たが、蚊帳にはソフトボール大の穴がいくつも開いており、用をなさなかった。羽音とかゆみでうとうととしては目覚めるというのを繰り返した。

明け方にやっと少し眠り、目覚めたときは顔がぼこぼこに腫れ上がっていた。しかも、この暑さの中、丸二日間着替えも水浴びもできないため、全身が汗と土埃に覆われた別の生き物になっているようだった。

——こんな場所からは一刻も早く脱出したい……。

ジャーナリストたちはみんな同じ思いであり、朝から知事を問い詰めた。だが、結局ここはアミソムの基地であり、知事には何の権限もないとわかった。基地を統括するアミソムの司令官もまた、われわれの不意の到来に困惑しているようだった。

政府の重要人物やマスメディアが予告もなしに前線に来るなど普通はありえないのだ。ホーン・ケーブルTVで最も弁が立つレポーターのアブディリサックが司令官のところに何度も掛け合いに行ったが、「待て」と言われるのみだという。

ハムディはハムディで、私のために奮闘してくれていた。昨日は私の帰りのチケットを「忘れろ！」と言い放った彼女だが、こちらに着くなり、モガディショのホーン・ケーブルTVスタッフに電話をかけまくって、空港やトルコ航空に顔の利く人間を片っ端から探してくれ、私のフライトを変更するよう働きかけていた。

最終的には四百ドルの手数料（正式の手数料と袖の下を足したもの）を支払って、翌日（日曜日）のフライトに変更してもらうことに成功した。日曜日のフライトに無事乗ることができれば、ロンドンから東京へのフライト乗り継ぎにギリギリ間に合う。それでも変更手数料とホテル代、車代、兵士代などを合わせて千ドルくらいの損失となるが、もはやそんなカネは手元にない。ハムディに借りるしかない。

先の見えない不安と蓄積した疲労で砂の詰まったずだ袋みたいな体をひきずり、村の茶屋で朝飯を食った。茶屋といっても店や屋台ですらなく、おばちゃんがアカシアの木陰の七輪で紅茶と薄焼きパンのルホを作っているだけである。

ルホは今までトマトソースなどのたれをつけて食べていたが、ここでは人々は砂糖をたっぷり入れた紅茶に浸して食べていた。文字通り「お茶漬け」である。おそらくソマリの人たちにとって最もシンプルな朝飯だろう。

口に運ぶと意外にもすごくうまい。紅茶の香ばしさ、甘みが焼きたてのルホに染みこみ、胃の中がほかほかと温かくなる。シンプルだが本当に現地でしか味わえない料理だ。

「いや、これこそ現地の味ってやつだな」なんともいえない充実感があった。

そのときである。自分に異変が起きた。恐怖の大王ではなく、幸せの天使が舞い降りた。

脳の中で突然何かが変わったのだ。目に見えているものが突然、モノクロからカラーに変わったような気がした。そして、気づいた。

「俺の悲願が叶ってるじゃないか」

南部ソマリアの素の姿を見たい、普通の生活を体験したい――。絶対に無理だと思えたことが今まさに実現しているのである。というより、村の生活などあまりに贅沢《ぜいたく》すぎて望みもしなかったのに、いつの間にかそのサイクルに入っていた。

ここには電気も来ていない。水はバケッドという貯水タンクからバケツでくみ上げるもののみだ。

朝起きたときは、敷地の庭に生えている「木ブラシ」の木から枝をへし折って、歯を磨いていた。町では屋台で売られているが、村ではその辺に生えているのをむしりとるだけなのだ。

木ブラシはさわやかな苦みが心地よく、ふつうの歯磨き粉とちがい、長い時間、他のことをしながら磨き続けることができる。歯で噛むと繊維がほどけ、歯の隙間にくまなく入っていく。ソマリ人の歯は見とれるくらい白い。ザクリヤのようなヘビースモーカーの歯ですら、歯磨き粉のCMに出られるくらいピカピカに光っている。それもこれも木ブラシの力だ。これに慣れたら、なるほどあんなちゃちなプラスチックの歯ブラシと薬臭い歯磨き粉なんて口にしたくなくなる。

そして、そのあとはお茶漬け。日本でもそうだが、外国人旅行者がお茶漬けを食べるのはなかなか難しい。現地の人にとってあまりに身近なものは価値が低いので、食堂やレストランのメニューにならないのだ。ルホ茶漬けにしても、こんな田舎の村だからこそ朝飯として売っているわけで、都市部ではまずお目にかかれない。

ソマリの「素の姿」を追い求める私にはこの村はまさに宝の山であり、人跡まれな桃源郷だと気づいたのだった。

宿舎にいったん戻るが、何も進展しないので、今度は村のメインストリート沿いにある茶屋に出かける。ホーン・ケーブルTVスタッフと護衛の兵士が同行する。

大きな木々の合間を吹き抜けてくる風が気持ちよい。

村の人たちの生活がよく見える。水を汲《く》んで帰る女性、ヤギを追い立てて放牧に出かける若い男、穀物の袋を背負い市場へ向かう人々……。

これではアル・シャバーブの支配にもさして文句はなさそうだなと思う。

アル・シャバーブはアフガニスタンのタリバン同様、過激な生活規範を住民に押しつけている。音楽を聴いてはいけない、映画を観てはいけない、酒やタバコは絶対禁止、男はズボンの裾を短くしなければいけない……。これらに違反すれば、みんなの見ている前で舌をナイフで切り取られたり、喉を掻き切られて殺されてしまう。

誰かに命令されることを何よりも嫌うソマリ人がなぜアル・シャバーブの言うことを聞いているのか。支持する人が多いのか。

それは田舎では別に「過激」でもなんでもないからだ。電気がないのだから、音楽や映画などあるわけがない。酒やタバコなどといった贅沢な商品など買える人はそうそういないだろう。ズボンの裾云々《うんぬん》どころかズボンを穿《は》いている人がいない。男子は女子同様、みんな腰巻きである。

以前、取材で訪れたアフガニスタンの村でも同じだった。だから、私は前からタリバンやアル・シャバーブのようなイスラムの厳格な過激派勢力を「マオイズム」ではないかと思っていた。農村主義である。都市の人間は堕落し、田舎に正しいものが残っているという考え方だ。

都市の堕落とは酒やタバコや不純異性交遊、音楽や映画・スポーツといった享楽であり、とどのつまり西欧文明である。だからこそ、彼らは西欧社会やキリスト教徒を嫌う。マオイズムとは都市と田舎の格差を埋める経済的な闘争なのだ。地方が都市のようになろうとするのではなく、都市を田舎の側に引き戻そうという運動である。ソマリアで今現在起きていることもそうであろう。そして、アフガニスタンでも思ったことを、再び思ってしまう。

——こちらの生活のほうが正しいのではないか……。

経済発展だけを追い求めて自然環境を破壊し、人口がむやみに増え、他の生物はどんどん死に絶えていく世界。物質への欲望が際限なく募り、やみくもな競争に明け暮れる世界。先進国の巨大資本が牛耳り、彼らの価値観をどこまでも押しつけられる世界。そんなゆがんだ世界よりも、伝統にのっとり自然環境に合わせたここの人たちの暮らしのほうがよほどまっとうではないのか、と。

これは別に新しい考えでもなんでもない。世界中の多くの人が田舎暮らしに憧れ、環境、環境と声を嗄《か》らしている。だいたいにおいて、ではアル・シャバーブを支持するのかと訊かれたら、それはノーと答えるしかない。今現在も、私は油断するとその農村主義者たちに拉致されたり殺されたりしかねないのだ。西欧文明の代表者として。

ぼんやり思索にふけっていると、周りに村の人たちが集まってきた。中には銃を手にした民兵もいる。外国人やテレビカメラを持ったジャーナリストを見るのが初めてという人もいるにちがいない。

私がソマリ語で氏族を訊ねると、ドッと受けた。氏族ネタは場所を問わず、絶対にはずさない鉄板ネタである。その結果、このレーゴ村はハウィエ氏族の村だとわかった。といっても、ハバル・ギディル分家とガルジャール分家がおり、ハバル・ギディル分家の中にもハムディが所属する超武闘派・アイル分分家とドゥブレ分分家の二つがいるとのことだった。一般には「三つの氏族が住んでいる」とされるらしい。

髪が白くなった年配の民兵は、左手に刀傷をつけていた。

それは何かと訊ねると、「好きな娘ができたとき、目の前で手を刀で切って、血をたらしながら口説いた」と答えた。

茶屋に集まる年配者の男にはそういう刀傷を持った人が何人もおり、中には二つ三つつけている強者もいた。

「ソマリにはそんな習慣があったの!?」と驚くと、ハムディは「あたしだって初めて聞いた」と目を丸くしていた。この土地独自の習慣らしかった。

驚いたといえば、村人に混じってやってきた若いアミソムのウガンダ人将校に、ホーン・ケーブルTVの連中が言いたい放題だったのにも仰天した。

人のよさそうな将校は「もうすぐ基地から部隊がやってくる。あなた方をバリ・ディグレの飛行場に送り届けることになった」と吉報をもたらしてくれたうえ、わかりやすい英語で「何か困っていることがあれば、なんでも言ってほしい」と親切に言葉をかけてきてくれた。ところが、ソマリ人たちの反応はあまりに思いがけないものだった。

ザクリヤは「アミソムはソマリアで何もしていない」と突然言い放った。ハムディも簡単な英語を並べて、しかし痛烈に「アミソムはソマリ人のために来てるんじゃない。カネのために来てる」。

ピノキオにいたっては長い指で将校をまっすぐ指差し、「アミソムは防弾チョッキをいつも着ている。あんなものはソマリの兵隊は着ない。アミソムは卑怯者だ！」と罵った。

アミソムがソマリ人の間で不人気なのはたしかだ。アミソムは国連が認可した多国籍軍なので無理なことは絶対にしない。だから機動性に欠けるし、積極的に戦闘を行わない。ウガンダのソマリア派兵が「出稼ぎ」というのも事実である。というより、アジア・アフリカ諸国の軍隊が多国籍軍に参加するのは、すべて「出稼ぎ」なのである。そうでなければ、自分の国ですら不安定で貧しいのに他国の平和のために兵隊を出すわけがない。

その反面、アミソムの倫理基準は厳格なので、ソマリ兵のように市民をてきとうに誤射したり、一般人から略奪や強盗行為をすることはない。誤爆を繰り返す米軍よりもずっとマシだ。

だいたい、アミソムの存在がなければ南部ソマリアはとっくにアル・シャバーブの手に落ちていただろう。なにより今現在、私たちはアミソムに守ってもらっているのだ。

アミソムがいなければ、三十分と保《も》たず全員が生命の危機に瀕しているにちがいない。まったくよく平然とこんな暴言を吐けるものだ。

初めは苦笑交じりに反論を試みた将校も「卑怯者」発言には顔を強ばらせ、早口でまくし立てた。

「俺たちはルワンダをとり、コンゴをとり、スーダンをとった。野戦はお手の物だ。アル・シャバーブと手を組んで、おまえらの政府と戦ってやろうか？　ソマリアはすぐに平和になるぞ！」

彼の言うことは百パーセント真実だった。ウガンダ軍は実際に強い。強いのはいいが、近隣諸国を荒らし回り、国際社会でしばしば非難を浴びている。その非難をかわす材料作りというのもソマリア派兵の理由の一つなのだ。そして、ウガンダがずさんな政府軍と組んでも平和になりっこないが、アル・シャバーブと組んだらさっさと平和が実現するというのも本当だろう。それが人々にとっていいことかどうか別にすれば。

つまり将校はソマリ人にとっていちばん痛いところを突いたのだが、言われたほうはポカンとしていた。将校には全く気の毒なことに、ソマリ人ジャーナリストはみな英語が不得手で、人を罵倒することはできても、人からの罵倒は聞き取れないのだった。

将校はフッと荒い息をつくと、足早に去っていった。

「彼、怒っちゃったね……」とハムディがポツリと言った。なにか意外そうでもある。

私は腰が抜けそうになった。この人たち、あれだけ暴言を吐いておいて悪気がないのか……。私がハルゲイサで日々、見知らぬ人たちから「異教徒は地獄に堕ちる」とか「日本人の二十パーセントは頭がおかしいんだろう？」とか言われていたのも不思議ではない。

この人たちは単に思ったことを率直に口にしているだけで、悪気はないのだから。

同時に、ソマリ人に入れ込んでも、報われることはないのだろうなとしみじみ思った。ソマリ人は誰にも助けを求めていない。一方的な同情や愛情を必要としてもいない。言ってみれば、彼らは野生のライオンみたいなものだ。野生のライオンを愛するのは勝手だが、ライオンからも愛情を返してもらおうというのは間違っている。彼らの土地で、彼らの素の姿を眺め、一緒に生活をする。

それだけで幸せと思わなければとても一緒にやっていくことはできないのだ。

昼近くになり、装甲車を十台ほど連ねたアミソムの軍勢が村はずれの前線基地からやってきた。てっきり私たちを輸送するために基地が派遣した部隊だと思いきや、そのまま素通りして、バリ・ディグレ飛行場の方へ去っていってしまった。

一同、呆然である。

アミソムが約束を破る理由がわからないうえ、彼らからは何の説明もない。もしかしたら、あの若い将校が侮辱された腹いせを行ったのかもしれなかった。「アミソムはいらない」と言っているのだから、車に乗せてやる必要だってないだろうということだ。

そうであっても全然不思議ではない。

失意のどん底に落ちた報道陣をあざ笑うかのように、村の人たちがヤギを次々と連れてくる。ヤギを捌いて私たち全員が食べるまで四、五時間はかかる。つまり今日の出発はないことを意味している。誰がヤギをオーダーしているのかわからないのだが。

「またヤギか！」「ありえねえ！」

ザクリヤたちはワーワー騒いで怒るが、彼らは朝から晩まで騒いでいるので、傍《はた》で見ていても特に変わったことが起きたようには見えず、何も効果がない。ヤギに怒っているのも笑える。

この時点で私が日曜日のフライトで帰るというシナリオも崩壊した。帰りの航空券はすべてパーになったのである。しかしショックはなく、奇妙なほどすっきりした気分だった。村の生活が気に入ってしまい、「もっと長くいたい」という方向に気持ちが傾いていたのだ。あれだけ気にしていたカネのこともどうでもよくなってしまった。

ソマリ人のことをちっとも笑えないほど、刹那的で現金な人間になっていたのだった。

アミソム前線基地の司令官が白いランドクルーザーで私たちの宿舎にやってきたのは午後三時ごろだった。

「ただちに我々を帰らせてほしい」英語がまあまあ話せるアブディリサックが報道陣代表となり直談判を行ったが、司令官曰く「今日はパトロールに専念する。早くても明日だ」。

アブディリサックは「もうアミソムには頼まない。俺たちは自分たちの車で帰ろう！」と言い出した。知事や議員のランクルと護衛の兵士用のピックアップトラックもある。それに分乗すればいい。夜ならともかく昼間にアル・シャバーブは襲ってこないだろう。距離は五十キロほどだし、スピードを出して一気に行けば問題ないはずだ……。

他のメンバーも同意見で、アブディリサックは再度司令官と談判した。だが、司令官は「民間人に何かあったら困る。絶対に装甲車に乗ってもらう」と譲らない。一時は「アミソムの言うことなんか聞くことない。さっさと帰ろうぜ」と言う意見が多数を占めたが、さすがに前線では通らない話だった。

こうして、私たちはもう一泊することになった。モガディショを出て三日目が終わろうとしている。村の生活は気に入っているものの、さすがに着替えもタオルも、ライトも蚊帳もないことが悩みの種だった。水浴びもできなければ、夜ふつうに寝ることもできない。

司令官が車で立ち去ったあと、私はぼんやり突っ立ったままだった。何をしたらいいか、わからなかった。

「タカノ、買い物に行こう」とハムディが声をかけてきた。

「買い物!?」

おお、その手があったか!! 大喜びしてしまった。村には雑貨屋があるのだから買えばいいのだ。南部ソマリアでは（といってもついこの間までモガディショ市内にいただけだが）ついぞ「買い物」をしたことがないので、思いつかなかった。

ジャマールら計三名の兵士に付き添われ、村の雑貨屋に出かけた。これがめっぽう楽しかった。ほぼ全ての荷物をモガディショとバリ・ディグレの飛行場に置いてきた私は、今現在、何ももっていない。難民に等しい。その私が最低限必要なものを買う。欲しかったものが手に入るだけでなく、何がソマリ人にとって必需品なのかもよくわかるのだ。

買ったのはマウース（腰巻き）、汗をぬぐったり手や口を拭くための布（女性用の布を大きめの手ぬぐい程度の大きさに切ってもらった）、蚊帳、ペットボトルの飲料水、懐中電灯、ランニングシャツ、襟付きのシャツ、タバコ（自分では吸わないが他の人にあげるため）。

なんだか地元人として一から生活が始まるようでわくわくしてくる。

ジャーナリスト連中は誰しも三時間程度の外出と思って家やオフィスを出てきたので、まとまったカネを持っていない。私は腹に巻いていた百ドル札を放出した。こんな村でも雑貨屋はどの店もちゃんとドル札のお釣りをくれた。

食料は知事が用意してくれるらしいので、私たちはラクダの乳を買うことにした。カート便秘防止には必須だが、そうでなくてもソマリ人はラクダの乳をよく飲む。美味しくて安全で栄養がある飲み物だからだ。ここは飲み水よりラクダの乳のほうが豊富にありそうな土地で、乳売りの女性が七、八人、黄色いポリタンクを傍らに、大きな木の陰にしゃがみこんでいた。

私たちはソマリア・シリングを持ち合わせていない。「これでもいい?」と試しにドル札を見せたところ、「こんなもん、知らん」と首を振った。

ドルを知らないのか! すっかり感動してしまった。ソマリア・シリングは奇跡の通貨である。なにしろ、二十年前に政府が倒れ、同時に中央銀行も消滅したのに、そのまま国民の間に流通しているのだ。政府があった頃は公務員の給料を払うために札をむやみに刷ったのでインフレがひどかったが、政府がなくなると札を刷る人もおらず、かえって通貨は安定してしまった。今ではケニアやエチオピアといった隣国の人たちもソマリア・シリングを買いに来るという。アフリカではどこの政府もカネをたくさん刷るから通貨の価値が下がる。その意味では政府はないほうがいいくらいだ。

もっとも、ソマリアではホテルや航空券の支払いや、車や家を買うときはドルが使われている。兵士代、ガソリン代などもやはりドル払いだ。

だから「結局は米ドルの世界で、ソマリア・シリングはサブ通貨として利用されているにすぎない」という反論もある。だが、この村では米ドルを知らず、ソマリア・シリングだけを通貨として認識する人たちがいる。首都からものすごく遠いというわけでもないのに。きっとソマリアの田舎ではこんな村が普通にあるのだろう。要するに南部ソマリアでは今でも米ドルではなくソマリア・シリングが共通の通貨だと推測できた。

近くの雑貨屋で両替してもらい、やっと乳を買うことができた。

宿舎に戻ると、早速水浴びをして、新しい服に着替えた。生き返ったような気持ちだ。空は青く、太陽はギラギラと暑いが、乾いた風が新品の腰巻きの裾を揺らす。その心地よさ、自由な感触。思わず頬がゆるんでしまう。

しかし、ジャーナリスト軍団は私以外の全員が怒り心頭に発していた。

「カートだ！」「そうだ、カートでも食わないとやってられねえ！」

誰ともなくカートを求めて騒ぎ出したのだ。

これまた楽しすぎる展開である。南部ソマリアのジャーナリストたちはソマリランドの人たちほどカート好きではない。毎日やるような好き者はほとんどおらず、私が頼むと誰かが買ってきてくれて、一人か二人がちょこっとお相伴《しょうばん》してくれる程度だった。

つまり、彼らが自発的に始めるカート宴会は見たことがなかったのだ。

ジャーナリストたちが怒鳴りまくるので、知事が一キロ四十ドルという超高価なカートを買ってきて配った。なんでも、アル・シャバーブ時代にはここではカートが手に入らず、アル・シャバーブが去ってから、つまり最近になってやっと少量入荷されるようになったという。

カートはケニア産の「ミロ」と呼ばれる種類で、ソフトクリーム大の束（約百グラム）に小分けされている。

みんなで木陰の莚の上に車座になり、葉っぱをかじる。すぐ脇では村人が木の枝に吊したヤギをナイフ一丁と自分の拳を使ってするすると皮を剝ぎ、捌いていく。その向こうでは任務に忠実なアミソムの兵士が銃を構えて警戒を怠らない。彼らはカートなどに興味がないし、たとえ興味があったとしても規則で禁じられているから手を出さない。

私も腰巻きにランニングシャツという姿でカート宴会に参加していた。実を言えば、ランニングを着たのは初めてだった。

イスラム圏はだいたいそうだが、ソマリ人は特に人前で肌を見せることを嫌がる。だからいくら暑くても東南アジアや中国南部のように上半身裸でぶらぶらしている人など絶対にいない。だが、暑いとき、とくにカートをやって体が火照《ほて》ると彼らはシャツを脱ぐ。全部脱ぐわけにいかないからランニングに腰巻きという格好になる。これが彼らにとって最もリラックスした姿なのだが、私はランニングというものにひじょうに抵抗感があり、決して真似しなかった。私の中ではランニングは「おじさん」の象徴なのだ。もう四十半ばで「おじさん」もいいところなのに。

けれど、とうとうランニングに腰巻きという格好になってしまった。肩や首筋が涼しくて気持ちいい。どうして今までこのスタイルを拒絶していたのか我ながら不思議だ。あれだけ「ソマリ人になりたい、でもソマリ人が私を受け入れてくれない」と思っていたのに。ソマリ人が難しいのではなく、本当は自分に問題があったのかもしれない。

男がランニングなら、女性はどうするか。ハムディは雑貨屋で赤とオレンジと黄が燃える炎のように交じり合う柄の布を二メートル分ほど買い込んでいた。それを身にまとって水浴び場から姿を現したのだが、あまりにも美しく、目を瞠ってしまった。長い布

バリ・ディグレの飛行場。戦車が呑気に停車していた

最前線の村レーゴでラクダ乳を飲む
ジャーナリストたち

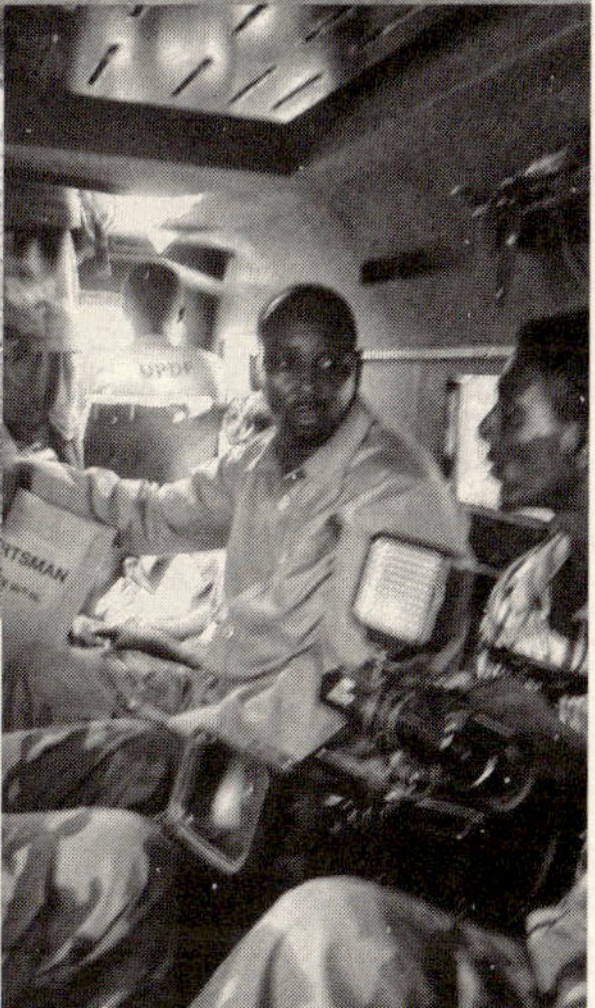

装甲車の内部。
まるで潜水艦のよう

を頭から足までぐるぐる巻き付けただけで、どうしてこうもファッショナブルになるのか。手品を見せられたような気分だ。彼女にとっては、それが最低限のお洒落であり、リラックスできる格好であるようだったが。

カートはジャーナリストだけでなく、護衛の兵隊にも一人二束ずつ配られた。彼らもまた予定を聞かされておらず、不満がたまっていたのだ。なるほど、ソマリ世界ではこうして軍の上官が兵士の機嫌をとるのか。日本の酒と同じだ。

ソマリ人兵士たちも本当は勤務中はカート禁止なのだが、そんな建前は軽く吹っ飛び、私たちと一緒にかじっている。タバコを吸い、大声で喋り、ラクダの乳を大きなプラスチックのカップに注いではガブガブ飲み、飲み終えると首にかけた布で口をぬぐい、カップを隣の人に手渡す。

まさしく南部の正しい農村生活にして、標準的な兵隊生活でもある。

ミロはソマリランドでよく食べるエチオピア産カートとちがい、少量でもよく効く。素面《しらふ》でも騒々しいザクリヤたちがカートでハイになったらどうなるのかと少なからず心配していたが、うるさい連中はむしろ口数が減り、静かになっていった。携帯で音楽を聴いたりして、自分の世界に入っているようだ。

面白かったのは、連中が知事を呼びつけ、「茶、もってこい！」「俺はコーラ！」と怒鳴り、知事が「はい、はい、ちょっと待ってね」と従順に応じていること。まるでウェイターと客のようなのだ。

たしかに今回の一件は知事に一切の責任があるとはいえ、社会的地位や年齢がまるでちがう。そんな横柄な態度がどうしてとれるのだろうか。不思議に思って訊ねると、「俺たちは知事の客だからだ」という答えがかえってきた。

彼らの説明によれば、ソマリの伝統では「マルティゲリン（ホスト、主人）はマルティ（客）を徹底的にもてなさなければいけない」という。客がどんなわがままを言っても、ホストはそれに従う義務がある。

同じことがモノを預けるときにも発揮される。例えば、ザクリヤはカートを食べると（水やコーラを飲み過ぎるせいだが）トイレがとても近くなる。その度に自分のカートを私に預け、隈取りをしたような目で私の目をのぞき込み、「アマーンカ」と言う。「絶対誰にも渡すなよ」という意味である。「天が来ても地が来ても預かったものは渡すな」というソマリのことわざも教わった。渡した本人の親兄弟が来たとしても、警察や軍が来たとしても渡してはいけないという。

ホストと客の関係はまさにそうだ。誰かが匿ってくれと言ってやってきたとき、その人物が誰であろうと、何をしていようと、敵に引き渡してはいけない。ホストは命と名誉にかけて守る。

だからこそ、知事は召使いよろしく、自ら水やコーラを生意気な若造たちに配ってまわるわけだ。

そして、私は彼らジャーナリストたちの「客」である。ハムディがなぜ私にこんなによくしてくれるのか、ようやく少しわかった気がした。

4. 危険すぎるジャーナリスト記念日

カート宴会の翌日。モガディショを出て四日目。

その日は朝から嫌な予感がした——なんてことは何もなかった。私はとても落ち着いた心持ちだった。もう帰りのチケットをふいにしていたし、相手はアミソムなので、何を言っても通じない。なにより村での生活が気に入っていた。南部ソマリアでここまで普通の村人みたいな生活を体験した外国人はいないかもしれない。貴重すぎる体験を満喫していた。

しかし、それはあくまで私の思いであり、若いジャーナリストたちの苛立ちは頂点に達しようとしていた。事態をわざと悪化させるかのように、知事はまたもや暴走を始めた。

「あっちのジャングルで記者会見だ！」と叫び、勝手に村から離れてどんどん歩いて行ってしまったのだ。ハムディや護衛のジャマールまでもが「危険だ」「勝手すぎる」と目を疑っていた。

ユニバーサルTVの連中だけは取材に行ったらしいが、ホーン・ケーブルTVとシャベル・ラジオはボイコットした。

「彼は本当に腹黒い、腹黒い……」とハムディは険しい表情で私が教えた表現を繰り返した。

ハムディを中心とするホーン・ケーブルTVのメンツは再び、そしてもっと真剣に、今すぐ自分たちの車でモガディショに帰ることを議論しはじめた。彼らは爆発寸前だった。

私は茶屋の椅子に腰掛け、じっと地面を見つめていた。赤茶けた土の上をアリの行列が進んでいる。行列を緑のイモムシが突っ切ろうとする。アリはイモムシにたかるが、イモムシはもぞもぞ動いて意に介した様子はない。

イモムシとアリの交錯を注視していたのは、暇だったからだけではなく、またそこに何かの啓示を得たからでもない。ソマリ世界で虫などめったに見ないから、物珍しかったのだ。ハルゲイサでもよく茶屋で暇を持てあましていたが、乾燥しすぎていて、蠅《はえ》と蚊以外の虫などまずお目にかかることがなかった。

南部は豊かなのだ、と何度目になるかわからない感想を抱いた。アミソムの司令官は「ここは水が少ない。それがいちばんの悩みだ」と語っていたが、それは緑豊かなウガンダと比べてのことだろう。北部のソマリランドやプントランドとは比べものにならないほど、みずみずしい土地である。

ぬるくなったミルクティーをすすり、ときどきアミソムや他のジャーナリストたちの動向を確認するため、立ち上がって数メートル歩き、道路や宿舎の方を見てはまた椅子に戻るということを繰り返しているうちに、イモムシが腹から体液を出してもがいているのに気づいた。もしかすると、私が知らずに踏んでしまったのかもしれない。アリがイモムシに襲いかかっていた。元気なときはアリが何匹たかろうと平然としていたイモムシだったが、今はもがき苦しんでいる。アリの集団が殺到し、イモムシを運ぼうとしている。抵抗するイモムシ、勢いづくアリ。

自分が原因かもしれないとはいえ、そこに諸行無常を感じた。

しばらくして、今や報道陣代表となったアブディリサックが呼びに来た。こちらが自力で帰ると強硬に主張したのが功を奏したのか、単に知事の気まぐれなのか、ハムディたちに侮辱されたアミソム将校が腹の虫をおさめたのか、理由はわからないものの、やっと出発のようだ。とはいえ、またどのように話が転ぶかわからない。あまり期待せずに、護衛の兵士の車に同乗し、アミソムの前線基地へ向かった。

アミソムのキャンプはきちんと整理整頓が行き届き、同時に気だるい雰囲気に包まれていた。ふと、ベトナム戦争時の米軍を想像してしまった。無論、ベトナムで主体的に戦争を行っていた米軍と、あくまで援軍にすぎないアミソムを同一視していいわけはないのだが、状況としては似たような感じだったのではないか。米兵も一体俺たちは何のためにこんなところに来て、こんなことをやっているんだと自問自答していたのではないか。ゲリラの来襲に怯え、自分が命がけで守っている地元の人々から嫌われ、でも任務を放棄することもできず、最後まで忠実に頑張っていたのではないか……。

大柄な司令官が出迎え、「昨日はすまなかった。今日はあと三十分で準備が整う。バリ・ディグレまで歩兵を展開させた。みなさんの安全のために万全を期した」と述べた。司令官たちと知事たちが会談を行うというので、私たちは一つのテントの前、アカシアの低い木の陰に並んで腰を下ろした。三十分が一時間になっても、まだ出発の気配はない。ときおりアミソムの将校らが姿を見せると、ピノキオは「水！」と、ザクリヤは「こっち来い！」と怒鳴る。やはり「客」の意識であるらしい。

風は止まり、太陽に撃ち落とされたように鳥の声も途絶えた。

正午に近づいた頃、やっと装甲車の一群が古代の大量破壊兵器をも思わせる鈍重な騒音を立てて現れた。

アミソムの司令官と記念撮影などを行ったあと、「ムズング（白人）、こっちに来い！」と呼ばれ、知事、副知事、議員、政府軍司令官と一緒に装甲車に乗り込んだ。ハムディたちの姿は見えない。別の車に乗ったようだ。

装甲車は激しく揺れながら動き出した。私は左側の長椅子のいちばん後ろに座っていた。窓の幅は十五センチほどしかないため、視界がひじょうに限られ、いったい何台の車が連なっているのかわからない。ただ、すぐ後ろには議員のランクルが続いているのが見えた。ウガンダ人のアミソム兵士が一人で運転している。その向こうには別の装甲車。中にいると潜水艦のようだが、外から見れば、やっぱり雌のカブト虫にそっくりだ。籠に入れられた雌カブト虫のようにもぞもぞとぎこちなく動いている。

旅は行きと同じだった。エアコンが壊れており車内はサウナのようだ。ぬぐってもぬぐっても汗がしたたり落ちる。道は悪く、車は大海に浮かんだ小舟のようにぐわんぐわん揺れる。レーゴからバリ・ディグレの飛行場まで約五十キロ。単調で長い道のりだ。副知事に言われて胸の前で交差する形のシートベルトを装着するとその必要もなくなった。意識が少しずつ遠のき、この数日間の夢のような日々が次第に本物の夢と見分けがつかなくなってきた。しかし、振動と騒音、太陽の光、暑さで眠りには至らず、非現実的な宙ぶらりんの状態にあった。「この辺でちょっと戦闘でも始まらないかな」と戯れに思ったりしたが、戯れにすぎない。

そろそろ中間地点にさしかかろうかというときである。車のボディに何かが強く当たって弾けるような音がした。気のせいかと思ったが、頭上の兵士が機関銃を乱射しはじめた。

「アンブッシュ（待ち伏せ）だ!!」という声が聞こえた。

頭の上から薬莢《やっきょう》がシャワーのように落ちてくる。バシン、バシンという衝撃音もはじまった。衝撃音は車全体を包み込むように響く。まるで全方向から銃撃、砲撃されているようだ。

――ウソだろ……？

こんな場所でものの見事にアル・シャバーブの待ち伏せをくらうなんてありえない。

ありえないが、現実だった。パチンコ玉のように床にざらざらと転がっていく薬莢を呆然と眺めた。

機関銃の射手はすぐに弾を撃ち尽くしたようで、銃座から離れ、こっちに下りてきた。席の下にある鉄缶を引っ張り出そうとするが、何かに引っかかって出てこない。どうしてこんなに要領が悪いのかと見ているだけで私は苛々した。やっと出てきた鉄缶を開けて、銃弾ベルトを出し、銃に付け替えるまで、何分もかかった。車のエンジン音、車体がきしむ音、怒声や絶叫が鼓膜を震わせ、誰の者かわからない手や顔や銃身が私の視界を無秩序に切り裂く。状況はカオスに近かった。

機関銃がようやく火を噴き始めたときである。

「ベルトを外して床に伏せろ！」

目の前にいた副知事に言われ、やっと私は我にかえった。たしかに言われてみればもっともだ。ちょうど首と頭の位置に防弾の二重窓がある。いくら防弾でもガラスはガラスだ。鉄よりは弱いだろう。急所をさらしていていいはずがない。

ベルトを外そうとしたが、先ほど初めて装着したばかりで、外し方がわからない。まごまごしているうちにふと、顔のすぐ脇のガラスに罅が入っているのに気づいた。

「いつの間に……」

ロケット砲の砲撃を喰らったのだ。早く外さねばと思うが、夢の中で動いているように体の自由がきかない。

車はこの間に、前後左右にもぞもぞ動いていた。機関銃は百八十度向きを変えて射撃できるのだから、なぜ車の向きを変え続けているのかわからない。もしかすると、撃たれたら弱い部分があるのかもしれない。とにかく動き続けると車がものすごく揺れる。私の位置から見えるのは十メートルくらい離れた後続のランクルだけだった。突然、そのランクルがぐらっと揺れ、煙と炎を噴き上げた。ロケット弾が命中したらしい。運転席の兵士があわててドアを開けて外に飛び出したが、銃弾の雨あられを浴びておろおろしている。と、「うわっ!」というような顔をしてよろめいた。

直後、私の乗る装甲車はまたしても向きを変え、彼の姿は見えなくなった。それと前後し、私もようやくシートベルトを外し、床にしゃがむことができた。同乗していた副知事や議員や政府軍の司令官も同じ体勢になっている。私たちはまるで嵐にあった小舟にしがみつく漁師のように、爆裂音と装甲車のうねりに耐えていた。

次にランクルを見たとき、車は炎に包まれ、真っ黒な煙をもうもうと立ち上げていた。煙の向こうに別の装甲車が見えたが、われわれの車のように向きを変えることもなく、応戦すべき機関銃も動いていない。エンジンがやられたのかもしれない。あるいはもっとひどいことが起きているのかもしれない。こちらからは何もわからなかった。まるで時間が止まったかのような景色だった。ただ、黒煙の向こうで、空が嘘のように青く見えた。

そのときである。

「ワーッ！」と叫び声をあげ、知事が私の上に倒れ込んできた。これまでのご機嫌な顔は跡形もなく消え、肝をつぶした子供のように目をぎゅっと閉じ、必死に身を伏せようとしている。彼のシャツを見て慄然とした。左の肩から背中にかけて、深紅の血でべっとり濡れていたからだ。

「シールドが破られた」と思った。だってそうであろう。装甲車がどこか破られない限り、知事が負傷する事態は起きない。

知事は完全にパニックに陥っていた。兵士が機関銃をぶっ放す度に両手を耳にあて、ウワともアワともつかない悲鳴をあげていた。彼の上に薬莢の雨がバラバラと降り注ぐ。何度か窓から敵の姿を探したが、どうしても見つからなかった。着弾音だけが車を包み込む。動悸《どうき》が次第に速まってきた。こちらからは見えないが、彼らからは丸見えじゃないのか。俺たちは袋のネズミじゃないのか……。後から考えれば、機関銃の射手はずっと進行方向の左側、つまり北を狙い続けていたのだから、敵はその方向からしか来ていないはずだったが、全方向を敵の部隊に包囲されている錯覚に陥っていた。

今朝、村の茶屋で見たイモムシが脳裏に甦《よみがえ》った。元気なうちはアリを振り払っていたが、ちょっと傷ついただけで捕まり、アリの餌食になっていた。うねうねともがくこの図体のでかい車はイモムシを彷彿させた。シールドが破られていたらそこから一気に突き崩されるかもしれない。そうでなくても、手榴弾《しゅりゅうだん》を上から投げ込まれたら？　対戦車砲を急所に撃ち込まれたら？　爆弾を車両の下に放り込まれ、車がひっくり返ったら？　あっという間にアリの一群が襲ってきて、われわれはおしまいじゃないのか？

ふと、気づくと、血まみれの兵士が運転席の後ろに倒れていた。左腕の黒い肌に穴が開き、肉が盛り上がり、そこから血がどくどくと流れていた。さっき窓の向こうで炎上しているのが見えたランクルのドライバーとしか思えない。

いつの間にテレポートしたのかと思いかけた。状況が非現実的でＳＦじみているだけに半分本気でそう思ったのだが、冷静に考えれば、機関銃の射手が立つ上のハッチから飛び込んだのだろう。

副知事が中心となり、倒れた兵士の患部の上を裂いた布で縛り、止血しようとしていた。兵士は汗をびっしょりかき、呻《うめ》いていた。ほぼ同時に、私は知事が怪我《けが》をしているわりには元気に動き回ってパニックに陥っていることに気づいた。ふつう、あれほど出血する傷を負ったら、この兵士のように倒れて動けなくなるだろう。どうやら、知事は上から落ちてきた兵士に激突され、それで血まみれになると同時に極度の動揺をきたしたらしい。

この辺でやっと写真やビデオを撮ることをおもいついたが、ウェストバッグから取り出したiPhone　はバッテリーがほんの少ししか残っていなかった。一分間、機関銃の射手をメインに動画を撮影したが、車は揺れるうえ、知事が暴れて視界を遮るので、うまく撮れなかった。撮り直そうとしたら、もうバッテリーはゼロになり、画面は消えた。

今度は携帯を取り出した。こちらもバッテリーはいつ終わってもおかしくない。倒れている兵士と燃えている車を全部で六カット撮った。携帯は外部連絡の命綱なので撮影はそれだけにとどめた。

戦場カメラマンはカメラを構えていると恐怖を感じないという。私も iPhone や携帯で撮影を試みていたときはまだ気持ちに落ち着きがあったが、撮影が終わると、あらためて自分が無防備になった気がした。

「逃げろ、逃げろ！」と知事が運転席に向かってわめく。だが、逃げられないのか、逃げてはいけないという規定があるのか、アミソムの運転手はその場で車を動かし続ける。やがて、ガクッと車は止まった。死のような沈黙と、巨大な鉄の棺桶《かんおけ》を釘で打ち付けるような砲弾、銃弾の音。

「俺はこのまま死んでしまうのか……」と思った。こんな最期があるのか。ソマリアの状況を考えれば、何の不思議もない。今までが幸運だったとさえ言える。来るべき日が来たのかもしれない。待ち伏せは仕掛ける方が圧倒的に有利なのだ。後悔の念はなかったが、唯一ソマリランドの本を出版する前に死ぬのは悔しいと思った。

正直言って、恐怖感はそれほどひどくなかった。あまりにも現実離れしていたからだ。ベトナム戦争の映画を音響設備のよい映画館で観ているような臨場感だった。

戦場の死とは、こうして実感を伴わないまますっと訪れるのかもしれない。

どれくらい時間が経ったのだろうか。

気づくと、銃撃の音も機関銃の銃声も止んでいた。窓から見ると、別の装甲車や戦車が姿を現していた。

「この近くの基地から援軍が来た」とソマリの司令官が言った。われわれはなんとか危地を脱したらしい。助かったという喜びはなかった。何かが麻痺《まひ》したきりだった。

私たちの装甲車は向きを変え、レーゴの方向にのろのろと走り出した。そして十分も行かないうちに道路をはずれて左に折れ、ドラム缶や土嚢で囲われた敷地に入っていった。アミソムの野戦用の駐屯地であった。

夢見心地だった私は鉄のタラップから乾いた土の地面に降り立ったとき初めて「助かったんだ」と思った。

他の装甲車からジャーナリストたちが降りてきた。彼らは私を見つけると、喜色満面に「タカノ、タリーク、タリーク！」と叫びながら手を差し出した。

タリークとは「歴史」とか「日付」という意味だが、ここでは「記念日」くらいの意味だろう。そして、驚いたことに彼らは「おめでとう!!」というようにその言葉を発していた。

気短かでギョロ目のザクリヤ、我の強いカメラマンのピノキオ、弁が立ち愛国心が人一倍強い記者のアブディリサックといったホーン・ケーブルTVの面々が、口々に「タリーク！」と言いながら私の手をぎゅっと握る。

ハムディは一人、緊張した面持ちで私のところに小走りに寄ってきた。

「ハムディ、怖かったの？」私が訊くと、彼女はイラッと眉間にしわをよせた。

「ちがう。怖くなんかない。ただあなたのことだけが心配でしょうがなかったのよ」

彼女のボス性本能にはまた度肝を抜かれた。

ピノキオが甲高い声で宣言した。

「タカノはもうソマリのジャーナリストだ！」

他の連中も拍手する。

驚くしかない。戦闘を経験したことで、私は彼らにやっと一人前として認められたようなのだ。いや、もっと正確に言えば、ソマリアのジャーナリストとして、最初の通過儀礼を済ませたようなものか。

ユニバーサルTVやシャベル・ラジオのジャーナリストたちも参加し、「タカノ、おめでとう！」「やったな！」とお祭り騒ぎだ。

「知事はすごくびっくりしてうわーっとこっちに倒れてきたから、俺はたまげたよ。やられたんだと思って。機関銃の音にひゃーって耳をふさいだりしてさ」

私が知事の醜態を話して聞かせると、みんな手を打って喜んだ。危機一髪の状況を脱出すると、笑いが止まらなくなることがあるが、今がまさにそうだった。もう、おかしくておかしくてしかたない。みんなして、腹を抱えてゴロゴロ地面を転がった。

当の知事がやってきたので私たちがからかうと、「ちがう、あんたを守ろうとして、上に覆い被さったんだ」と苦しい言い訳をしていた。彼の威厳はもう地に墜《お》ちていた。

しばらくすると一同の興奮が収まり、私たちは被害状況をアミソムの将校に確認した。兵隊は合計三人が撃たれて負傷していたが、死者はいないとのことだった。私たちの車に飛び込んできた兵士が最も重傷だったが、幸いなことに弾はきれいに貫通し、太い血管や神経にはさわっていないようだ。

他はソマリの兵士とアミソムの兵士が手に軽い怪我をしただけである。不幸中の幸いだ。

だが、恐ろしいのは車が三台、ロケット弾を撃ち込まれて炎上したことだ。

あらためてゾッとする。昨日もそしてつい今朝方も、私たちはアミソムの動きの遅さに苛立ち、「自分たちだけで車に乗って帰ろう」と話し合っていたのだ。もしそんなことをしていたら、全員死んでいたことだろう。ロケットランチャーやバズーカの前に一般車両は無力だ。

アミソムの言うことを聞いてよかったと私は思ったのだが、ソマリ人の思考はそうならない。

「アミソムはだらしない！」と怒りだした。

彼らは道路をパトロールし安全を確保したと言っておきながら、待ち伏せを防げなかった。しかも攻撃を受けたら、ハムディたちの車では機関銃の射手が手を撃たれて、車の中に引っこんでしまったという。

「怪我したんだからしょうがないだろう？」と私が言うと、怒りに油を注いでしまった。

「ソマリの兵隊は絶対そんな臆病じゃない」と彼らは口々にわめく。「一人、車を運転して、撃たれたソマリの兵士がいたけど、彼は車を降りながら、ピストルで反撃したのよ」

「ピストルじゃどうにもならないだろう」

「そうじゃない。問題は気持ちってことよ」

ハムディは厳しい目で私に矛先を向けた。

「タカノ、あなたは自分で敵を倒す準備はできていた？」

「敵を倒す？」

「そうよ。アミソムがやられたら、自分たちで戦うしかないじゃない。あたしは銃をとる覚悟をしてたわよ」

「ハムディ、銃を撃ったことがあるの？」

「ない。でも撃つ。やらなきゃやられるのよ」

「…………」

言葉が出なかった。戦闘に遭遇することも想定していなかった上に、自分が銃をとるなど考えもしなかった。報道者は中立を守るべしといった建前論とは無関係に、私は部外者として自分を安全地帯に置いていた。生きるか死ぬかという状況に置かれても、その能天気な気持ちのままだった。

「俺たちはみんな戦う準備をしてたぞ！」「そうだそうだ、規則がなければとっくに銃を撃っていた」と男子ジャーナリストばかりか、居合わせたソマリ兵士も呼応する。

規則とは、アミソムがいる場所で戦闘が起きた場合、ソマリ兵士は銃を撃ってはいけないという決まりのことだ。どさくさに紛れて、ソマリ兵がアミソム兵を撃つケースが多いからだそうだ。もちろん、それ以前に民間人のジャーナリストが勝手に戦闘に参加していいわけはないのだが。

彼らの私を見る目はみるみるうちに冷たくなっていった。せっかく最初の試練にパスしたのに、二次試験であっけなく落ちてしまったかのようだ。

民兵あがりらしき荒くれ風の政府軍の兵士が私に銃をもたせ、「今ここで撃ってみろ」と迫る。撃つって？　このアミソムの基地で？

つるし上げを喰らっている私を助けたのは、アミソムだった。

「出発だ！」と将校から声がかかった。怪我人の手当てが終わり、あらためて装甲車のコンボイはバリ・ディグレの飛行場に向けて出発することになったのだ。

私は先ほどの装甲車に戻った。車内には負傷したウガンダ兵が横たわっていた。左腕に包帯が巻かれ、点滴の管が付けられている。麻酔が効いているのか、兵士はうとうとしている。私は激しく揺られる車の中で、兵士の顔に流れる汗を自分の布でぬぐい、また彼の顔や体にたかる蠅を追い払う作業に専念していた。自分にできることはこのくらいだという、自虐的な気持ちでいっぱいになりながら。

ソマリ人のマイペースぶりはあいかわらずで、議員と副知事は基地でもらってきたらしいリンゴをむしゃむしゃ食べていた。リンゴの汁が床に横たわる負傷兵士の首筋にぽたぽた滴《したた》っても平気である。というより気づいていない。

私は黙々とその汁も拭き取っていたのだった。


三十分後、飛行場に到着した。

ここまで来れば一安心である。私たちが乗ってきた車もそのまま放置されていた。エンジンも普通にかかったし、私のカメラや日記帳も無事だった。

だが、ここで「めでたしめでたし」で終わらないのがソマリ人である。さっさとモガディショに向けて出発すればいいのに、そこかしこで言い争いが発生していた。

あろうことか、知事と配下の兵士たちが揉めている。知事は先ほどの戦闘で醜態をさらけ出して以来、〝格好いい政治家〟らしい取り繕った振る舞いを放棄してしまっていた。下っ端の兵士と同じように、顔をゆがめて、罵詈雑言《ばりぞうごん》らしき言葉を吐き散らしている。

諍いの原因はよくはわからないものの、どうやら銃弾の分配に関することらしい。兵士たちは「あいつらはあんなにもらってるのに俺の分は少ない」と不平を訴えているようだ。

いっぽう、私の雇った護衛のジャマールは「アミソムの兵士に弾倉を盗まれた」と騒ぎ出した。彼はベルトに弾倉を五つつけているが、いつの間にか一つなくなっていて、それと同じ弾倉をアミソムの兵士がもっているのを見たと言う。

あんなに細かい規則に汲々《きゅうきゅう》としているアミソムの兵士がジャマールの弾倉なんぞ盗むわけがなく、ハムディもそう諭すのだが、ジャマールは目が真っ赤に血走り、聞く耳をもたない。護衛すべき私を放り出し、どこかへ走って行ってしまった。

「こういうこと、よくあるの？」とハムディに訊くと、彼女はため息まじりに頷いた。

「撃ち合いになることもよくあるね」

馬鹿げているのは、喧嘩はさっぱり収拾されずどんどん大きくなることだ。ジャーナリストたちも「一体何やってんだ？」と苛つき、喧嘩に割って入るが、喧嘩の当事者たちに怒鳴られると、彼らも怒鳴り返し、いつの間にか喧嘩の輪に加わっている。

私も苛立ってきた。時刻はすでに五時。日没まであと一時間しかない。それまでにモガディショ市内にたどりつかないと、途中でまたアル・シャバーブに待ち伏せされる可能性があるのだ。もしもう一度待ち伏せを受けたら、今度こそ助からないだろう。

私がそう言うとハムディも「本当だわ」と頷き、「ちょっと、あんたたち、いい加減にしなさいよ」という調子で騒乱の中に入っていったが、あっという間に騒ぎの一部と化していた。

私もこらえかねて、騒ぎの中に入っていった。みんなが口々にわめき、何がどうなっているかもわからない。

「いい加減にしろよ！　もう十分だよ。ハムディ、何やってんだよ！」

「話を聞かないのよ」ハムディが怒鳴る。

「話も何もないだろ！　それから俺に怒鳴るなよ！」私も怒鳴る。

「怒鳴るのはソマリの文化よ！」ハムディが怒鳴り返す。

まんまと私も騒乱の拡大に貢献していた。

突然、知事が走り出した。護衛の兵士を置き去りにして、自分の車の運転席に飛び乗ると、ハンドルを摑んで急発進。兵士たちは「あっ」と一瞬呆気にとられたものの、すぐさま他の兵士用ピックアップトラックに飛び乗り、やはり猛烈な勢いで走り出した。土埃がもうもうと舞う。乗り遅れた兵士がわめきちらす。二台の車はカーチェイスをしながらたちまち遠ざかった。

「ありえん……」

護衛の兵士を撒《ま》いて逃げようとする知事って一体……。

しかし、こちらもぼやぼやしていられない。彼らとはぐれたら、アル・シャバーブの狙い撃ちにあう。ハムディをせっついた。彼女が大声を上げ、ジャーナリストたちも急いで帰ってきた。ジャマールはどこかへ行ったきりだが、もう構っている暇はない。私たちも車に飛び乗った。

記者のアブディリサックがハンドルをとり、アクセルを踏み込み、知事と護衛の兵士たちのあとを追う。

アブディリサックは狂ったようにアクセルをふかす。十分もせずに知事の車に追いついた。知事は護衛の兵士に追いつかれ、彼らはスピードをゆるめながら車をぶつけそうになるほど近づけて、何か激しく怒鳴り合っている。アブディリサックは構わず抜き去る。え？　抜き去ってどうするんだ？

でも、幸い、知事と護衛の車もまた猛スピードでカーチェイスを再開、結果的にこっちを追ってくる。

車は悪路の凹凸に揺れて吹っ飛びそうだ。百キロも出ている。アル・シャバーブ以上に危険だ。

「アブディリサック、スピード出し過ぎだ！」私は怒鳴った。

「タカノ、怖いのか!?」とザクリヤが怒鳴り返す。

「怖い、この車が壊れるのが怖い！」

「そうか、それは正しい!!」

ザクリヤが叫び、ピノキオやアブディリサックがゲラゲラ笑う。ハムディもフフフと低い笑い声を漏らす。

クレイジーなソマリのジャーナリストたちを乗せた車は、知事や兵士たちとデッドヒートを繰り広げながら、夕闇迫る平原を突っ走っていったのだった。

おわりに

今から思えば、戦闘の日はあまりに現実離れしていて、何もかもが夢のようだった。狂気のような爆走を続けること約一時間、私たちはモガディショにたどり着いた。途中ですでに暗くなり、不安をじっと胸におさえていただけに、灯りがともり人々で賑わう街路に入ったときには心底ホッとした。これまでは警戒して夜間には絶対に街に出ないようにしていたのに、今は「助かった」と思っているから皮肉な話である。外国人の私には依然として危険な状況だが、早大生兄妹の妹サミラの実家を訪れた。宴会はすっぽかしてしまったが、「お遣い」任務が残っていたのだ。サミラの姉が私たちの車にすっと音もなく滑り込み、ほとんど口もきかず、日本にいる妹への化粧品やアクセサリーなどを託した。

翌朝、私はモガディショを発った。ハムディのおかげで、ロンドンまでのフライト変更は二百ドルという予約変更代だけで済んだ。ただし、ロンドン―東京のチケットは使えなくなっていたから、案の定、ハムディから五百ドルばかり借りることになった。

　ロンドンからは東京に行かず、タイのバンコクに飛んだ。実はアル・シャバーブとの戦闘以降、よく眠れなくなっていた。うとうとすると、すぐ銃やロケット砲の音が聞こえ、ハッと目が覚めてしまうのだ。恐怖感というよりは興奮状態がさめないようだった。このまま日本に帰ると、いろんな人に会うたびにきっと戦闘の話をするに決まっており、興奮がますます高まるだけだと思った。そこで、ワンクッション置くためになじみのある、そして呑気《のんき》で楽しい街バンコクでしばらく神経を休めることにしたのだ。ちょうど探検部時代の先輩が滞在中だったので、合流し、二人で一週間、朝から晩まで飲み食いした。張り詰めた神経はみるみるうちに緩み、無事平時の精神状態に着地することができた。

　帰国すると、アブディラフマンとサミラの兄妹を自宅に招き、ハルゲイサで習い覚えたソマリ料理のうち、マラク（ヤギの骨付き肉スープ）とスガール（ヤギ肉と野菜の炒め煮）をふるまった。「わあ、ソマリアの味そのままだ！」と二人は目を輝かせて喜んだ。

　ソマリアの味といっても実はソマリランドの味である。要するに、ハルゲイサもモガディショも味付けは全然変わらないことをこれで確認することができた。ソマリはソマリなのだ。

「タカノ、君はてっきり死んだものだと思ったよ」食事が済んでお茶をすすりながら、アブディラフマンが言った。戦闘の直後、ハムディからサミラの姉に連絡がいったが、電波が悪いうえに状況説明に混乱があり、はじめのうちは詳細がわからなかったという。

「そういう曖昧な情報のあとで、家族や友だちが死んだっていうニュースが届いたことが何度もあったからね」とアブディラフマンは言う。

戦闘の詳細を伝えるニュースは翌日ラジオで、翌々日はテレビで流され、世界中に配信された。ホーン・ケーブルTVのカメラはもうバッテリー切れだったが、ユニバーサルTVのカメラはまだ生きており、その映像が使われた。知事と国会議員が襲われたというだけで、なぜか私の名前は出なかったらしい。もし死んでいたらさすがに出ただろうが、そこまでして有名になりたくはなかったので、別段文句はない。

ちなみに、このニュースで「知事が頭部を負傷した」と報道されたが、それはアル・シャバーブの攻撃とは直接関係なく、ただ慌てふためいた知事があちこちに頭をぶつけ、たんこぶをいくつかこしらえただけだったことを日本の読者にお伝えしておきたい。

ところで、アブディラフマンから面白い意見を聞いた。アル・シャバーブの標的はまず第一に私であり、知事や議員は二の次だったにちがいないというのだ。

「なぜなら、外国人の君は政府側の客なんだ。客を殺されるほど大きな屈辱はない。その屈辱を政府側に与えるために、彼らは君たちを襲ったんだ」

客を殺して屈辱を与えるのが目的!?

驚きと同時に深い感動が私を包んだ。「客のもてなし」はこの一年に行った二回の旅の裏テーマと呼べるほどしばしば登場した概念だった。私がなかなか家に招いてもらえなかったのも、ソマリ人が「客」に対して過剰なほどのサービスを自らに課しているからであるし、レーゴでジャーナリスト連中が知事やアミソムに大きな態度をとっていたのも「自分は客」という意識が働いていたからだ。なにより、ハムディがあれほどまでに私の面倒を見てくれたのもやはり「客」を守るというプライドゆえだった。

アル・シャバーブの襲撃までも、「客」が動機だったとは。一般にアル・シャバーブが外国人を狙うのは、彼らが西欧の国や文化を嫌っているからだと解釈され、私もそうだと思い込んでいた。故にアル・シャバーブは常識では計り知れない危険な連中というイメージを抱いていた。しかし、現実にはアル・シャバーブもソマリの伝統に従った動きをしていたのだ。ソマリ人には常識でも、非ソマリ人には全く理解できないことが多いと前に書いたが、これもその典型だろう。そして、ソマリ人の魅力やおもしろさもここにある。彼らの非常識な言動はよくよく訊けば、いつも一貫した論理に貫かれている。ソマリの伝統的な考え方に則って襲われたのなら、襲われ甲斐もあったというものだ。

実際のところ、襲撃事件のあとも私のソマリ熱はいっこうに冷めることがなかった。まず最初に着手したのが、「ハムディ日本招聘計画」だった。彼女は前々から日本に興味をもっているようだったが、アル・シャバーブに襲われる前後、「近いうちに是非一度日本を見に行きたい」と私に訴えた。先進国の生活を見てみたい、でも欧米には家族や親しい友だちもおらず行くのが難しいからというのが理由である。

喜んで迎え入れることにした。これまでさんざんソマリアで世話になっている。アル・シャバーブに襲撃された後も、結局彼女にお金を借りて帰国することができた。その前も彼女に借金しており二回連続である。

ソマリ人の全てを体験したいと熱望する私としては、「客」をもてなしたいという欲求も叶えられる。ソマリの地では私はいつも客側である。ハムディが一度は先進国に行ってみたいというのと同じように、私も「一度くらい主人《ホスト》の側に立ってソマリの客をもてなしてみたい」と思ったのだ。

そして、ハムディが日本に来ることはなによりもホーン・ケーブルTV東京支局で番組を作るという、私の悲願を叶える最大のチャンスでもある。

ハムディは日本に来てもあの華麗なファッションで街を闊歩《かっぽ》し、あの独特の鋭い眼差しと遠慮のない舌鋒《ぜっぽう》で日本の文化や風物を吟味・批評するにちがいない。その様子をビデオに撮影すれば、そのまま番組になるだろう。以前、「星の王子ニューヨークへ行く」という映画があった。私は観ていないが、たしかアフリカ某国の王子が花嫁を探しにニューヨークに行き、てんやわんやの事件を引き起こすという設定だったと思う。それをもじれば、「星の王女トーキョーへ行く」となるはずで、日本人が見ても面白い番組になるにちがいなかった。

私は本格的な準備を始めた。ケニアの首都ナイロビに古い（日本人の）友人が住んでおり、しばしばケニアの家族や友人を日本に連れてきていると聞いていたので、彼女に観光ビザ取得の条件や必要書類などを訊ねた。また、在ソマリア日本大使館もナイロビの日本大使館が兼ねていたから、まずハムディをナイロビに行かせ、それから友人と一緒に日本大使館に行ってもらうという手はずも整えた。いっぽうで、私は招待状や自分の身分証明となるような書類を作成した。

途中で、いつもハムディにくっついて離れないギョロ目のザクリヤが「俺も一緒に行く」と言いだし、作業が二人分に増えてしまったが、考えてみると、カメラマン兼編集マンであるザクリヤが同行してくれれば、日本でいとも簡単に撮影と番組制作ができる。これはむしろ天恵だと思うことにした。ちなみに、ハムディ、ザクリヤの二人とも「一カ月くらい日本に滞在するだけのお金はある。絶対タカノに迷惑はかけない」と言っていた。ザクリヤはともかく、ハムディの言うことは信用できると思っていた。

具体的なスケジュールを作り、いよいよ航空券を予約購入するという段階に至ったときだ。

ハムディからまるで電報のように短いメールが届いた。

「こんにちは。元気ですか。私はノルウェーのオスロに先週着いた」

一瞬、脳が固まってしまった。オスロ？　ノルウェー？

その後、二度の「電報メール」や要領を得ない電話でのやりとりの結果、彼女がノルウェーで難民申請を行い、すでに認められていることがわかった。北欧諸国はその人道主義の理念や人口の少なさなどで、ソマリ難民をかなり積極的に受け入れている。

実は彼女は最初から先進国で難民になるつもりでいた。親戚のいる北欧と私のいる日本を二股にかけていた。先に北欧に行き、ノルウェーで難民として認められたので、移住することにしたのだった。つまり、二重に私は騙されていたことになる。

「ありえないよ！」それまでハムディたちとの連絡をせっせと手伝ってくれていた早大生のアブディラフマンにそう言って怒ると、彼は「いや、ソマリ的には普通だよ」とこともなげに答えた。

難民になろうと思ったら、いろいろなルートで可能性を探り、いちばん早い方法で外国に渡るのが当然だ。その際、あちこちに話をしているなどと言ったら誰も親身に手伝ってくれないから、本当のことを言うはずがない——とまだ大学生のアブディラフマンは息子に教え諭すように、二十歳以上も年上の私に言うのだった。

そうか、これが普通なのか……。

ソマリ人に肩入れしても報われることはないと、レーゴの村で痛感したことを思い出してしまった。でも、ハムディだけはちがう。彼女とは明確な信頼関係で結ばれている。そう信じていたが、それもまた私の独りよがりだった。

しかたない。無念だがそうとしか言いようがない。だが、私もしつこいソマリ探検家である。はい、そうですかと黙って引き下がるわけにはいかない。かくして、ハムディに会うために、自分にとってはソマリアよりもはるかに秘境に感じられるノルウェーに飛んだのだった。

オスロ中央駅に午後一時と約束したものの、互いに駅の構造がさっぱりわからず、右往左往していたため、出会うまで優に二十分以上かかった。

列車の発着時刻が表示されている大きな電光掲示板の下に、見知った姿が現れた。白と黒の模様が入ったガブラサール（頭からかぶる肩掛け）、真っ白なタートルネックのセーター、そして同じく白を基調としたドレスのようなスカートに、ヒールの高い木のサンダル。

モガディショで会ったときと同じように華麗な衣装だったが、口を少し開け、きょろきょろと不安げに辺りを見回す仕草は、今まで見たことがないものだった。間違って異国に来てしまった姫という風情だった。

しかしそれも一瞬。私に気づくと、あとはいつものハムディだった。

特に嬉しそうな顔もせず、「ここは駅も道もさっぱりわからない」「車がなくて不便だ」と低い声で北欧のこぎれいな街に反感をあらわにする。絶対に弱みを見せたくないのである。

私の泊まっているホテルまで目抜き通りを歩いた。ときどき足を止めて、北欧の古い町並みを背景に彼女の写真を撮ったりした。こんな場違いな街でも彼女のゴージャスなファッションと毅然とした美しさ、むやみに堂々とした態度は際立っており、感嘆せざるをえない。

それにしても、ハムディと二人で歩くというこの不思議さ。ザクリヤや他のホーン・ケーブルTVスタッフがいないどころか、護衛の兵士さえいないのだ。

もっとも言動はいつもの調子だった。

街角にはソマリ人がそこかしこにいた。広場ではホットパンツ姿でタバコを吸う若いソマリ娘がおり、ハムディは射殺するような目で見据え「最低！」と罵った。いっぽう、道ばたでギターケースに小銭を集めている白人のストリート・ミュージシャンには「はあ、物乞いしてるわよ」と顔をしかめる。見知らぬ人にお金をねだるのはソマリ人が忌み嫌う所業であるが、ストリート・ミュージシャンもその範疇《はんちゆう》に含まれてしまうらしい。

彼女の言うことはいちいち面白い。まさに「星の王女ノルウェーへ行く」であり、どうして彼女が先に日本に来なかったのだろうかとあらためて残念に思った。もっとも、来日して難民申請されたら心底困ったことになったと思うのだが。

ホテルのカフェに腰を落ち着け、ゆっくり話を聞いた。

ハムディは四千ドル（約四十万円）ほどもかけて偽のパスポートを入手し、それで出国したという。デンマークで難民認定を受けたソマリ女性で、比較的顔が似ている人のパスポートを借り、いったんジブチに行ってから、デンマークに渡った。そこからスウェーデンを経由して親戚のいるオスロにたどりついた。

いっぽう、ザクリヤは別の日にやはり偽のパスポートで出国しようとしたが、あえなくばれて空港で追い返されたという。「ザクリヤは直接ヨーロッパに行こうとしたから失敗したのよ。私はジブチ行きだったからチェックが甘かった」とハムディは言う。

しかし、どうしてそこまでして難民になったのか。せっかくジャーナリストとして有名になり、モガディショも徐々に復興が進んでいるというのに。

そう訊ねると、彼女は「敵が増えすぎた」とあっさり答えた。筆頭はもちろん、バナーディル州（モガディショ市）の州知事タルサンだが、他にも彼女に恨みを抱き、亡き者にしようと考えている連中は少なくなかったという。

「ジャーナリストはもういいかなって思ったしね」と彼女はさばさばした口調で言う。前にもほのめかしていたが、彼女は政治家になりたいという。今時、ソマリアで政治家になるには最低、先進国の大学くらい出ていなければいけない。ディアスポラが激増し、同時に学歴のインフレが起こっているのだ。

「ここで二年、語学学校に行ってから、大学に四年行くでしょ。それで学位をとったら国に帰るの。それで政治家になるの」

何という気軽さ！　元来遊牧民であるソマリ人は平気で外国に行くし、難民になることにも抵抗が少ないと思っていたが、これほどとは思わなかった。まるでちょっとした「出稼ぎ」か「留学」程度の意味でしかないらしい。

彼らがどうしてここまで異国の地で平然としていられるのかは、オスロで五日間過ごすうちにわかってきた。ハムディが世話になっている親戚一家や友人たちに会ってお喋りしたり遊んだりしたのだが、ソマリ人はこんな北の果てにやってきても、ソマリの地にいるのと全く同じように暮らしていた。

ソマリ人の経営する店で買い物をし、ソマリ人のカフェでお茶を飲み、ソマリ人のレ

オスロ郊外の親戚宅で暮らすハムディ

ソマリ人のたむろするカフェ

イスラムでは家族でない男女が体を触れあうことを許さないため、ソマリの異性の友だちは写真撮影のとき、指をさしあい仲のよさを示すストランで羊の肉を食べ、余暇はカートを齧りながら氏族や政治の話をして過ごす。カートは当時オランダとイギリス以外の欧米諸国では違法となっていた（二〇一四年六月にはイギリスでも非合法化された）。だからノルウェーではオランダから密輸されてきた葉っぱを売人がボストンバッグに詰めてこっそり売り歩いている。こっそりと言っても、小さな街である。警察が気づかないはずがない。おそらくは、黙認しているのだろう。カートはソマリ人しか食べないし、それで問題が起きたりもしない。むしろカートを禁止して、ソマリ人が酒や麻薬に走るほうが心配なのではなかろうか。

実は私はロンドンのソマリ人コミュニティを訪れたことがあるが、オスロと全く同じだった。ソマリ人はいつもラクダか羊の群れのように、体を寄せ合って暮らしている。ある意味では、ハムディはソマリ世界から一歩も外へ出ていないのだ。

彼らとのんべんだらりと過ごしながら、私は自分が思い違いをしていたような気がしてきた。

ソマリ人は「超速」だ、目の前から消えたものはすぐに忘れてしまう、だから彼らから忘れられないように——と焦って追いすがってきた。特にホーン・ケーブルTVは、大秘境であるソマリ世界に分け入るための絶好のルートとして繋《つな》ぎ止めることに必死になっていた。

でも全体から見れば、彼らはとても長いスパンでものを見ているんじゃないか。職を追われても、敵に狙われて異国の地に逃げざるをえなくても、彼らは淡々としている。

今どこにいようとも、それは今居心地がいいから、あるいは他に行く場所がないからたまたまいるだけであって、明日はまたどこか別のところに行く。それが人生、と達観している。達観できるのは、ソマリ人はどこへ行っても氏族社会＝ソマリ世界に属し、そこは決して揺るがないからだと思う。

私もソマリ人並みとは言わないまでも、焦る段階は過ぎたのではないだろうか。ソマリ世界の探求を始めて四年。たった四年でよくここまで来たと思う。オスロでも、現地在住のソマリ人に「どうして氏族のことをそんなによく知っているのか」「ソマリ人でもそんなにソマリの土地を広く旅している人間はめったにいないぞ」「ソマリ語を話す外国人は初めて見た」などと驚かれた。ソマリ世界に認められたかどうかはわからないが、楔《くさび》は打ち込んでいるのではないか。無闇に恋い焦がれる時期はもう過ぎているだろう。

いっぽうで、まだ四年なのだとも思う。世界屈指の秘境であるソマリ世界がそうやすやすと全貌を現してくれるわけがない。

ハムディが去った今、南部ソマリアに行くことは難しくなった。他に信頼できる人はおらず、信頼できる人なくしてはやはり彼の地は危険だ。もちろん、ソマリランドには通い続けるだろうが、あちらでも私の計画がなかなか進まない状況にある。ホーン・ケーブルTVで番組を作るだけでなく、前から計画していたラクダ旅や謎の遺跡調査などもそうだ。ラクダ旅は政府の許可や警備の兵士がたくさん必要だと言われてしまった。

私のイメージする自由気ままな旅は許されないらしい。遺跡に関しても、私自身、考古学者でもないただの素人なので、手が出せない。どうも今すぐ何か面白いことをやるのは難しいようだ。

でもそれらはいずれも目先の話にすぎない。ソマリでは物事は常に変わり続ける。

私にそう思わせる話がもう一つある。ノルウェーに来る前、中古車輸出会社ビィ・フォアードの担当者と久しぶりに連絡をとった。ビィ・フォアードはその後も驚くべき勢いで成長していた。今や社員百五十名、顧客は世界百カ国に広がり、輸出自動車の月間台数は一万二千〜三千台にものぼるという。しかし、何より驚いたのは、ソマリランドとソマリアの両方から、ごく少数ながら、車の注文が来ているということだ。日本からコンテナで発送された車両はベルベラ港とモガディショ港に荷揚げされており、しかもその数はわずかずつながら増え続けているという……。

具体的なデータは教えてもらえなかったので、それが私の広告営業に刺激されたものかどうかはわからない。ただ一つ言えるのは、動くべきものは放っておいても動くのだということだ。

世界屈指の秘境ソマリ世界の探検。それは一歩一歩、進めていくべきだろう。ジャングルの旅でも砂漠の旅でもそうだが、びっくりするのは最初の数日で、後のほとんどは単調な毎日なのだ。予想外の出来事や劇的な展開などめったに起きない。報われたかどうかなど一喜一憂していたら身が保たない……。

なのに。予想外の出来事に遭遇してしまった。

オスロ訪問から八カ月たった真冬の日。私は府中刑務所の中にいた。周囲にはプロレスラーみたいな体格の刑務官が十数人、そして、目の前には手錠をはめたソマリの海賊が二人いた。一人は背の高い中年の男、もう一人はまだ若い二十代の小柄な男。彼らは二〇一一年にソマリア沖で商船三井の船を乗っ取ろうとしたが駆けつけた米軍に捕獲され、そのまま日本に輸送されて裁判を受けた。今、刑が確定して府中に移送されたところだった。

――私は一体何をやっているのだろう……。

実はソマリ語の通訳として刑務所に呼ばれてしまったのだ。

もう二年以上も前、ブログで「ソマリ語の通訳・翻訳承ります」と書いた。当然仕事の依頼はどこからもなく、書いたことさえすっかり忘れていたのだが、通訳翻訳会社を通じて、府中刑務所から依頼が来たのだ。

私一人では無理なので、私と早大生のアブディラフマンの二人セットという形である。アブディラフマンがソマリ語を英語に訳し、それを私が日本語に訳す。だが、海賊は二人いるため、簡単な話のときは、私とアブディラフマンが別々に通訳する場面もでてきた。

彼らの私物をより分ける作業で、私は机を挟んでパステルカラーの受刑服を着た中年の海賊と向かい合って立った。頭にだいぶ白髪がまじったその男は、ここにやってきてから険しい表情を一度も崩していなかった。裁判などの記録によると、彼は十代の頃から民兵として内戦に参加しており、重傷を負ったこともあるという。おそらく二十年以上にわたって、武装勢力同士あるいは氏族間の戦闘や海賊行為に繰り返し参加してきた古強者なのだろう。海賊国家プントランドや南部ソマリアの最もダークな部分を生きてきた男かもしれない。

彼に服の一枚を見せて「カン、マ・ラブター？（これ、いる？）」と訊いた。すると、それまで強ばっていた彼の表情が突然崩れた。にこっと微笑んだのである。

「ソマリ語話せるのか、あんた？」

「ああ、少しね」

こちらも思わず頬が緩んでしまった。ソマリ人と心が通じたときのこの嬉しさよ。

私はあくまで通訳だから私語は許されない。すぐに二人は元の無表情に戻ったが、一度通じた心の回路の感触は、仕事が終わり家に帰ってからも残っていた。彼と交流したいと思った。闇に一筋の光が差し込み、未知の世界へ続く新しいルートが一瞬照らし出されたのを感じていたのだ。この奥にどんな世界があるのか。見に行かずにどうする!?

そんな無闇な感情がこみあげてきた。

まだまだソマリへの恋は終わりそうにないのである。

文庫あとがき

本書の刊行からすでに三年が過ぎた。その後のソマリ世界と私について、少し記してみたい。

あれから私はソマリランドを四回にわたって訪れている。変化はあるとも言えるし、ないとも言える。その象徴は〝盟友〟のワイヤッブだ。

私がハルゲイサに行くたびに、彼の仕事場は変わっている。自分の新聞社〈フバール〉は度重なる政府の妨害に遭い、その後、政府から「フバールを続けて刑務所へ入るか、辞めて情報省に勤めるか、二つに一つを選べ」と迫られた。「どっちがいいと思う？」と私に訊くので、「ここは我慢して情報省で仕事をした方がいいんじゃないか」と答えた。彼も「そうだよな」と頷《うなず》いた。残念ながらソマリランドでは言論の自由は保障されていない。

で、その後、彼はホーン・ケーブルＴＶに戻り、再びオーナーと喧嘩して飛び出し、元教え子の新聞〈ヨール〉へ戻り、さらに再度情報省に移った。

このように、行くたびに職場が変わっているものだから初めのうちは驚いていたが、今では「変わることが常態」だと思えてきた。ソマリ人は元来遊牧民。こういう人は珍しくないのだ。

ソマリランド自体はどうか。毎回、行くたびに車が増え、どんどん渋滞がひどくなっている。ホテルが乱立し、新しい店ができている。ただ、相変わらず国際社会からは「未承認国家」のままであり、「ソマリアの一部」と見なされているため、援助はごく小規模に留《とど》まっている。結果として、他のアフリカ諸国のような瞠目するほどの経済発展や近代化は進んでいない。

国としては微妙な安定を保っている。二〇一七年に大統領選挙があり、これまでの与党クルミエ（統一党）の候補であるムセ・ビヒ・アブディが当選した。第五代目の大統領誕生である。同じ与党だが、シランヨ前大統領の取り巻きたちは一掃され、「とてもよくなった」とワイヤッブは語っている。

しかし、この数年、世界を席巻している移民問題にソマリランドも無縁ではいられない。というより、もはや移民（難民）大国となりつつある。例えば、地中海を渡ってヨーロッパに行くアフリカ系移民（難民）がニュースになって久しいが、主な供給国はスーダン、エリトリア、ソマリアである。しかも「ソマリア」のうち半分くらいはソマリランドだと言われている。国際的に未承認だから、ソマリランド人は「ソマリア人」と報じられてしまうのだ。

二〇一六年四月、リビアからイタリアに向かう移民希望者を乗せた船が沈没し、五百名もの人が死亡した。移民船の沈没としてはこれまで最大級の事故だったが、その半分以上が、ソマリランド第二の都市ブルオ出身の若者たちだったという。

なぜこんなことが起きるのか。最大の理由はやはりソマリランドが国際社会から未承認だからだ。国際社会の援助や投資がごく限られているから、よい教育や仕事がない。裕福な家の子女でもソマリランドのパスポートではどこへも行けない。しかたなくソマリアのパスポートを使わざるをえないが、それでも結果は大差ない。ソマリアはいまだに破綻国家の域を出ていないからだ。そこでよりよい将来を求める人や単に「広い外の世界が見たい」という人は〝ソマリア難民〟に身をやつさなければいけないのだ。

私がソマリランドを最後に訪れたのは、同じ二〇一六年だったが、町の至る所にこれまで見かけなかった小型車が走り回っていた。トヨタのヴィッツなのだが、現地では「ハ・タハリーバン（密航するな）」という奇妙なあだ名で呼ばれていた。ワイヤッブによれば、子供が大きくなると、「ぼく（私）も（密航で）ヨーロッパへ行きたい」と言い出す。親は驚き、「危ないから密航はやめなさい。その代わり車を買ってやるから」と、ヴィッツを買い与えるのだという。何という皮肉かと呆《あき》れてしまった。

いくら平和で治安がよくても、現代のようにＳＮＳや携帯電話が発達した情報社会にあって、閉鎖空間では人間——特に若者——は生きていけないのである。

いっぽう、こういうグローバルな動きとは全く別の次元で、ソマリランドは伝統社会を維持している。例えば、氏族抗争が激化した際、加害者側が被害者側に娘を差し出すという解決法があると本書で書いたが、今でもこの特殊措置は行われている。しかも思っていたより頻繁に。

三年前、私はまだ二十代半ばの青年を見つけて詳しく話を聞いた。彼は弟を殺した男の娘を嫁にもらっていた。言い換えれば、「義理の父は弟殺し」という、ありえない姻戚関係なのである。ワラベ長老と似たようなケースだが、あちらは六十年も前の話だ。フェイスブックで情報をやりとりし、ヨーロッパへ移民しようとする人と同じ世代が、このような伝統的習慣の中で生きていることに改めて驚かされる。そして、彼の事例はワラベ長老の話のように単純ではない。もっと人間関係が入り組んでおり、でも高度に論理的で、パズルか詰め将棋のようである。これについてはいつか機会があれば書いてみたい。

さて、南部ソマリア側はどうか。

まずハムディだが、今もノルウェーにいる。彼女はソマリ人にしてはひじょうに珍しく、フェイスブックもその他のＳＮＳも全くやっていないので、気楽に連絡がとれないし、本人が日々、何をして、どんな気持ちで過ごしているのか知るのは難しい。

最後に電話したのは数カ月前だが、ノルウェーの地方の小さな町に送られ（同国には移民を各自治体に分散させるという仕組みがあるらしい）、語学学校と家を行き来する退屈な生活を送っているとのことだった。でも、まだパスポート取得までに相当時間がかかるらしい。「パスポートが取れたらすぐにソマリアに戻る。日本にも行く」と彼女は言うのだが。

アブディラフマンとサミラの兄妹はどうなったか。

サミラは大学を卒業後、なんと中古車販売のビィ・フォアードに就職したという。もっともその後、一年足らずで辞めたらしい。なぜ伝聞形でしか書けないのかというと、サミラはあまりに気が荒く、出会う人間全てと喧嘩するので、温厚な兄のアブディラフマンさえも匙を投げ、もう連絡を取らなくなって久しいのだ。今、どこでどうしているのかわからない。モガディショに帰って、イトコと結婚しているのかもしれない。

かたやアブディラフマンと私は付き合いが深まっている。彼は大学卒業後、いったんナイロビに帰ったが、私の友人の助けもあり、早稲田大学の大学院に入学することができた。

再来日してからも、私は彼のアパート探しを手伝い、彼が病気のときは病院に付き添い、修士論文のテーマや就職の相談を受け、ときどきお小遣いをあげ、なんだか自分の甥《おい》っ子のような気がする。日本人とソマリ人が友人として一緒に国を超えて旅をすることなどないので、珍道中そのものだった。

今でも月に一、二回は用がなくても都内のカフェやレストランで会っている。取材でも情報収集目的でもなく、ただ二、三時間、雑談するだけだ。それでも、話は半分以上、ソマリのことなので、自動的に情報が入ってくる。しかも、驚いたことに、サミラの実家へ代理里帰りしたとき同行した超無口な彼らの叔父アブディラヒが、なんと国防副大臣に出世してしまったので、南部ソマリアのディープな情報もするする流れ込んでくる。なんだか私もアブディラフマンが属する氏族レール・シャベルの一員になったかのような錯覚をおぼえるほどだ。

南部ソマリアは、ソマリランド同様、大きな変化はない。モガディショはどんどん新しくなり経済発展している反面、アル・シャバーブの爆弾テロや暗殺が定期的に発生し、地方でも、各自称「政府」が縄張りを作り、氏族間で小競り合いを繰り返している。

政治は極端に腐敗しているのだが、話を聞くかぎり、あまりにシステマティックなので、「腐敗」という言葉を使うのがためらわれるほどである。例えば、大統領や国会議員の選挙のときは、候補者が各氏族を回って、「もし私が当選したらあなた方にいくら払う」と〝公約〟するという。

大統領や議員のポストは不動産や証券と同じように、カネで買うものなのだ。そこには基本的に最も多い額を提示した人間がその権利を得るという、市場経済の原理が働いている。

だから当選したら公約を果たさなければいけない。すなわち、政府のカネを横領して支払うのだ。さらに候補者の選挙活動に投資する投資家がいるとか、候補者同士、あるいは氏族同士で激しい駆け引きがあるとか、株の空売りに似た裏技もあるとか、ほとんど金融ビジネスに見える。

このシステムは海賊の仕組みとも似通っている。そして、極めて複雑かつロジカルであるところは、ソマリランドの「娘を媒介とした紛争解決法」にも相通じるように思える——。

うーん、こうやって列挙していくと、まだまだソマリ世界には面白い物語が無数に埋まっているのが改めて感じられる。これからも、魅惑に満ちたこの世界を、ゆっくり丁寧に掘り起こしていきたいと思う。

解説――〈恋するソマリア〉に恋して

枝元なほみ

世界にはいろいろな国があって、いろいろな文化や宗教のもとにいろいろな考え方もあって、人の命の重さにも違いがある。わかっている、でもその茫漠《ぼうばく》と広がる世界を前に呆然《ぼうぜん》と立ち尽くすときがある。ぬくぬくと暮らす自分のいる場所はいったいどこで、想像する事さえむつかしい知らない価値観とどう向き合うのか、諍《いさか》いの種が撒《ま》かれ続ける大地で何を育て収穫するのか。途方にくれてしまう。

ほんとうはないに違いない正解を与えて欲しくて、カラの茶碗をさしだして待ちつづけるお腹をすかせた子供の気持ちになるときが、多々、あるのだ。不安で心細くて、でもそんなことで泣いても誰も助けてくれない事だけはわかっている。誰も正解なんてくれない。わかりやすい正解を差し出してくれるものをやすやすと信じてはいけない、そのことはもう重々肝に銘じているからこそ、途方にくれるのだ。

そんな沼に沈み込むような気持ちでいた時、この本で〈恋〉しちゃった人に出会ったのだった。高野さん、衝撃的！

だって、状況をよんで怒りを表明したり外交的対処をウンヌンしたり冷静になるようにツトメルのでもなく、恋ですよ、恋！

高野さんの素晴らしい〈はじめに〉の文章にはこうある。

旧ソマリアは二十年以上も〈危険地帯〉と認識されてきたせいで、

「ソマリ世界は現代における数少ない『秘境』となっている。そして秘境の常として多くの誤解にさらされている。ソマリ人は私利私欲しかもたない野蛮で未開の連中だとか、逆に、飢餓や貧困に苦しみ、欧米の思惑に翻弄されている可哀想な人たちであるとか。どれもこれも、実に薄っぺらく、かつ偏った見方でしかない。一見、粗暴な彼らの振る舞いの陰には数学者も顔負けの論理的思考があり、生活苦だらけに見える彼らの土地を少し掘ってみれば豊かな文化と生活の知恵が泉のようにこんこんとわき出てくる」

恋の、奇想天外な愛憎劇の始まり。

知りたくて仕方なくなる。他人がどう思おうが自分だけが知る素顔、自分だけに垣間《かいま》見《み》せてくれる素の姿を求め続ける、恋ってそういうものだ。ところがソマリ人、そうやすやすと受け入れてはくれない〈行動的には超・外向きだが、気持ち的には超・内向きな人たち〉。おまけにソマリの格言には〈尊厳＝自尊心は何にも勝る〉というのもあるそうで。つまり〈外交的に見えて、プライド高く自らを守る人〉ということになるんだろうか。

大変ですよ、そんな人に恋しちゃったら。

念願だった南部ソマリア郊外へと向かう際、装甲車を連ねて警備をしてくれるアミソム（アフリカ連合軍）の将校に非難の言葉を吐く同行ソマリ人を見て、高野さん、こんな感慨を漏らしたりもするのだ。

「ソマリ人は誰に入れ込んでも、報われることはないのだろうなとしみじみ思った。ソマリ人は誰にも助けを求めていない。一方的な同情や愛情を必要としてもいない。言ってみれば、彼らは野生のライオンみたいなものだ。野生のライオンを愛するのは勝手だが、ライオンからも愛情を返してもらおうというのは間違っている。彼らの土地で、彼らの素の姿を眺め、一緒に生活する。

それだけで幸せと思わなければとても一緒にやっていくことはできないのだ」

それにしても野生のライオンだなんて、恋に落ちるにはなんて魅力的、そしてなんて危険。

なかなか知ることができない、だからこそ入り込んでいく。そのライオンの群れの生態を研究するように、ソマリ社会の大きな特徴である〈氏族〉についても入り込んでいく。

同じ氏族の人間しか信用しない、氏族で人を判断する。別に理由もなく誰がどこの氏族かを知りたがる、まるで「氏族依存症」。ソマリ人の氏族へのこだわりは病気というほかはない。だが、確かにソマリランドはその氏族制度の力で内戦を終結させ、民主国家を樹立し、選挙という民主主義政治に割合簡単に移行できた、ともいえるらしい。そこから高野さん、氏族同士がいかにして争いを終わらせるかに興味を持つ。

高野さんの入り込み方は半端じゃない、と私はいつも思う。まず実際に自分の目で見る、直感に従って体験する。そこからさらに、その掬《すく》いあげた事実から独自の考察を深めていく。こんな風にも発展する。

「大変難しい問題だが、三十年近く世界の各地を歩いてきた経験から、人間集団を形作る内面的な三大要素は『言語』『料理』『音楽（踊りを含む）』ではないかと思うようになってきた。（中略）

だからこそ最近、私はその三要素を理解しようと努めている。取材にさして役立たないのにソマリ語を勉強し、いずれはソマリ料理も覚えたいと思っているのはそれ故である」

そう、ついには高野さん、ソマリの家庭料理を習うことを熱望するようになる。

「思うのだが、いくら政治や歴史、紛争に詳しくても、ソマリ人でもソマリの家庭料理を知らなければ『通』とは呼べないんじゃないか。なぜなら、ソマリの政治や歴史、紛争をよく知らない人はいるが、家庭料理を知らないソマリ人はいないからだ」

ソマリの家庭を訪ねたい、でもなかなか呼んではもらえない。客をもてなす時は徹底的にもてなすというのがソマリ人。ようやく招待してもらっても、見たこともないような非日常のご馳走が並び、しかもイスラムの習慣で、女性や子供は客の食事には加わらない。〈女性の場所〉である台所に、よそ者である外国人男子はいっこうに近づけない。素の姿、ソマリの家庭料理や一般家庭の暮らしは想像の彼方だ。

「ソマリ世界で最も平和かつ平凡であるはずの場所にたどり着くことができない。もしかすると、台所こそが『アフリカの角』における最大の秘境ではないかと思うくらいだ」と思いつめるようにもなる。

だがようやく、新聞社の広い敷地内に住む管理人家族に料理を習うことが叶《かな》う。広々とした社屋の庭の隅、大きなアカシアの木陰の、ソマリ家庭料理教室。

「市場の買い物からして楽しい」

そうでしょうそうでしょう、と私、むやみに頷《うなず》いてしまう。それはきっと、旅人＝よそ者の視点から、生活者＝内側の視点に移ることができたせいだと思うから。

トマトピューレの缶がたくさん売られていることに気づいたり、町外れで買う炭は三百キロも離れた場所からやってくることや、ソマリではどこでも炭とソマリ式七輪で煮炊きされることを知るのだ。たいしたことじゃない、でも散策の途中に眺めていただけの市場が、自分の関与の仕方で全く違った姿をあらわし始める。
「こうして料理の準備をしているだけで、今まで知らなかったこと――でもソマリ人にとっては当たり前であることが自然と体験できる」

料理を教えてくれるイフティンという女性が、〈左右対称など眼中にない芸術的ともいえる曲線を描いた手作りのアルミ製スプーン〉で優雅に、家庭以外では食べることのできないソマリの日常食〈シューロ〉の鍋をかき回しているのを見ていると、〈ソマリ悠久の歴史が煮込まれていくのを目の当たりにしているような、うっとりとした心持ちになる〉と高野さんは言う。なんでもないのになぜか特別なスプーンに目が止まった時、すでに扉は開かれていたのだ。ソマリ悠久の歴史が煮込まれる鍋が、静かに優雅に混ぜられている。

だがそのソマリの家庭料理の特徴は、〈とにかく、てきとう。なんて自由なんだろうと皮肉ではなく感嘆してしまう〉と高野さんは言うのだ。

そうなんですっ！　再び私はきっぱりと断言できる。てきとうなのも、自由なのも、日々を生きていく基盤に根ざすからだ。台所が主戦場の私は、深く深く納得する。

私が一番好きな箇所は、料理教室が三日目になる以下の辺り。少し長いけれど、あまりに好きなので引用させてください。

「このように作り方があまりにてきとうなので、メモに書くことがいくらもない。三日目ともなれば集中力を失い、料理の途中で蓙《ござ》の上に座ってぼんやりしてしまった。――俺はどうしてこんなところでこんなことをしてるんだろう……。

青い空を見上げ、市場で購入したラクダの干し肉をかじっては『焼酎が飲みたいなあ』と久しぶりに思った。

あたかも外の喧噪《けんそう》から隔離されたかのような世界が広がっていた。この家のネコが肉ほしさに寄ってくる。それを隣家のネコが襲撃する。ニムオたちがそのネコに石を投げて追い払う。遠くでアザーンが聞こえる。小鳥が波動を描くように庭の上空を優雅に群舞する。

香ばしい匂いをかぎながら、そんなドラマともいえないドラマを眺めていた。

私は以前、二週間ほどインドの田舎で料理をしていたことがある。

自分がソマリランドの一部になったような、安堵《あんど》と不思議さが同居していた」

して、ゴーバルと呼ばれる牛糞を固めに固めた土間で、薪に火をつけて湯を沸かすことから一日が始まる。世話になった家の爺さんは、大きな篩《ふるい》で米粒を選り、ほおり投げる傷米を目当てにひよこを従えた鶏がうろつく。犬は腹を見せて昼寝をしている。壁のない土間に座り込んで野菜を刻んでいると、午後には言葉にできないような気持ちのいい風が吹くのだ。ピースフル食堂、と勝手に名付けた。ピースフルなんていう語彙が自分の中にあったことにも驚いたけれど、でも、深い息とともに出てくるその言葉以外では言い表せないような気持ちの解き放たれ方だった。そうか、解き放つ、って解放って書くんだなと今改めて思う。その場所にいていいんだ、と無限に許される感じ。安堵。

自分が〈ソマリランドの一部になったような、安堵と不思議さ〉ってまさに、戦国のような土地の中で見つけた〈恋の成就〉じゃないか。

人が生きる日々の暮らし〈素の姿〉につながりたい、という思い。

政治宗教主義主張の大きな、上から下へのトップダウンではなくて、まず大前提として私たち、食べて生きていく人間という生き物なんだよ、という共通点から世界を見る、考える。そこには〈自由〉で〈てきとう〉な日々があり、〈存在を受け入れる〉おおらかな平和がある。連綿と紡いできた、生きてきて、そして生きていく人間の暮らしがある。


（えだもと・なほみ　料理研究家）

集英社文庫

恋《こい》するソマリア

2018年6月30日　第1刷　　定価はカバーに表示してあります。
2023年3月13日　第2刷

著　者　高野秀行《たかのひでゆき》

発行者　樋口尚也

発行所　株式会社　集英社
東京都千代田区一ツ橋2-5-10　〒101-8050
電話　【編集部】03-3230-6095
【読者係】03-3230-6080
【販売部】03-3230-6393（書店専用）

印　刷　凸版印刷株式会社

製　本　凸版印刷株式会社

フォーマットデザイン　アリヤマデザインストア　　マークデザイン　居山浩二

ISBN978-4-08-745751-3 C0195